教育部职业教育与成人教育司推荐教材
中等职业学校汽车运用与维修专业教学用书

中等职业院校汽车运用与维修专业技能型紧缺人才培养培训教材

Qiche Wenhua
汽 车 文 化

（第二版）

屠卫星 主编

人民交通出版社股份有限公司
China Communications Press Co.,Ltd.

内 容 提 要

本书是教育部职业教育与成人教育司推荐教材，也是中等职业院校汽车运用与维修专业技能型紧缺人才培养培训教材，依据教育部颁布的《中等职业院校汽车运用与维修专业技能紧缺人才培养培训指导方案》以及国家和交通行业职业标准编写而成。

本书内容主要包括：汽车世界、汽车的动力源、汽车的行驶、汽车与环境保护、汽车娱乐，共计5个单元。

本书是中等职业院校汽车运用与维修等专业的教材，亦可供相关专业人员学习参考。

图书在版编目(CIP)数据

汽车文化 / 屠卫星主编. —2版. —北京：人民交通出版社股份有限公司，2014.12

ISBN 978-7-114-11700-8

Ⅰ.①汽… Ⅱ.①屠… Ⅲ.①汽车—文化—中等专业学校—教材 Ⅳ.①U46-05

中国版本图书馆CIP数据核字(2014)第215376号

书　　名：**汽车文化**(第二版)
著 作 者：屠卫星
责任编辑：闫东坡
出版发行：人民交通出版社股份有限公司
地　　址：(100011)北京市朝阳区安定门外外馆斜街3号
网　　址：http://www.ccpress.com.cn
销售电话：(010)59757973
总 经 销：人民交通出版社股份有限公司发行部
经　　销：各地新华书店
印　　刷：北京虎彩文化传播有限公司
开　　本：787×1092　1/16
印　　张：10.25
字　　数：244千
版　　次：2005年5月　第1版
2014年12月　第2版
印　　次：2021年7月　第4次印刷　累计第20次印刷
书　　号：ISBN 978-7-114-11700-8
定　　价：35.00元

交通职业教育教学指导委员会
汽车运用与维修专业指导委员会

第二版前言

为深入贯彻《国务院关于加快发展现代职业教育的决定》以及教育部等六部委《关于实施职业院校制造业和现代服务业技能型紧缺人才培养培训工程的通知》精神,积极推进课程改革和教材建设,为中等职业教育教学提供更加丰富和多样化的实用教材,适应经济发展、产业升级和技术进步,满足交通运输业科学发展的需要。人民交通出版社股份有限公司组织全国交通职业院校的专业教师,按照"专业设置与产业企业岗位需求对接、课程内容与职业标准对接、教学过程与生产过程对接,明显提升职业院校毕业生就业质量"的要求,依据教育部颁布的《中等职业院校汽车运用与维修专业领域技能型紧缺人才培养培训指导方案》,对教育部职业教育与成人教育司推荐教材进行了再版修订,供全国中等职业院校汽车运用与维修等专业教学使用。

此次再版修订教材符合国家对技能型紧缺人才培养培训工作的需要,体现了中等职业教育的特色,教材特点如下:

1."以服务发展为宗旨,以促进就业为导向",加强文化基础教育,强化技术技能培养,符合高素质中、初级汽车专业实用人才培养的需求;

2.总结近几年教学改革经验,教材修订符合中等职业院校学生的认知规律,注重知识的实际应用和对学生职业技能的训练,符合中职院校教学与培训的需要;

3.依据最新国家及行业标准,剔除第一版教材中陈旧过时的内容,教材修订量在20%以上,反映了新知识、新技术、新工艺。

《汽车文化》是汽车运用与维修专业核心课之一,由南京交通职业技术学院屠卫星担任主编。教材主要内容包括:汽车世界、汽车的动力源、汽车的行驶、汽车与环境保护、汽车娱乐,共计5个单元。

限于编者经历和水平,教材内容难以覆盖全国各地中等职业院校的实际情况,希望各学校在选用和推广本系列教材的同时,注重总结教学经验,及时提出修改意见和建议,以便再版修订时改正。

编 者

2014年6月

目　录

单元一　汽车世界

 **学习目标**

 知识目标

1. 正确描述汽车的概念与分类；
2. 正确描述汽车的总体构造；
3. 简单描述行驶基本原理与驱动方式；
4. 正确描述汽车的编号；
5. 简单描述汽车的发展简史、汽车及技术的新发展；
6. 正确描述世界汽车工业格局与我国汽车工业的现状。

能力目标

1. 会利用因特网查找汽车相关信息；
2. 会根据汽车产品型号对汽车进行分类。

1　认识汽车

1.1　汽车的定义

说到汽车，人们立即会想到道路上随处可见的四轮交通工具，然而，要准确讲出汽车的定义却不那么容易，世界各国对汽车的定义也不尽相同。

“汽车(automobile)”(图1-1)英文原意为“自动车”，在日本称为“自動車”(日文汉字中的“汽車”则是指我们所说的“火车”)。其他文种也多数是“自动车”，唯有我国例外，大概早期汽车是蒸汽机驱动的缘故，因此我国就称它为汽车。

图1-1　汽车

《现代汉语词典》(第6版)是这样解释汽车的：“一种交通工具用内燃机做动力，主要在公路上或马路上行驶，通常有四个或四个以上的轮子。”以科学的眼光看来，这种解释是极不精确严密的。实际上，这段话是根据当时普遍使用的汽车而概括出来的，但作为定义不合适，否则早期的蒸汽机汽车，现在的电动汽车、太阳能汽车等就不算汽车了。

在我国，汽车是指由自身装备的动力装置驱动，一般具有四个或四个以上车轮，不依靠轨

道或架线而在陆地行驶的车辆。汽车通常被用作载运客、货和牵引客、货挂车,也有为完成特定运输任务或作业任务而将其改装或经装配了专用设备成为专用车辆,但不包括专供农业使用的机械。全挂车和半挂车并无自带的动力装置,它们与牵引汽车组成汽车列车时才属于汽车范畴。有些进行特种作业的轮式机械,如轮式推土机、铲运机、叉式起重机(叉车)以及农田作业用的轮式拖拉机等,在少数国家被列入专用汽车,而在我国则分别被列入工程机械和农业机械之中。

在美国,汽车是指由本身的动力驱动(不包括人力、畜力),装有驾驶操纵装置的在固定轨道以外的道路或自然地域上运输客、货或牵引其他车辆的车辆。

在日本,汽车(自动车)是指自身装有发动机和操纵装置的不依靠轨道或架线能在陆上行驶的车辆。摩托车、带发动机的助力自行车、三轮摩托在日本均属汽车的范畴。

1.2 汽车的分类

知道了汽车的定义,就可以对汽车进行分类了。汽车的分类方法有许多种,我们选择以下四种分类方法进行介绍。

1.2.1 根据汽车的动力装置进行分类

(1)内燃机汽车(Internal Combustion Engine automobile)。用内燃机作为动力装置的汽车称为内燃机汽车。通常,内燃机汽车的主要形式有:

①汽油机汽车(Gasoline automobile,Petrol automobile)。用汽油机作为动力装置的汽车称为汽油机汽车。

②柴油机汽车(Diesel automobile)。用柴油机作为动装置的汽车称为柴油机汽车。

③气体燃料发动机汽车(Gaseous fuel automobile)。发动机用天然气、煤气等气体作为燃料的汽车称为气体燃料发动机汽车。

④旋转活塞发动机汽车(Rotary piston engine automobile)。用旋转活塞发动机作为动力装置的汽车称为旋转活塞发动机汽车。

(2)电动汽车(Electric automobile)指以车载电源为动力,用电机驱动车轮行驶,符合道路交通、安全法规各项要求的车辆。包括:纯电动汽车 BEV(Blade Electric Vehicles)、太阳能汽车、混合动力汽车 HEV(Hybrid Electric Vehicle)、燃料电池电动汽车 FCEV(Fuel Cell Electric Vehicle)。

(3)燃气涡轮机汽车(Gas turbine automobile)。用燃气涡轮机作为动力装置的汽车称之为燃气涡轮机汽车。

1.2.2 按发动机位置和驱动方式进行分类

汽车传动系的布置形式取决于发动机的形式和性能、汽车的总体结构形式、汽车行驶系等因素。根据不同的使用要求,有下列几种布置形式(见表 1-1)。

汽车布置形式　　表 1-1

图　例	布　置　形　式		特　点
FR 式车	发动机前置后轮驱动	(FR 方式) Front engine Rear drive	传统布置方式。货车、部分中高级乘用车、客车大都是这种布置方式

续上表

图 例	布 置 形 式		特 点
FF式车	发动机前置前轮驱动	(FF方式) Front engine Front drive	结构紧凑,整车质量小,底盘低,高速时操纵稳定性好。越来越多的乘用车采用这种结构形式
RR式车	发动机后置后轮驱动	(RR方式) Rear engine Rear drive	大、中型客车常采用的布置形式。发动机的振动、噪声、油气味对乘员影响小,空间利用率高
4WD式车	发动机前置四轮驱动	(4WD方式) Four-wheel drive	越野车、高性能跑车上应用的最多。四个车轮均有动力,地面附着力最大,通过性和动力性好
MR式车	发动机放置在前、后轴之间,后轮驱动	(MR方式) Middle engine Rear drive	F1赛车、跑车的布置形式。轴荷分配均匀,具有很中性的操控特性。但是发动机占去了座舱的空间,降低了空间利用率和实用性

1.2.3 根据汽车的用途分类

汽车按用途分为乘用车和商用车两大类。私人作为代步工具的车辆称为乘用车;公务及商业经营的运输车辆称为商用车。根据GB/T 3730.1—2001和GB/T 15089—2001汽车分类见表1-2。

汽车用途分类 表1-2

汽车	乘用车 (不超过9座)	普通乘用车 Saloon(sedan)
		活动顶篷轿车 Convertible
		高级加长豪华礼车 Pullman Saloon(Limousine)
		小型乘用车 Coupe
		敞篷车 Convertible (Open Tourer) (Roadster)(Spider)
		舱背乘用车 Hatchback
		旅行车 Station Wagon
		多用途乘用车 Multipurpose Passenger Vehicle(MPV)
		短头乘用车 Forward Control Passenger Car
		越野乘用车 Off-road Passenger Car
		专用乘用车 Special Purpose Passenger Car
	商用车	客车 Bus
		小型客车 Minibus
		城市客车 City Bus
		长途客车 Interurban Coach
		旅游客车 Touring Coach
		铰接客车 Articulated Bus

续上表

<table>
<tr><td rowspan="11">汽车</td><td rowspan="11">商用车</td><td>无轨客车 Trolley Bus</td></tr>
<tr><td>越野客车 Off-road Bus</td></tr>
<tr><td>专用客车 Special Bus</td></tr>
<tr><td>半挂牵引车 Semi-trailer Towing Vehicle</td></tr>
<tr><td>货车 Goods Vehicle</td></tr>
<tr><td>普通货车 General Purpose Goods Vehicle</td></tr>
<tr><td>多用途货车 Multipurpose Goods Vehicle</td></tr>
<tr><td>全挂牵引车 Trailer Towing Vehicle</td></tr>
<tr><td>越野货车 Off-road Goods Vehicle</td></tr>
<tr><td>专用作业车 Special Goods Vehicle</td></tr>
<tr><td>专用货车 Specialized Goods Vehicle</td></tr>
</table>

1.2.4 根据机动车辆及挂车分类

在汽车性能和维修检测中,往往根据 GB/T 15089—2001 对汽车进行分类,分为 L 类、M 类、N 类、O 类和 G 类五种类型,见表 1-3。

机动车辆及挂车分类 表 1-3

<table>
<tr><th>字母代号</th><th>种类</th><th colspan="2">细类</th><th colspan="2">内容</th></tr>
<tr><td>L 类车辆</td><td>两轮或三轮机动车辆</td><td colspan="2">L_1、L_2、L_3、L_4、L_5</td><td colspan="2">根据排量、驱动方式、车速和车轮数分类。</td></tr>
<tr><td rowspan="11">M 类车辆</td><td rowspan="11">四个车轮的载客机动车辆</td><td colspan="2">M_1</td><td colspan="2">座位数(包括驾驶员)<9 座</td></tr>
<tr><td rowspan="5">M_2</td><td>A</td><td rowspan="2">最大设计总质量<5000kg
可载乘员数(不包括驾驶员)<22 人</td><td>允许站立</td></tr>
<tr><td>B</td><td>不允许站</td></tr>
<tr><td>Ⅰ</td><td rowspan="3">最大设计总质量<5000kg
可载乘员数(不包括驾驶员)>22 人</td><td>①</td></tr>
<tr><td>Ⅱ</td><td>②</td></tr>
<tr><td>Ⅲ</td><td>不允许站</td></tr>
<tr><td rowspan="5">M_3</td><td>A</td><td rowspan="2">最大设计总质量>5000kg
可载乘员数(不包括驾驶员)< 22 人</td><td>允许站立</td></tr>
<tr><td>B</td><td>不允许</td></tr>
<tr><td>Ⅰ</td><td rowspan="3">最大设计总质量>5000kg
可载乘员数(不包括驾驶员)>22 人</td><td>①</td></tr>
<tr><td>Ⅱ</td><td>②</td></tr>
<tr><td>Ⅲ</td><td>不允许站</td></tr>
<tr><td rowspan="3">N 类车辆</td><td rowspan="3">四个车轮载货机动车辆</td><td colspan="2">N_1</td><td colspan="2">最大设计总质量<3500kg</td></tr>
<tr><td colspan="2">N_2</td><td colspan="2">3500kg<最大设计总质量<12000kg</td></tr>
<tr><td colspan="2">N_3</td><td colspan="2">12000kg <最大设计总质量</td></tr>
<tr><td>O 类车辆</td><td>挂车(包括半挂车)</td><td colspan="2">O_1、O_2、O_3、O_4</td><td colspan="2">根据设计最大总质量分类</td></tr>
<tr><td>G 类车辆</td><td>越野车</td><td colspan="2"></td><td colspan="2">满足要求的 M 类、N 类</td></tr>
<tr><td colspan="6">说明:①允许乘员站立,并且乘员可以自由走动。
②只允许乘员站立在过道或提供不超过相当于两个人座位的站立面积。</td></tr>
</table>

1.2.5 乘用车(轿车)的分类

我国轿车分级就是以发动机总排量为依据的。活塞从上止点移动到下止点所通过的空间容积称为汽缸排量,如果发动机有若干个汽缸,所有汽缸工作容积之和称为发动机排量。轿车发动机的总排量可以作为区分轿车级别的标志。发动机总排量是指发动机全部汽缸的工作容积之和,单位是升。一般排量越大的轿车,功率越大,加速性能越好,车的内装饰也越高级,其档次划分也就越高。乘用车(轿车)的分类见表1-4。

乘用车(轿车)的分类 表1-4

分类级别	依据(发动机排量)	分类级别	依据(发动机排量)
微型轿车	发动机排量≤1L	中高级轿车	2.5L < 发动机排量≤4L
普通级轿车	1L < 发动机排量≤1.6L	高级轿车	发动机排量 > 4L
中级轿车	1.6L < 发动机排量≤2.5L		

1.2.6 德国汽车分级标准

按照德国汽车分级标准,A级车包括A、A0、A00级车,一般指小型轿车;B级车是中档轿车;C级车是高档轿车;而D级车指的则是豪华轿车,其等级划分主要依据轴距、排量、质量等参数,字母顺序越靠后,该级别车的轴距越长、排量和质量越大,轿车的豪华程度也不断提高。具体见表1-5。

德国汽车分级标准 表1-5

车辆级别	代码	轴距(m)	发动机排量(L)	车型举例
小型轿车	A00	2~2.2	小于1	长安奥拓
	A0	2.2~2.3	1~1.3	天津夏利
	A级	2.3~2.45	1.3~1.6	一汽-大众的捷达、上海大众POLO
中档轿车	B级	2.45~2.6	1.6~2.4	奥迪A4、帕萨特、中华、东方之子
高档轿车	C级	2.6~2.8	2.3~3.0	奥迪A6
豪华轿车	D级	>2.8	3.0以上	奔驰S系列、宝马7系、奥迪A8

1.2.7 汽车业界公认分类

实际上目前在汽车业界,比较公认的分类如下:

(1)微型车:比亚迪F0、长安奔奔Mini、长安轿车—奔奔Love、菲亚特500、奇瑞A1、smart fortwo、江淮悦悦、雪佛兰宝骏乐驰、哈飞路宝、全球鹰熊猫等。

(2)小型车:雪佛兰赛欧、长城M4、铃木雨燕sport、广汽本田理念S1、长安福特嘉年华1.0T、名爵3SW、奥迪A1、长安铃木利亚纳、长安欧力威、MINI CLUBMAN、东风悦达起亚K2、广汽丰田-YARiS L致炫等。

(3)准中级车(或紧凑级车):雪佛兰科鲁兹、大众朗逸、日产轩逸、一汽丰田花冠、一汽大众速腾、一汽-大众新宝、长安福特福克斯、起亚K3、东风本田杰德等。

(4)中级车:奥迪A4、别克君越、BMW3、比亚迪G6、福特蒙迪欧、现代索纳塔、东风标致508、广汽本田雅阁、一汽丰田锐志、荣威750、丰田凯美瑞、帕萨特、沃尔沃S40、一汽-大众迈腾、北京现代名图、一汽奔腾B70、北汽绅宝、长安睿骋、凯美瑞Hybrid等。

(5)中大型车(行政级车):一汽轿车红旗 H7、奥迪 A6、BMW5、通用别克林荫大道、凯迪拉克 SLS 赛威、凯迪拉克 CTS、奔驰 E、皇冠、进口奥迪 S6、进口标致 607、雷克萨斯 ES、雷克萨斯 GS、标志 607、长安沃尔沃 S80L、克莱斯勒新 300S 等。

(6)豪华级车:奥迪 A8、奥迪 A7、BMW7、宾利雅致、捷豹 XJ、雷克萨斯 LS、奔驰 S、大众进口辉腾、劳斯莱斯幻影、玛莎拉蒂总裁、劳斯莱斯幻影、阿斯顿马丁 Rapide 等。

(7)跑车:宝马 Z4、雪佛兰科迈罗 Camaro、阿斯顿·马丁 ONE-77、奥迪 R8、奥迪 TT、奥迪 A5、宾利大陆、玛莎拉蒂、捷豹 XK、法拉利 F430、兰博基尼、马自达 RX8、奔驰 CLK、奔驰 CLS、保时捷 911、比亚迪 S8、丰田 86 等。

(8)越野车和 SUV 车:长城哈弗 H6、北京现代 ix35、马自达 CX-5、长安福特翼搏、长安福特翼虎、长安 CS35、大众途观、大众途锐、丰田 RAV4、丰田普拉多、丰田兰德库路则、雪佛兰克帕起、比亚迪 S6、传祺 GS5、大切诺基、吉普指挥官、吉普牧马人、吉普指南者、本田 CRV、奇瑞瑞虎、三菱欧蓝德、讴歌 MDX、奥迪 Q7/Q5、宝马 X3/X5/X6、卡迪拉克 SRX/凯雷德、英菲尼迪 EX/FX、奔驰 GL/M、保时捷卡宴、沃尔沃 XC90。

(9)多功能厢式 MPV 车:别克 GL8、大众途安、本田奥德赛、长安杰勋、长城佳誉、东方之子 CROSS、雪铁龙毕加索、C4 毕加索、大发亚森、东风景逸、福特 S-MAX、陆丰风尚、普力马、俊逸、大捷龙、马自达 5、奔驰 R、丰田普瑞维亚、欧宝赛飞利、雷诺风景、三菱菱绅。

1.3 汽车的总体构造

汽车是由数百个总成,上万个零部件装配而成。不同的车型结构千差万别,以内燃机为动力的汽车是由发动机、底盘、车身及其附件和电气设备四部分组成(图 1-2),专用汽车还有其他专用设备。而电动汽车是由电力驱动及控制系统、驱动力传动等机械系统、完成既定任务的工作装置等组成。

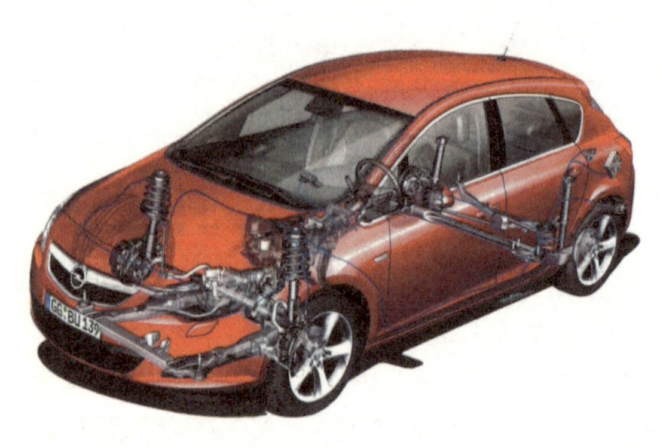

图 1-2 汽车总体构造

发动机——发动机是汽车的动力源。其作用是使燃料燃烧,将热能转变成机械能,驱动汽车行驶,并驱动其他机电设备。汽车所用动力装置的类型,对于汽车的总体及部件的构造有决定性的影响。目前国内外汽车绝大多数采用往复活塞式内燃机作为动力装置。

底盘——是汽车的骨架,用来支撑车身和安装所有部件,同时将发动机的动力传递到驱动轮,还要保证汽车按照驾驶人的意志正常行驶。汽车底盘由传动系、行驶系、转向系和制动系四部分组成。

传动系——将发动机的动力传给驱动车轮。其中包括离合器、变速器、万向传动装置、驱动桥等部件。

行驶系——将汽车各总成、部件连接成一整体,起到支持全车并保证行驶的作用。其中包括车架、车桥(转向从动桥、驱动车轮)、悬架(前悬架、后悬架)等部分。

转向系——保证汽车能按照驾驶人所选定的方向行驶,由带转向盘(方向盘)的转向器和

转向传动机构组成。

制动系——用以降低汽车速度或停车，或在汽车下坡时使车速稳定，或使汽车在原地可靠地停驻。

车身及其附件——车身的作用主要用来覆盖、包装和保护汽车零部件，提供装载货物的空间以及对驾驶人和乘员提供舒适的乘坐环境。车身附件是安装于车身之上的附属设备，如座椅、空调、风窗刮水器、玻璃升降器、点烟器、音响和通信设备等。

电气设备——电气设备包括电源、灯光系统、点火系统、起动系统、仪表、传感器与报警装置、空调、自动检测装置等。

汽车结构的发展过程是不断出现矛盾和解决矛盾的过程。因此汽车只是解决汽车使用、制造和维修过程中出现的一系列矛盾的结果，其结构形式并不是一成不变的。随着科学技术的发展，汽车的总体和部件的构造必将不断完善。

1.4 汽车行驶的基本原理

1.4.1 汽车的驱动力

要使汽车以一定速度运动，必须对汽车施加一个推动力以克服阻力。此推动力称为牵引力。

汽车发动机输出的动力经传动系传至驱动轮并产生转矩 M_t 使车轮旋转。在 M_t 的作用下，驱动轮对地面产生一个切向作用力 F_0，同时，地面对汽车驱动轮产生一个大小相等、方向相反的作用力 F_t，这就是汽车的驱动力（图 1-3）。

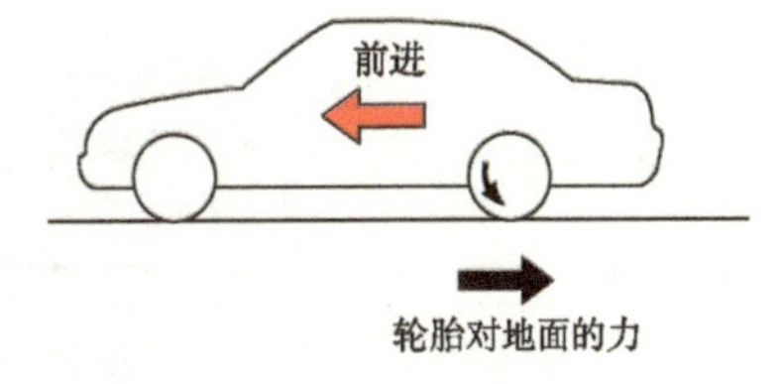

图 1-3 汽车受力

$$F_0 = M_t/r$$

式中：r——车轮滚动半径。

1.4.2 汽车的行驶阻力

汽车从静止到开始运动（起步），或在正常行驶过程中，都不可避免地受到外界的各种阻力。在汽车等速行驶时，其阻力由滚动阻力、空气阻力、坡道阻力和加速阻力组成。

（1）滚动阻力 F_f。滚动阻力是在车轮滚动时，轮胎和地面发生变形产生阻碍运动的力。此外，轮胎与路面间以及车轮轴承内存在摩擦。车轮滚动时产生的这些变形与摩擦都要消耗发动机一定的动力，其数值与汽车总重力、轮胎结构和气压以及路面性质有关。

（2）空气阻力 F_w。汽车行驶时，空气与汽车表面相互摩擦，同时车身前部受到迎面空气流的压力，而车身后部因空气涡流而产生真空度，这样就形成了阻碍汽车行驶的空气阻力，以 F_w 表示。试验表明，空气阻力的数值与汽车的正面投影面积（或称迎风面积）以及汽车与空气的相对速度的平方成正比；它还与汽车外部轮廓形状和表面质量有关。如将车身做成流线型，空气阻力将显著减小。

（3）坡道阻力 F_i。坡道阻力是汽车沿坡道上行驶时，其总重力沿坡道方向的分力。上坡时，汽车总重力沿路面方向的分力形成的阻力即为上坡阻力，其数值决定于汽车总重力和道路的纵向坡度。

（4）加速阻力 F_j。汽车加速行驶时，需要克服其加速运动时汽车质量的惯性力，称为加速阻力。

趣味链接

世界上最快的(440km/h)量产汽车

柯尼赛格汽车公司(Koenigsegg Automotive AB)是由执行总裁克里斯·冯·柯尼赛格1994年发起创立的小型手工打造超级跑车制造厂,总部位于瑞典南部斯科讷省恩厄尔霍尔姆市。以制造出全世界最快汽车为主要宗旨,并且也是吉尼斯世界纪录世界最快车速量产车排行榜上的常客。Koenigsegg一词为"刀锋"的意思,作为略带瑞典皇家色彩的跑车,其标志同瑞典皇家空军相同,主图案为一幽灵造型,因此也有很多车友称它为"幽灵"跑车。Koenigsegg在中国的第一次亮相是在2005年的上海车展上。

2014年北京车展展出的科尼塞克One:1超级跑车售价高达人民币1亿元。One:1这个名称是代表该款车的自身功率和质量比达到1:1(1341马力:1341kg)。科尼塞克One:1是迄今为止世界第一台功率达到1兆瓦(1000kW)的合法公路车型,百公里加速时间在2s以内。从静止到400km/h的加速时间仅为20s,最高时速更可超过440km/h。

科尼塞克One:1

1.4.3 汽车行驶方程式

在任何情况下,欲保证汽车匀速行驶,牵引力 F_t 必须与行驶总阻力 $\sum F$ 相等。

$$F_t = F_f + F_w + F_i + F_j$$

1.4.4 汽车的附着条件

当总阻力超过牵引力时,汽车将减速以至于停车。这时欲维持车速不变,就应当相应地增大牵引力。但这一点并不是在任何情况下都能实现的,如汽车在冰雪或泥泞路面上行驶时,便会出现驱动车轮滑转(打滑)的现象。此时,尽管加大节气门开度以增加动力(一般情况下,加大节气门是增大牵引力的),汽车仍不能行驶,只是驱动车轮滑转得更快而已,牵引力却增加不了。这说明:牵引力的增加或牵引力的最大值不仅决定于发动机的最大转矩和传动系的传动比,还受到轮胎与路面附着性能的限制。

汽车行驶的附着条件:

$$F_t \leqslant F_\Phi$$

F_Φ 的大小取决于车轮所受的重力大小、路面和轮胎类型。

1.5 汽车产品型号

在汽车上使用汽车产品型号是各国政府为管理机动车辆而实施的一项强制性规定。有了产品型号就可以使用计算机对车辆进行检索管理,在处理交通事故、开展交通事故保险理赔、破获被盗车辆等方面发挥着重要作用。各国政府都制定了这方面的专门技术法规,强制要求汽车厂在汽车上使用汽车产品型号。

汽车的产品型号是一组罗马字母和阿拉伯数字组成,每一位符号代表着某一方面的信息。各国对汽车型号的制定方法既有相同之处又有不同之处。

我国汽车的产品型号由企业名称代号、车辆类别代号、主参数代号、产品序号组成(必要时可附加企业自定代号)。代号排列顺序如图 1-4 所示。

各种代(序)号的意义及规定如下:

(1)企业名称代号。企业名称代号是识别车辆制造企业的代号,位于产品型号的第一部分,用代表企业名称的两个或三个汉语拼音字母表示。如:CA:长春一汽;EQ:第二汽车;FV:一汽大众;SGM:上海通用;SVW:上海大众;DC:东风雪铁龙;HG:广州本田;CAF:长安福特;XMQ:厦门汽车(金龙)。

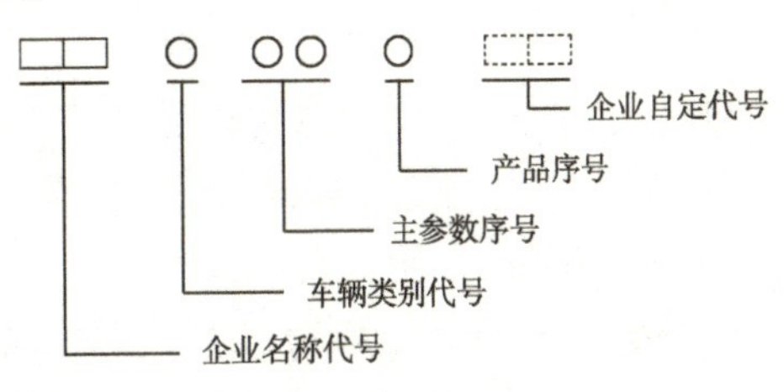

图 1-4 汽车代号顺序图

注:为了避免与数字混淆,不应采用汉语拼音字母中的“I”和“O”。

(2)车辆类别代号。车辆类别代号是表明车辆附属分类的代号,各类汽车的类别代号位于产品型号的第二部分,按表 1-6 中规定用一位阿拉伯数字表示。

车辆类别代号　　表 1-6

车辆类别代号	车辆种类	车辆类别代号	车辆种类	车辆类别代号	车辆种类
1	载货汽车	4	牵引汽车	7	轿车
2	越野汽车	5	专用汽车	8	备用分类号
3	自卸汽车	6	客车	9	半挂车及专用半挂车

(3)主参数代号。主参数代号是表明车辆主要特性的代号,各类汽车的主参数代号位于产品型号的第三部分,按下列规定用两位阿拉伯数字表示。

①载货汽车、越野汽车、自卸汽车、牵引汽车、专用汽车与半挂车的主参数代号为车辆的总质量(t)。当总质量在 100t 以上时,允许用三位数字表示。

②客车的主参数代号为车辆长度(m)。当车辆长度小于 10m 时,应精确到小数点后一位,并以长度(m)值的 10 倍数值表示。

③轿车的主参数代号为发动机排量(L)。应精确到小数点后一位,并以其值的 10 倍数值表示。

④专用汽车及专用半挂车的主参数代号在采用定型汽车底盘或定型半挂车底盘改装时,

若其主参数与定型底盘原车的主参数之差不大于原车的10%,则应沿用原车的主参数代号。

⑤主参数的数字修约按《数字修约规则》的规定。

⑥主参数不是规定的位数时,在参数前以“0”补位。

(4)产品序号。产品序号表示一个企业的类别代号和主参数代号相同的车辆的投产顺序,产品序号位于产品型号的第四部分,用阿拉伯数字0,1,2……依次表示。

(5)企业自定代号。企业自定代号是企业根据需要自行规定的补充代号,一般位于产品型号的最后部分。同一种汽车结构略有变化而需要区别时(例如汽油、柴油发动机,长、短轴距,单、双排座驾驶室,平、凸头驾驶室,左、右置转向盘等),可用汉语拼音字母或者阿拉伯数字表示,位数也由企业自定。供用户选择的零部件(如暖风装置、收音机、地毯、绞盘等)不属结构特征变化,应不予企业自定代号。

编制型号举例:

例1　CA1020K3E3－3是中国一汽通用(云南)生产的解放微卡载货汽车,总质量为1510kg,K3E3－3企业自定代号。

例2　ZZ3253N3841C是中国重汽生产的HOKA H7系重卡6×4自卸车,总质量为25000kg,N3841C企业自定代号。

例3　CA4258P2K2T1EA80是解放青岛汽车制造厂生产的第九代解放新大威重卡6×4公路上行驶总质量为25000kg的牵引汽车,P2K2T1EA80企业自定代号。

例4　XMQ5030XXYF3是厦门金龙联合汽车工业有限公司生产的第一代金龙海狮轻型货车,总质量为3060kg,XXYF3企业自定代号。

例5　ZK6799HD是中国宇通(郑州)客车厂生产的第十代客车长为7945mm的客车,HD企业自定代号。

例6　BYD7126AT1是中国比亚迪汽车有限公司生产的第七代比亚迪F3轿车(乘用车M1类),发动机排量为11.97L及12L,AT1企业自定代号。

例7　CA7165AT3是中国第一汽车集团公司生产第六代奔腾B50轿车发动机排量为15.95L即16L,AT3企业自定代号。

了解了我国汽车产品型号的编制方法,我们还应知道产品型号在车上的位置,我国汽车的型号标识一般就印在汽车的尾部,也有在汽车侧面的。不过现在汽车型号印在汽车铭牌上,如图1-5所示。

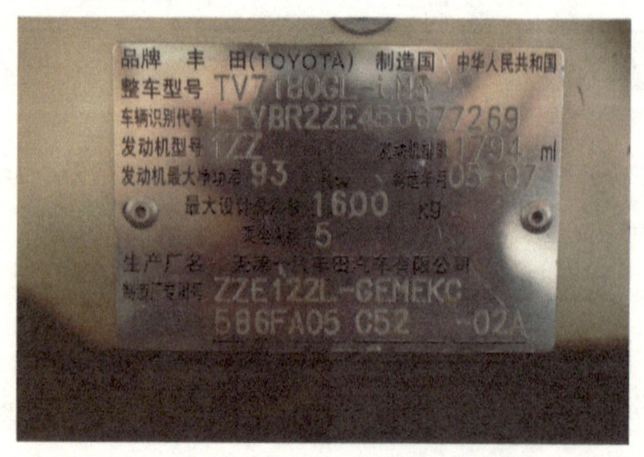

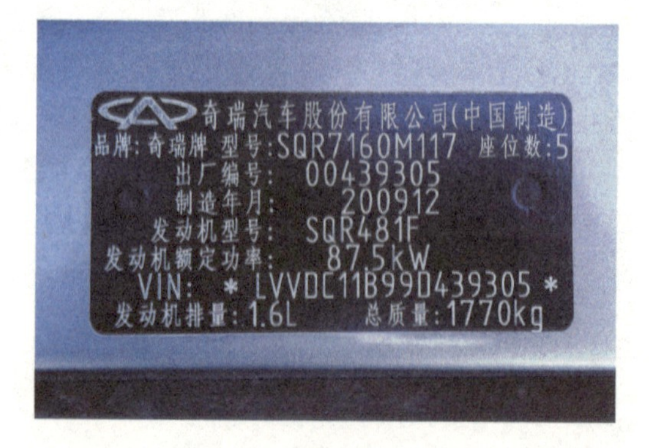

图1-5　汽车铭牌上的型号

1.6 车辆识别代号(VIN)编码

1.6.1 车辆识别代号(VIN)编码的意义和作用

现在世界各国汽车公司生产的汽车都使用了VIN(Vehicle Identification Number)车辆识别代号编码。"VIN车辆识别代号编码"由一组字母和阿拉伯数字组成,共17位,又称17位识别代号编码。它分为三部分:世界制造厂识别代号WMI(World Manufacturer Identifier)、车辆说明部分VDS(Vehicle Descriptor Section)、车辆指示部分VIS(Vehicle Indicator Section)(图1-6)。

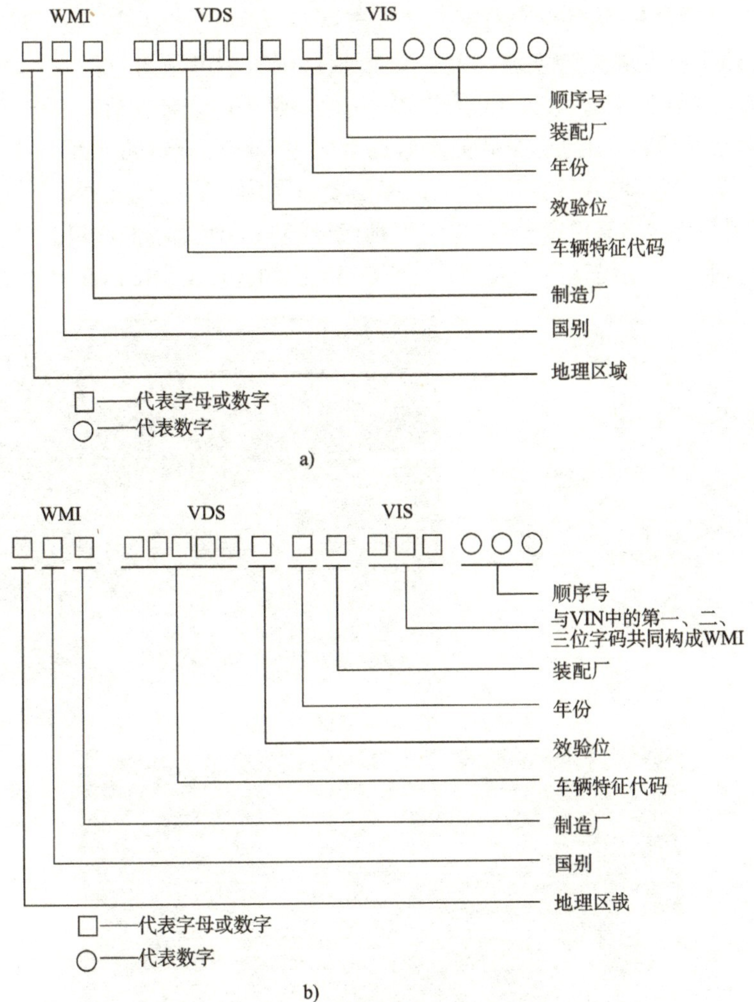

图1-6 车辆识别代号(VIN)顺序图

a)年产量大于500辆VIN码;b)年产量小于500辆VIN码

VIN的每位代码代表着汽车的某一方面信息参数,它是识别一辆汽车不可缺少的工具。按照识别代号编码顺序,从VIN中可以识别出该车的生产国家、制造公司或生产厂家、车辆类型、品牌名称、车型系列、车身形式、发动机型号、车型年款(属哪年生产的年款型车)、安全防护装置型号、检验数字、装配工厂名称和出厂顺序号码等。

17位代号编码经过排列组合的结果可以使车型生产在30年之内不会发生重号现象,就像我们的身份证号码一样,不会产生重号,故又被称为"汽车身份证"。因为现在生产的汽车车型采用年限在逐渐缩短,一般8~12年就淘汰,不再生产,所以17位识别代号编码已足够应用。

各国政府及各汽车公司对本国或本公司生产的汽车的17位识别代号编码都有具体规定。各国的技术法规一般只规定车辆识别代号的基本要求,如其应由17位代号编码组成,字母和数字的尺寸、书写形式、排列位置和安装位置都有相应规定等,并且应保证30年内不会重号,除对个别符号的含义有硬性规定外,其他不作硬性规定,而由生产厂家自行规定其代表的含义。各国有关车辆识别代号的技术法规各有差异,也有共同之处,如美国法规定为车辆识别代号的第[9]位必须是工厂检查数字,而EEC(欧洲共同体)指令将17位代号编码分成三组(VMI、VDS、VIS),只对每一组的含义范围作了规定;VIN识别代号编码一般以标牌的形式,装贴在汽车的不同部位。美国规定应安装在仪表板左侧,我国车辆也是同样图1-7,在车外透过风窗玻璃可以清楚地看到而便于检查,而EEC规定识别代码编码应安装在汽车右侧的底盘车架上或标写在厂家铭牌上等(图1-8)。汽车研究及管理部门也有相应规定的标准,各国机动车辆管理部门办理牌照时可以将其输入计算机存储,以备需要时调用,如:处理交通事故、保险索赔、查获被盗车辆、报案等。有的国家规定没有17位识别代号编码的汽车不准进口,有的国家客户在买车时没有17位识别代号编码就不购买,因此没有VIN识别代号编码的汽车是卖不出去的。

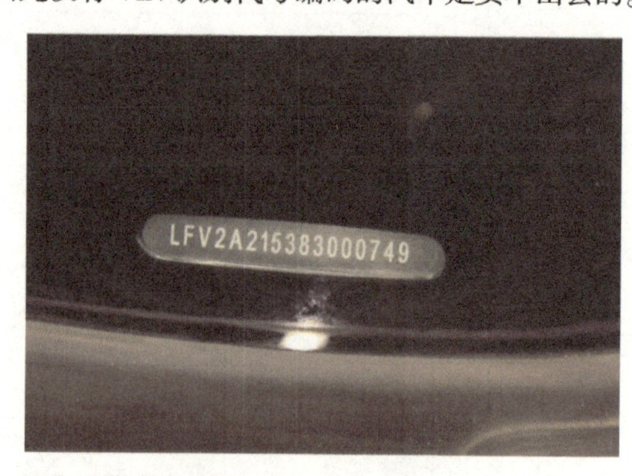

图1-7 常见轿车VIN码位置

图1-8 欧共体国家轿车(发动机舱后舱板上)VIN码位置

由于汽车修理逐步实行计算机管理和故障分析诊断,在各种测试仪表和维修设备中都存储有17位识别代号编码VIN的数据,以作为修理的依据。17位识别代号编码在汽车配件经营管理上也起着重要作用,在查找零件目录中汽车零件号之前,首先要确认17位识别代号编

码的车型年款,否则会产生误购、错装等现象。

随着车型年款的不同和汽车发往国家的不同(各国政府对 VIN 有不同规定),VIN 规定会有所不同。有的按公司各车分部进行规定(美国 GM);有的直接按系列车型或车名进行规定。在实用中,一般要由两种 VIN 规定才可验证出一辆车的型号和车型参数,因此,大量积累这方面的资料具有重要的意义,随着年款的变化,今后还会陆续出现各种 VIN 规定。

1.6.2　汽车中 VIN 码的识别

汽车 VIN 码的识别见表 1-7。

VIN 码的识别　　表 1-7

第 1 ~ 3 位	第 4 ~ 8 位	第 9 位	第 10 位	第 11 位	第 12 ~ 17 位
WMI	VDS	校验码	车份	装配厂	顺序号

(1)第 1 ~ 3 位(WMI):世界制造商识别代码(World manufacturer identifier),表明车辆是由谁生产的。

第 1 位字码是标明一个地理区域的字母或数字;第 2 位是标明一个特定地区内的一个国家的字母或数字。第 1、2 位字码的组合将能保证国家识别标志的唯一性。第 3 位字码是标明某个特定的制造厂的字母或数字。第 1、2、3 位字码的组合能保证制造厂识别标志的唯一性。如:进口车 TRU/WAU(Audi)、1YV/JM1(Mazda)、4US/WBA/WBS(BMW)、WDB(Mercedes Benz)、YV1(Volvo)KMH(韩国现代)。

(2)第 4 ~ 8 位(VDS):车辆特征。

①轿车:种类、系列、车身类型、发动机类型及约束系统类型。

②MPV:种类、系列、车身类型、发动机类型及车辆额定总质量。

③载货车:型号或种类、系列、底盘、驾驶室类型、发动机类型、制动系统及车辆额定总质量。

④客车:型号或种类、系列、车身类型、发动机类型及制动系统。

(3)第 9 位:校验位,通过一定的算法防止输入错误。

(4)第 10 位:车型年份,即厂家规定的型年(Model Year),不一定是实际生产的年份,但一般与实际生产的年份之差不超过 1 年。VIN 码中的第 10 位就是 VIS 第一位字码就是车辆的出厂年份,是识别车辆的重要标识。年份字母规定使用见表 1-8。

表示年份字码　　表 1-8

年份	字码	年份	字码	年份	字码	年份	字码
1981	B	1991	M	2001	1	2011	B
1982	C	1992	N	2002	2	2012	C
1983	D	1993	P	2003	3	2013	D
1984	E	1994	R	2004	4	2014	E
1985	F	1995	S	2005	5	2015	F
1986	G	1996	T	2006	6	2016	G
1987	H	1997	V	2007	7	2017	H
1988	J	1998	W	2008	8	2018	J
1989	K	1999	X	2009	9	2019	K
1990	L	2000	Y	2010	A	2020	L

(5)第 11 位:表示装配厂。

(6)第 12 ~ 17 位:顺序号,一般情况下,汽车召回都是针对某一顺序号范围内的车辆,即某一批次的车辆。

趣味链接

查找汽车 VIN 码 App 软件

可以查找汽车 VIN 码 App 软件,有苹果的 iOS 系统,谷歌的 Android 系统。

汽车身份证,使用了国际领先的汽车 VIN 码识别算法技术,通过手机自带照相机拍照即可识别汽车。想知道路边的是什么车?多少钱?这一看似不可能的功能在汽车身份证中率先实现。汽车身份证拥有庞大的车型信息数据库,使用手机对准汽车前车窗或其他位置的 VIN 码拍照即可查。

《力洋汽车 VIN 码识别系统》是一套包含中国、日本、美国、欧洲等全球汽车厂家乘用车车型 VIN 码识别系统,广泛应用于二手车交易、汽配采购、汽车保险、汽车维修等领域。目前支持 1990 ~ 2013 年度在中国国内销售车型信息。使用前请先到 http://www.vin114.net 网站进行注册免费账户。

2 汽车的发展

2.1 汽车前史

人类经历了漫长的靠双足跋涉的时代后,发明了轮子,这带给人类一种新的流动的方式,实现了由移动到滚动的飞跃。轮子改变了人类在陆地上的运动方式,使人类步入马车的黄金时代。一直到 19 世纪,马车仍然是城市交通十分重要的交通工具。人们喜欢马车的优雅和诗意,喜欢乘坐马车从容地穿过乡村大道或古旧的城区街巷。

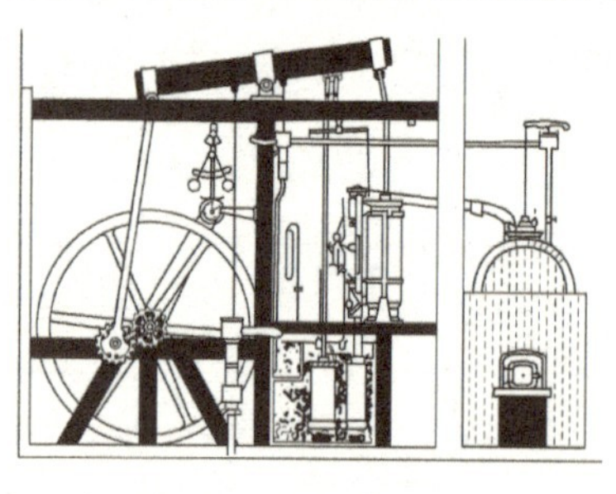

图 1-9 瓦特发明的蒸汽机

尽管古代的人们对车辆不断改进探索,但人力或者畜力车的速度和载重量总是受到很大限制,无法满足人类的需求和生产力的发展。制造出多拉快跑的自动车辆,一直是古代人类的梦想。

1675 年,英国人詹姆斯·瓦特(James Watt)研制出世界上第一台真正意义上的动力机械——蒸汽发动机(图 1-9),这是历史性的进展,而自动车辆的诞生也因此,有了现实的可能性。

1763 年,法国陆军的技术军官古诺所在的兵工厂生产一种炮身由生铁铸成的大炮,需要几匹强壮的马才能拉动。古诺希望将蒸汽力作为拉大炮车辆的牵引力,并且向陆军部提出了制造一台样机的建议。经过 6 年努力,1769 年,古诺制成了他设想中的蒸汽车(图 1-10)。蒸

汽车车身是很重的木制框架,前面支撑着一个大锅炉,后面是两个汽缸,锅炉产生的蒸汽送进汽缸,推动着装在里面的活塞上下运动,再通过曲柄把活塞的运动传给装在车框架下面的前轮,操纵前轮转动前进。古诺驾着他的蒸汽车真的走起来了!不过它的速度1小时只有4000m,比马车慢得多,而且蒸汽车走了15分钟就停下来了,原来锅炉里的蒸汽已经用完了。古诺只好下车给锅炉添水加煤,等到锅炉里重新喷出蒸汽以后才能继续行走。

主要技术参数。

车长:7.32m

车高:2.2m

蒸汽泡直径:1.34m

牵引能力:4~5t

前轮直径:1.28m

后轮直径:1.5m

时速:3.5~3.9km

连续行走时间:12~15m

图1-10 古诺研制的蒸汽车

从1675年蒸汽发动机发明往后的100多年里,蒸汽机汽车的技术不断完善,到1804年,进入了实用阶段。1832年,欧洲的马路街道上穿梭的蒸汽机汽车,成了当时工业文明的象征。由于蒸汽机汽车存在着速度慢、体积大、污染严重等不足,阻碍了它成为一种理想方便的运输工具,并且它也没有把马车挤出马路。但是蒸汽机汽车在汽车发展史上占有重要的一页,它是现代汽车的奠基者,在汽车的"家谱"中,它应是"自动车"的祖先。

1866年,在动力史上有划时代意义的"活塞式四冲程奥托内燃机"被德国工程师尼古拉斯·奥托(Nikolaus August Otto)研制成功,为汽车的诞生奠定了坚实的基础。

2.2 汽车的发明

依照大多数人的认同,世界上最早的实用汽车是由德国的两个工程师同时宣布制成的。戈特利布·戴姆勒(Gottlieb Daimler)(图1-11)造的是四轮汽车,卡尔·本茨(Karl Benz)发明了三轮汽车,他们二人都被世人尊称为"汽车之父"。戴姆勒与本茨的成功也是"站在巨人的肩膀上取得的"。早在第一辆汽车发明之前,与它相关的许多发明就已经出现了,如充气轮胎、弹簧悬架、内燃机点火装置等。所以,汽车是许多发明或技术的综合运用。

图1-11 戈特利布·戴姆勒

四轮汽车的发明者戈特利布·戴姆勒是马车商人的儿子。他的父亲因为蒸汽机汽车抢了他的生意而大为恼火,在一次马车与蒸汽机汽车比赛的打赌中,他父亲大丢脸面,这给小戴姆勒留下了极深的印象,他发誓要发明一种超过蒸汽机汽车的车辆。戴姆勒是一个机器迷,他做过铁匠和车工,也上过几年技术学校。他长期在内燃机发明者奥托领导下的奥托—朗根公司从事技术工作,对奥托内燃机(固定式煤气发动机)的研制做出了重要的贡献。戴姆勒对汽油发动机更感兴趣,他认为奥托内燃机虽然质量大、转速低,但只要稍加改动就可装在汽车上使用。然而奥托本人却目光短浅,墨守成规,他看到当时制造煤气发动机销路比较好,所以不同意改进。

1881 年,戴姆勒辞去奥托厂的一切职务,转而与他的同胞兄弟威廉·迈巴赫合作开办了当时的第一家所谓的汽车工厂,开始研究一种“轻便快速”发动机的设计方案。1883 年 8 月 15 日,戴姆勒的发明成功了:世界上第一台“轻便快速”运转的内燃机诞生了。这台发动机每马力能带动 80kg 重物,达到了相当高的转速。此时,戴姆勒并没有就此满足,他想创造一种“所有车辆都能使用的自动推进器”。在 1885 年,他又研制出第二台立式单缸内燃机,功率达到了 1.1 马力❶,他立刻将自己的发明装到一辆“骑士”自行车上。1886 年,戴姆勒又将马车加以改善,增添了传动、转向等必备机构,安上一台1.5马力的汽油发动机,使其成为世界上第一辆没有马拉的“马车”——汽车(图 1-12),这辆车以 14.4km/h“令人窒息”的车速从斯图加特驶向了康斯塔特。第一辆实用汽车终于诞生了。

图 1-12 戈特利布·戴姆勒发明的四轮汽车

三轮汽车的发明者卡尔·本茨,生于 1844 年,是个火车司机的儿子。本茨从小跟父亲生活在火车上,因此他对火车蒸汽机机车非常感兴趣,每一次火车那狂风般的怒吼都强烈地震撼着小本茨的心。本茨后来对汽车内燃机产生了浓厚的兴趣,梦想着“公路上行驶着一种无轨的、不需马拉的车子”。1878 年,34 岁的本茨曾试制过二冲程煤气发动机,但是没有成功。本茨有着德国人那种典型的百折不挠的精神,屡遭失败而毫不动摇。1879 年,本茨终于首次试验成功了一台二冲程发动机。从 1884 年初到次年 10 月,本茨研制出单缸汽油发动机并将此机装到一辆三轮车上成为一辆三轮汽车(图 1-13),它是德国梅赛德斯—奔驰汽车公司的第一代“祖宗”(1994 年北京国际汽车工业展览会上,奔驰公司曾展出此车)。这辆三轮汽车打破了传统马车的木架结构,首次用钢管焊成车架,用了三个辐条式的车轮。车架上装有一台小型汽油机,单缸,有效工作容积 1687mL,转速为 200r/min,功率为1.5马力,用高压线圈点火,化油器是带浮子阀的,用水冷却。汽油机发动以后,动力经齿轮和链条传到后轴,后轴由两个半轴组成,中间装有差速器,以利车辆转弯;前轮架在一个叉子上,类似自行车的前轮装置,上面有转向手柄,用来操作车辆转弯。这辆汽车上还装有变速杆和制动杆,最高时速可达 18km/h。另外,为了使人坐在上面感到舒服,在车架和车轴之间,首次装上了钢板弹簧悬架。由上述特征可以看出,这辆汽车已具备了现代汽车的一些基本特点。

图 1-13 卡尔·本茨与卡尔·本茨制造的三轮汽车

---

❶马力为废除单位,可按 1 马力 =735.5W 换算。

本茨于 1886 年 1 月 29 日向德国专利局申请他发明汽车的专利,同年 11 月 2 日专利局正式批准发布。因此,1886 年 1 月 29 日被认为是世界汽车诞生日。本茨的专利证书也成了世界上第一张汽车专利证书。这张专利证书的证号为 7435,类别属于 46 类,即空气及气态动力机械类。可以说这张历史性的文件开创了世界汽车发展的历史。

戴姆勒和本茨是世界上大多数人公认的以内燃机为动力的现代汽车的发明者。他们的发明创造,成为汽车发展史上最重要的里程碑。其中本茨在 1887 年的展览会上展出了他的三轮汽车,并在会上进行了订货交易,开创了内燃机汽车商品化的先河。

戴姆勒和本茨所发明的汽车都采用汽油机。汽油是由石油精炼而成,极易蒸发和燃烧,对发动机的起动、加速和工作稳定性十分有利。石油的另一产品——柴油同样具有优良性能,并且,柴油价格低廉(柴油问世时,其价格仅为汽油的一半),引起了汽车研究者们极大的兴趣,他们都在试验让发动机试用这种燃料。

1890 年 1 月,一位叫狄塞尔的德国人摘取了“柴油机发明者”的桂冠,他成功地试制出世界上第一台柴油机。

狄塞尔于 1858 年 3 月生于巴黎,由于父母是德国移民而遭到法国当局的驱逐,家中的生活相当窘迫,但是年少的狄塞尔不畏穷困,他在学校学习非常勤奋,成绩一直是班上第一名。毕业时,他以全校最高分获得一笔奖学金从而进入德国的慕尼黑工业大学学习,这为他以后的研究工作创造了很好的条件。

1879 年,21 岁的狄塞尔大学毕业,当了一名冷藏工程师。早在大学时代,他就喜欢物理和热力学,当他知道那时蒸汽机的最高效率只有 13% 时,深感惊讶。他决心攻克蒸汽机的致命弱点,探索一种高效率的发动机。

狄塞尔不仅富于想象,而且坚毅苦干。他首先研究发动机的历史,查阅了大量的资料。为了实现自己的愿望和抱负,他辞去了制冷机工程师兼销售经理的职务,自己成立了一个发动机实验室。

经过大量的试验,狄塞尔发现利用柴油作发动机的燃料是可行的,虽然此时已经有人发明了汽油发动机。狄塞尔制造了一台柴油发动机的样机,当此机在工厂台架上试验运转时,随着燃料的喷入,汽缸盖顶部的零件突然像一颗颗炮弹一样飞射出来。现场顿时乒乓乱响,火花四溅,排气管浓烟弥漫,吓得在场的人四处逃避。

面对失败,狄塞尔毫不气馁,他不断地总结经验教训,终于使这台柴油机成为比蒸汽机消耗燃料少、热效率高、可靠性强的发动机。

1898 年,在慕尼黑展览会上,这台柴油机引起了美国人阿尔道夫·布什的浓厚兴趣,他将它成功地装在汽车上使用,油耗比汽油机低了 1/3。

柴油机是动力工程方面的又一项伟大的发明,它比汽油机油耗低,是汽车的又一颗机能良好的“心脏”。后人为了纪念狄塞尔的功绩,将柴油机称为“狄塞尔”(英语的 DIESEL 即为柴油机的意思)。现在你可以在许多汽车前面看到 DIESEL 的字样,就表示这是一辆柴油发动机汽车。

2.3 汽车的发展完善

汽车刚发明时,并没有立即在各种路面车辆中显示出很强的竞争力。蒸汽机有较长的发展历史,比起发展初期的汽车要完善得多。20 世纪初,美国销量最大的还是蒸汽车。当时的蒸汽机已经可以造得很小,车架用管型钢,整车总质量只有350kg,行驶车速可达40km/h。运转比当时的汽车平稳得多。在当时的多次汽车大赛中,都是蒸汽车夺了第一,以致很多人认为蒸汽车会和汽车有一样的发展前途。但蒸汽车最大的缺点就是起动困难,起动一次需要45min。

20世纪初,电动汽车也比汽车发展得充分。当时的电动汽车有两种,一种是电池驱动的,一种是有线电车。1900年,在美国各大城市总共有300多辆电池车在行驶。但是电池车也有缺点,一是电池成本太高,当时一年的充电费相当于购买一部新车的价格;二是电池充电一次只能行驶80km,故而只适于在距离短、更换电池方便的市区行驶。有轨电车1882年首先出现在德国,1901年第一条公共有轨电车线路在德国的萨克森建成,1923年在英国的沃尔弗汉普顿造出了第一辆无轨电车。不管有轨无轨,这种电车都要通过车顶上面的辫子与电线相接,只能走固定线路并且不能超车,最适于城市公共交通。

经过几十年的发展完善,汽车才在路面车辆中占据了主导地位。车用汽油机也逐渐完善起来。汽油汽化与点火问题得到了解决。内燃机的冷却最初是用一根长而弯的管子让水循环流动来实现的。1901年,迈巴赫又发明了蜂窝状的冷却水箱,为高效率的冷却打下了基础。本茨的汽车从发动机到驱动车轮是用皮带传动,后来又出现了链条。在挠性连接部件出现以后,即传动力的两部件之间允许有位置和距离的变动,才普遍采用了传动轴接锥齿轮的传动方式。

早期的汽车是靠手摇转动曲轴来起动发动机的。这种方式既费力又不方便,需要有两个人配合。最初消除手摇起动的设想是将压缩空气按点火顺序依次送进各缸以使曲轴转动。压缩空气是靠发动机以前工作时带动一个气泵而储存的,除了用于起动发动机外,还可给轮胎充气及带动千斤顶工作。但是这种起动方法并不成功。1917年,美国凯迪莱克公司研制了第一个电起动器,它是用一个小电动机带动与曲轴相连的飞轮转动来起动发动机的。这项发明的关键在于认识到电动机能在瞬时超负荷运转,所以一个小电动机就可以带动曲轴转动至发动机点火起动,这是由凯特林(C. F. Kettering)研究发现的。到了1930年,虽然摇动手柄仍然是汽车的一个附件,但是摇动曲轴起动发动机的事,除极偶然的情况外,已经不大出现了。

汽车靠传动轴传递功率后,在传动轴与发动机之间安置了变速器,使发动机在一定的转速下工作,而汽车可以有不同的行驶速度以适应不同的道路条件。变速器中是靠齿轮传动的,主动齿轮与发动机连接,从动齿轮与驱动轴连接,行驶中换挡由于两个齿轮转速不同而啮合困难,强行啮合就有打齿的危险。开始人们在变速器的前后各装一个离合器。换挡时,用这两个离合器将变速器中的齿轮轴与发动机和驱动轴都脱开。但是由于惯性,两齿轮转速达到同步还得有一段时间,再加上两个离合器配合操纵很复杂,使行驶换挡非常困难。1929年,也是凯迪莱克公司首先研制出同步器,它是通过同步器中锥面相互摩擦使两个齿轮转速相同时才允许啮合。这样只要有一个离合器就行了,换挡时既轻便又不打齿,换挡时间也大大缩短了。

汽车制动器开始是照搬马车上的结构,即用驻车制动带动一个单支点的摩擦片来抱住后轮。但是汽车所需的制动力要比马车大得多,而且汽车倒退时这种制动器常常失灵。当时一些汽车在底部安装一根拖针,当汽车在坡路上下滑时,拖针会扎入地下使车停住。后来在车上又增加了行车制动,控制传动轴的转动。1914年开始出现轮内鼓式制动器。1919年,法国海斯柏诺—索扎公司制成用脚踏板统一控制的四轮鼓式制动器,并由变速器驱动一个机械伺服机构来增加制动力,使制动效果大为改善。1921年,美国的杜森伯格公司又推出了液压助力器,由一个主液压缸来放大制动力。以后又出现了气动助力的制动器。制动装置逐渐形成了

行车制动控制车轮制动,驻车制动控制传动轴制动的普遍的结构形式。

影响汽车舒适性的主要是车轮和道路。初期的汽车采用的是自行车所用的辐条式的铁制车轮,外套实心橡胶轮。这种实心轮当车速超过 16km/h 时,车就会跳起来,使驾驶人和乘客颠簸得无法忍受。1895 年,法国的米其林兄弟(Andre and Edouard Michelin)制造出了用于汽车的充气轮胎。这种轮胎虽然改善了汽车的舒适性,但漏气问题却成了驾驶人最头痛的事。因为当时汽车轮子还是不可拆卸的,所以补胎和换胎都要费很多时间。为了解决这个问题,先是出现了辅助轮缘(Stepney)。当轮胎漏气后,靠这个轮缘行驶到最近的修车场去更换轮胎;后来出现了可拆卸的车轮,轮胎也分为内胎外胎两层,外胎中用金属丝予以加强,从而使轮胎寿命大大增长,更换轮子也成了一件比较容易的事了。到了 20 年代后期,一般妇女都能完成换车轮的工作了。

当汽车已经发展起来后,公路却还是由碎石和土填成的,汽车行驶时不仅颠簸,而且扬起大量尘土,后来发现沥青既可以消除尘土又可使路面平坦。1910 年,英国成立了“公路署”专门负责修筑沥青公路。1914 年又开始出现水泥公路。1942 年,为了战时的需要,德国修筑了符合现代标准的高速公路。第二次世界大战之后,欧美各国都相继修筑大量的高速公路,其中美国的高速公路修得最长,共达 7 万多 km。高速公路的特点是每个行驶方向都有两条以上的行车道,相反方向的行车道之间有草地或灌木的隔离带,行车道之间没有平面交叉,也没有陡坡、急弯和其他不利于汽车行驶的障碍。在高速公路上行驶的汽车车速一般都在 80km/h 以上,欧洲一些国家车速可超过 120km/h,这就使得汽车的运行效率大为提高。

2.4 注重美观和舒适的时期

汽车技术的日益成熟使生产销售成为可能。为了汽车能大量销售,在 1927 年以前,汽车技术集中解决经济性(包括购置、使用和维修费用在内)、可靠性和耐久性这类基本要求。为了提高燃油经济性,这一时期汽油机的压缩比有了提高,一些载货车上采用了更省油的柴油发动机。1905 年,在美国的圣·路易斯发生了最初的汽车被盗事件,于是发明了带钥匙的点火开关。风窗玻璃刮水器、制动灯、反光镜等也逐一在这一时期被开发和使用。1922 年,在仪表板上出现了燃油表。1929 年出现了车用收音机。渐渐地,现代汽车的基本要素均已具备。

在解决了汽车的有无以后,人们开始追求外形、色彩的多样化以及乘坐的舒适性、操纵的便利性。车身变得越来越长和低,车体的整体性和刚度增强,其振动和噪声水平不断下降。车型变化越来越快,各种变型车和选用款式相继出现。最初的汽车是“无马马车”,汽车车身亦即马车车身,没有考虑对乘员的过多保护。随着车速的提高,首先是迎面风使乘员难以忍受,为此考虑到改变汽车的外形。1903 年,美国福特公司制造的 A 型车在座席前设一块挡风板,使迎面风经过挡板导流,吹向上方。但若汽车行驶速度达到 50 ~ 60km/h,则乘员经受着相当于七级风的风力,根本无法睁开眼驾驶,于是开始产生了带篷的汽车。这种马车造型的汽车,从整体上看是四方形的,形似箱子,故称箱型汽车。箱型汽车在造型中没有引进空气动力学原理,可以说是技术尚未成熟时代的产物。

随着对空气动力学原理研究的不断深入以及人们对车型美观多样化的追求,从 20 世纪 30 年代起,汽车外形向流线型发展。但开始的流线型车过分强调了车身外形的“高速感”,而忽视了降低空气阻力的真正目的,存在着乘员空间过分狭小、车身过长过矮、对横向风的稳定性差等问题。1949 年起,无论是美国还是欧亚大陆均风靡船型车身,这种车身是福特汽车公司首先推出的既考虑了机械工程学、流体力学诸因素,又强调了以人为主体,注重乘员舒适性和驾驶人操纵性的新车型。

为了操纵方便,1937 年的福特车上提供了转向柱换挡机构,1946 年动力操纵的车窗升降机问世,1951 年别克(Buick)等车上提供了动力转向,1955 年在克莱斯勒公司(Chrysler)的汽车上,按键式自动变速选择器代替了原有的选挡杆。

2.5 注重节能、环保和安全的时期

汽车保有量的不断增加使汽车排放物对人类健康的危害越来越明显。据报道,在美国,车辆排放出的污染物占大气污染物总量的 55%。这些污染物包括 CO、NOx、未燃烃、炭烟微粒等。上述情况促使公众越来越注意到环境保护问题,各国竞相制定了环境保护法规,限制汽车排放物。最早立法的是美国加利福尼亚州,规定 1961 年新车应装有防止曲轴箱窜气的装置。1966 年以后,又规定新车需符合 CO、HC 的排放浓度限值(七工况法)。1968 年,美国联邦政府采纳了加州法规,1971 年又增加了对 NOx 的限制。环保要求对汽车技术,特别是车用发动机的技术发展起了很大的推动作用。曲轴箱强制通风系统(PCV)、废气再循环系统(EGR)、排气三元催化系统、分层燃烧系统、稀混合气燃烧系统等新措施和新技术不断推出,缓解了汽车排放对人类健康和环境的威胁。

节能是汽车技术发展的永恒课题。为了降低高速行驶时的风阻,以通用汽车公司 1952 年制造的别克牌汽车为开端,出现了基于流体力学的真正的高速车型——鱼型车身。但随着车速的不断提高,升力问题出现了,高速时产生的气动升力不仅影响汽车的稳定性,而且影响汽车的操纵性与安全性。1963 年司蒂倍克(Stude baker)设计了称之为阿凡提(Avanti)的双座轿车,开始了兼顾低风阻和高速安全性的楔形车时代,这种楔形车后来很快为赛车所广泛采用,但楔形车身开始存在车后方视野不好的缺陷。1990 年,美国通用公司设计的雪佛兰 AER02002 动感型轿车可以说既发挥了楔形车的长处,又保持了轿车应有的舒适性和良好的视野。近年来,在动感型车身后部采用"截断"的办法,或装上"脱离装置",使气流脱离,以减少空气阻力。这种车型有时称为"截取型"。

1973 ~ 1974 年以及 1979 ~ 1980 年两次大的能源危机,使得汽车节能得到了进一步的重视。美国生产的大排量轿车逐步为日本和欧洲生产的小排量到中等排量的汽车所取代,继而美国各大汽车制造厂家也开始减小轿车排量和车型尺寸。1980 年,美国公布实行的综合平均燃油经济性法规(CAFE)促进了汽车节能技术的快速发展。与此同时,寻求其他能源(代用燃料)在汽车上应用的研究也受到广泛注意,特别是甲醇燃料液化石油气和压缩天然气燃料已有一定的商业应用。

汽车增多、车速提高以及人类对生存环境的进一步关心,促使公众越来越重视汽车的安全性。美国 1945 年因车祸死亡人数为 2.8 万人,而到 20 世纪 60 年代时增加到每年车祸死亡 5 万人左右。为解决安全性问题,汽车碰撞试验和设计中的人体工程学成为热门课题。美国联邦安全委员会制定了一系列的安全法规,包括汽车碰撞时对乘员的保护、撞击时转向柱向后的位移量限制、车顶抗撞强度和侧门强度要求以及燃油系安全性要求等。为了满足安全法规要求,汽车设计中发展了可吸收能量的转向柱和前、后保险杠、安全挡风玻璃、软化的仪表板、

遮阳板、头枕、强化的前门柱和中立柱、抗撞击的车门等,从而显著提高了汽车的安全性。1956年,美国福特公司率先在轿车上普遍采用安全带,随后其他厂商纷纷效仿,以后则成为法定必装器具。近年来,安全性又得到新的强调,在车身结构中,提高最接近乘客处的车身骨架结构强度;制动系统中普遍采用防抱死制动系统(ABS),以提高制动效能和制动时的操纵稳定性;撞车时自动吹涨的安全气囊逐步成为轿车的必备装置;各种安全报警装置不断为用户所接受。

2.6 汽车的电子化与智能化

汽车电子化被认为是汽车技术发展进程中的一次革命,汽车电子化的程度被看作是衡量现代汽车水平的重要标志,是用来开发新车型,改进汽车性能最重要的技术措施。汽车制造商认为增加汽车电子设备的数量、促进汽车电子化是夺取未来汽车市场的重要的有效手段。

尽管在20世纪80年代以前电子技术与计算机技术已开始在汽车上得到应用,但广泛而大量地应用则是80年代以后的事。目前,汽车设计CAD通过大量设计计算、方案优化,使各部分构件的设计更合理,材料利用率更高,汽车进一步轻量化,性能指标进一步提高。汽车制造靠计算机控制的柔性生产线,各种机器人保证了产品的制造质量与生产节奏,一条生产线可同时生产几种不同选择的车型。

电子装置的应用改善了排气污染,节省了燃料消耗,提高了驾车、乘车的舒适性。许多操作和控制均可由电子器件自动完成。在高速公路上恒速行驶可不踩加速踏板;行驶中遇有危险时,自动报警器会给驾驶人以提示;在车内可享受与家里一样的高仿真音响;当存在道路堵塞时,车上的电脑可指示你如何避开堵塞路段;修车这种工作可由车内的故障自动诊断系统和维修站的功能齐全的智能化检测设备完成。总之,计算机技术和电子技术的应用已成为衡量汽车水平高低的重要标志。

据统计,从1989年~2000年,平均每辆车上电子装置在整个汽车制造成本中所占的比例由16%增至23%以上。一些豪华轿车上,使用单片微型计算机的数量已经达到48个,电子产品占到整车成本的50%以上,目前电子技术的应用几乎已经深入到汽车所有的系统。

按照对汽车行驶性能作用的影响划分,可以把汽车电子产品归纳为两类:一类是汽车电子控制装置,汽车电子控制装置要和车上机械系统进行配合使用,即所谓“机电结合”的汽车电子装置;它们包括发动机、底盘、车身电子控制。例如电子燃油喷射系统、防抱死制动控制、防滑控制、牵引力控制、电子控制悬架、电子控制自动变速器、电子动力转向等。另一类是车载汽车电子装置,车载汽车电子装置是在汽车环境下能够独立使用的电子装置,它和汽车本身的性能并无直接关系。它们包括汽车信息系统(行车电脑)、导航系统、汽车音响及电视娱乐系统、车载通信系统、上网设备等(图1-14)。

目前电子技术发展的方向集中综合控制发展。将发动机管理系统和自动变速器控制系统,集成为动力传动系统的综合控制(PCM);将防抱死制动控制系统(ABS)、牵引力控制系统(TCS)和驱动防滑控制系统(ASR)综合在一起进行制动控制;通过中央底盘控制器,将制动、悬架、转向、动力传动等控制系统通过总线进行连接。控制器通过复杂的控制运算,对各子系统进行协调,将车辆行驶性能控制到最佳水平,形成一体化底盘控制系统(UCC)。

由于汽车上的电子电器装置数量的急剧增多,为了减少连接导线的数量和质量,网络、总线技术在此期间有了很大的发展。通信线将各种汽车电子装置连接成为一个网络,通过数据总线发送和接收信息。电子装置除了独立完成各自的控制功能外,还可以为其他控制装置提供数据服务。由于使用了网络化的设计,简化了布线,减少了电气节点的数量和导线的用量,使装配工作更为简化,同时也增加了信息传送的可靠性。通过数据总线可以访问任何一个电子控制装置,读取故障码对其进行故障诊断,使整车维修工作变得更为简单。

图1-14　奥迪A6信息系统

汽车电子技术的应用将使汽车更加智能化。智能汽车装备有多种传感器,能够充分感知驾驶人和乘客的状况,交通设施和周边环境的信息,判断乘员是否处于最佳状态,车辆和人是否会发生危险,并及时采取对应措施。

今天,社会进入了信息网络时代,人们希望汽车不仅仅是一种代步工具,更希望在汽车是生活及工作范围的一种延伸,在汽车上就像待在自己的办公室和家里一样,可以收听广播,打电话,上互联网,处理工作。随着数字技术的进步,汽车也将步入多媒体时代。车载计算机多媒体系统,具有信息处理、通信、导航、防盗、语言识别、图像显示和娱乐等功能。可以预见的将来,汽车装置自动导航和辅助驾驶系统,驾驶人可把行车的目的地输入到汽车电脑中,汽车就会沿着最佳行车路线行驶到达目的地。人们可以通过语言识别系统操纵着车内的各种设施,一边驾驶着汽车,一边欣赏着音乐电视,还可同时预定餐饮、酒店、机票等。

3　汽车工业

3.1　汽车工业的发展历程

汽车工业通常指发动机、底盘、车身等各种零部件设计与制造、营销等所涉及的企业和企业活动。汽车工业的成长经历了漫长的萌芽和发育时期。汽车诞生在欧洲,但是,以大规模生产为标志的汽车工业的形成是在美国,以后又扩展到欧洲、日本直至世界各国。

3.1.1 流水线生产方式——福特T型车创造的神话

对于汽车工业的形成,美国汽车大王亨利·福特(Henry Ford)做出了突出贡献。福特首先提出并实现了"让汽车成为广大群众的需要"。福特是于1883年开始从事汽车制造业的。他制造的第一辆汽油车,结构简单而实用,最高车速可达20英里/小时。[1] 1903年福特(Ford)汽车公司诞生。福特汽车公司积极研制结构简单、实用,同时性能完善而售价低廉的普及型轿车。1908年10月,福特汽车公司正式投产T型汽车(图1-15),该车发动机排量2.89 L、25马力、四缸、四冲程。福特汽车公司1913年创建世界上第一条汽车装配生产流水线,并实行了工业大生产管理方式,实现了产品系列化、零部件标准化。1914年福特汽车公司年产量达到30万辆,1926年达到200万辆。而每辆汽车售价由首批的850美元下降到1923年的265美元。到1929年T型车停产时,总共生产了1500万辆。福特T型车使汽车在美国得到了普及,让汽车进入了普通的美国家庭。福特生产T型车的经验不仅为美国,甚至为世界的汽车工业的发展奠定了基础,福特汽车公司因此被誉为"汽车现代化的先驱"。

图1-15 乘坐T型车的福特和他的儿子

美国汽车工业的形成和发展与当时美国在资本、国民收入、石油资源、市场等各方面都存在优于欧洲的具体条件有关,加之美国政府十分重视国民交通工具的现代化,有意识地引导人们购买汽车。巨大的国内市场造成了美国汽车工业的大发展,出现了一大批诸如后来闻名世界的通用汽车公司(General Motors)、克莱斯勒公司(Chrysler),最多时美国曾有181家汽车厂。到了1927年,经过残酷的市场竞争仅存留了44家,其中福特、通用、克莱斯勒三大汽车巨头公司的销售量占美国汽车总销售量的90%以上。这一时期在汽车大规模生产的组织模式上,出现了以福特公司为代表的全能厂的生产模式,以及以通用汽车公司为代表的通过专业化协作,由一些汽车制造企业联合起来,建立集中管理和销售体系的生产模式。以后的事实表明,后者优于前者,并为世界上许多企业所仿效。那时,由于第一次世界大战的影响,欧洲刚刚形成的汽车工业几乎停产了5年,这使得美国成为第一个以汽车工业为支柱产业的国家。美国汽车工业的突飞猛进,也使美国首先进入了现代化。

3.1.2 以欧洲为重心的汽车工业发展的时期

1930年后,欧洲各国为了保护本国民族工业,开始对美国汽车进口提高了关税,特别是对汽车零部件进口加以重税,迫使美国在欧洲各国的汽车总装厂改造成为汽车制造厂,由此也促进了欧洲各国汽车工业的发展。欧洲各国还利用本国的技术优势,以多品种和轻便普及型新产品与美国汽车进行竞争。例如,意大利的"菲亚特"(Fiat)省油轿车,德国大众的"甲壳虫"(Beetle)普及型轿车等(图1-16)。

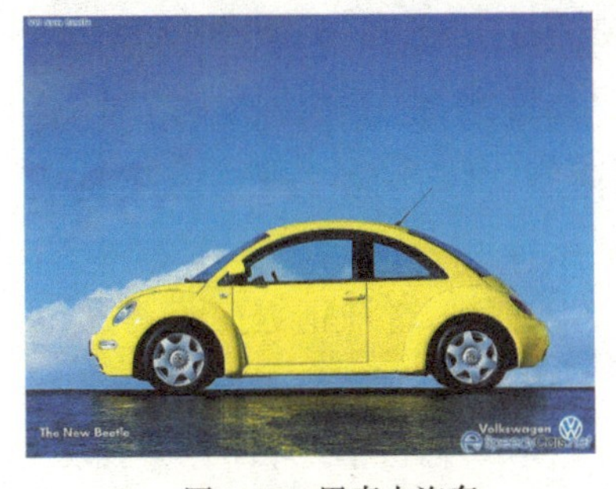

图1-16 甲壳虫汽车

第二次世界大战期间,各国汽车工业均为军事目的服务,生产坦克、装甲车等军用装备和物资。战后,随着经济复苏与政府支持的加强,欧洲汽车工业开始大发展。特别是原德意志联

---

[1] 1英里=1.6093km。

邦共和国在战后仅用了5年时间,就使汽车产量达到30万辆,超过了其战前的最高水平。1960年,德国汽车年产量已达205.5万辆,超过了英国,成为当时仅次于美国的世界第二汽车制造国。原德意志联邦共和国汽车高速发展的主要动力是将轿车迅速普及到国内劳动阶层。以国内市场为基础,同时扩大国际市场,如大众汽车公司(Volkswagen)的"甲壳虫"(Beetle)普及型车对德国轿车的普及起了关键作用。1970年后,西欧共同体的汽车年总产量首次超过了美国。随后,西欧各国的汽车制造公司还纷纷到美国去投资建厂,明显地改变了第二次世界大战前美国福特汽车公司(Ford)和美国通用汽车公司(GM)到欧洲投资建厂的格局。

欧洲汽车工业的大发展使世界汽车工业的重心逐步由美国移向欧洲。例如,第二次世界大战以前,西欧各国的汽车产量仅为北美(美国和加拿大)的11.5%;到战后的1950年,这一数字提高到16%;而到1970年,北美仅生产749.1万辆,而西欧各国却超过北美产量的38.5%,达到1037.8万辆。许多欧洲汽车厂家,如德国大众、奔驰、宝马(BMW)、法国雷诺(Renault)、标致(Peugeot)、雪铁龙、意大利菲亚特(Fiat)、瑞典沃尔沃(Volvo)等,均已闻名遐迩。欧洲汽车工业的特点,既有美国式大规模生产的特征,又有欧洲式多品种高技术的趋势。

在这一时期汽车工业保持了大规模生产的特点,世界汽车保有量激增,汽车工业发展的中心由美国转移到西欧。汽车技术的高科技含量增加,汽车品种进一步增多。汽车工业界对于汽车造成的安全问题、污染问题,在政府的督促和支持下制定了许多对策,并使汽车在结构、性能等方面都得到了大幅度提高。

3.1.3 精益的生产方式——日本汽车工业的腾飞

日本汽车工业在20世纪50年代形成完整体系,20世纪60年代是其突飞猛进的时期。1960年,正当美国与欧洲的汽车工业在激烈竞争时,日本推行了终身雇佣制及全面质量管理(TQC),促进了劳动者与管理者之间的相互信任,提高了人员素质,调动了积极因素,使工业发展出现了飞跃。特别是汽车工业,出现了有名的"丰田生产方式",从而在生产组织管理上产生了新的突破,生产出高质量、低消耗、廉价精巧多品种汽车,畅销全世界。1961年日本汽车产量超过意大利跃居世界第五位;1965年超过法国居第四位;1966年超过英国升为第三位;1968年追上德国居世界第二位。

20世纪70年代的两次石油危机使日本认识到包括能源在内的资源短缺是日本的致命弱点,于是,日本政府不断强化汽车法规。1978年修改的排放及噪声法规是世界最严格的标准,从而迫使日本汽车工业放弃了向大功率、高车速、豪华大型发展的意图,形成了经济、实用的日本汽车的风格。与此同时,日本政府对国外进口汽车进行严格限制,并鼓励各公司积极引进美国汽车技术,从而保护了日本的民族汽车工业。

日本人对世界汽车工业的最大贡献就是开创了"精益生产方式"。这种精益生产方式就是用精益求精的态度和科学的方法来控制和管理汽车的设计开发、工程技术、采购、制造、储运、销售和售后服务的每一个环节,从而达到以最小的投入创造出最大的价值的目的。这其中的每一个环节以及各环节之间的衔接都是经过精心筹划和计算的。日本人的这一创举是具有划时代的意义。像日本丰田汽车公司创造的"丰田生产方式",日产汽车公司出现的"活动板生产方式",五十铃公司采取的"流通生产法"等,这些生产方式的目的都是为了减少生产过程中的浪费,最大限度地降低成本,加快资金周转,使产品更具竞争力。日本的这种先进生产方式目前已为各国所效仿。

日本汽车工业在20世纪70年代引进电子技术，并广泛地用于汽车设计、试制、试验、制造及产品等各个领域。目前，日本汽车产品的开发周期普遍比欧美国家短。日本民用轿车的电子化程度和各种自动设施也远远高于欧美国家。

1980年日本汽车产量首次突破1000万辆大关，达1104万辆，一举击败美国成为世界第一。到1987年，日本汽车的年总产量占世界汽车年总产量的26.6%，而美国和西欧四国各分别占23.7%和24.8%。此时，世界汽车工业的重心已移向日本。

当前，尽管世界汽车市场日趋饱和，但日本汽车仍以其优越的性能、合理的价格、可靠的质量、完善的电子设施、低排放、低油耗和多样化的品种不断地扩大世界汽车市场的占有率。

3.1.4　韩国汽车工业异军突起

20世纪80年代，韩国汽车工业利用学习、消化国外生产技术和实现主要技术的国产化，使汽车工业得到了飞速发展。美国从1900～1950年，用了50年才成为世界之强；日本从1950～1980年，用了30年成为汽车大国；韩国从1980～1997年，用了17年成为廉价车之强，韩国也一跃成为世界汽车生产大国。

韩国最早从事汽车生产的公司是“起亚”汽车公司。“起亚”汽车公司始建于1944年12月，但第二次世界大战后，由于政治局势动荡，公司长期处于不景气的状态。韩国汽车业的真正起步在20世纪60年代初，各汽车厂商以组装进口零部件生产整车的方式开始试制汽车，直到1970年，韩国的汽车年产量仅为2.8万辆。20世纪70年代初，韩国人均国民收入约为300多美元，较好的经济状况提供了生产汽车的良好环境。1973年，韩国政府实行“汽车国产化”政策，各汽车公司开始大规模引进国外生产技术。1973年，现代汽车公司引进日本三菱公司发动机、传动系和底盘技术，1975年便开始自己开发生产汽车，并大量向非洲出口。大宇汽车公司1972年与美国通用汽车合资，1990年第一辆自主设计名为“王子”的国产车推出并在市场取得成功。

汽车的国产化政策使韩国的汽车工业获得了迅猛的发展。1985年，韩国的汽车年产量为37万辆，1986年达到60万辆，1989年年产量为113万辆，1990年产量达到132万辆。在随后的5年时间里，年均增长率基本保持在15%左右，1995年达254万辆。

随着汽车国产化的实现，韩国政府又实施出口导向战略，从20世纪80年代开始，韩国汽车开始大量出口。1984年6月，美国通用公司入股50%的韩国大宇公司，将其从欧宝公司引进的轿车通过通用公司进入美国市场。1985年现代公司在美国组建了240家经销店。1986年由意大利著名设计师设计造型的“优越”牌轿车开始进入美国市场，适逢日元升值，“优越”牌轿车比同级日本车便宜大约1000美元，因而大获全胜，当年就销售出16万辆。1988年韩国起亚公司生产的马自达212型轿车，通过福特公司在美国的销售渠道进行销售（福特公司有马自达公司的股份）。1988年，韩国在美国共销售了50万辆汽车，占美国市场的4%。

1994年，韩国汽车的年出口量达到73.8万辆，而1995年则为110万辆，增长48.6%，从而在世界汽车出口国中排名第6。而进入20世纪90年代中后期，韩国汽车业在西欧、美洲、东欧、中亚、亚洲和大洋洲建立生产基地，实现生产本地化，在此基础上建立了海外生产体系和全球营销网络。1996年，韩国汽车总产量达到281.3万辆。

3.1.5　世界汽车工业发展趋势

21世纪世界汽车工业面临着一场深刻的革命，将使汽车工业发生巨大变化，把汽车工业推向新的历史阶段,汽车工业在世界经济中仍处于重要的战略地位。世界汽车工业发展呈现出三种趋势:一是汽车工业全球性联合改组的步伐越发加快,其特点是跨国界的重组和联合;二是世界汽车工业广泛采用平台战略,汽车产业链包括投资、生产、采购、销售及售后服务、研发等主要环节的日益全球化;三是新的汽车技术即将取得重大突破,技术创新能力成为竞争取胜的关键。

进入20世纪90年代以来,由于全球汽车生产能力过剩,普遍达到30%乃至40%,而且世界上还在不断地新建汽车企业,加之各国对安全、排放、节能法规日趋严格,产品开发成本、销售成本大幅度提高,许多企业不能适应汽车市场的激烈竞争或者竞争能力很弱,促使汽车工业全球性产业结构调整步伐明显加快,汽车跨国联盟已成为世界汽车工业发展的潮流。许多发达国家的汽车公司通过扩张、合并、兼并等手段,扩大了自身规模,降低了生产成本,增强了自身竞争力,并为公司的进一步扩张、合并、兼并创造了条件。近几年来汽车工业发生了多起全球性的兼并收购案。如戴姆勒与克莱斯勒合并,雷诺和日产联手,福特收购沃尔沃轿车,通用控股日本五十铃、铃木和富士重工等,基本形成了年产400万辆以上六大汽车集团,其产量已占世界汽车产量80%以上。强强联合使汽车技术、产品和企业国际化的特征更加明显,汽车大企业更具实力和竞争力。

为了提高产品竞争力,国际汽车工业广泛采用平台共享战略、零部件全球采购、系统开发、模块化供货等方式,使新产品开发费用和工作量部分地转嫁到零部件供应商,风险共担,实现在全球范围内合理配置资源,提高产品通用化程度,有效地控制产品质量,大幅度地降低成本。

所谓平台共享战略,就是将越来越多的车型数量共用一个平台,其核心是提高零部件的通用性,尽最大可能实现零部件共享。零部件更大规模的生产和全球范围采购,客观上要求整车生产企业内部实施平台共享战略。这一战略首先在轿车生产中取得成功,20世纪90年代则被成功地引入了轻型卡车领域。目前各大汽车厂商普遍采用平台共享战略,以降低成本和增加利润。1999年,在产量达百万辆的平台上所生产的汽车,已占全球产量总数的14%以上。从发展趋势看,各大厂商正致力于建立全球共用平台,平台上不同车型产品(无论是整车还是零部件)的生产活动将部署在最有利于其发展的地区,以充分发挥规模效应。

汽车产业链的全球性配置,具体体现为国际主要汽车制造公司利用全球资源,实现投资、开发、生产、采购和销售的优化配置,以适应各地区不同的环境和市场偏好的需要。产业链中主要环节的分布,不再局限于某一国的地理范围,而是日趋立足于全球平台操作。例如,过去跨国公司在本国建立、保持研发机构,对于目标国市场采取复制产品的方式进行投资,而现在则采取将各个功能活动和能力分配给全球市场的方式。也就是说,不同国家市场多样性的重要性优先于产品的设计和开发,全球化经营已成为跨国公司在全球竞争舞台上生存和发展的方向性战略。另一方面,汽车产业的政府发展战略从过去主要依赖本国的生产能力、知识、人力资源、基础设施、零部件供应商、市场特征和顾客偏好,转向利用从国际竞争意义上理解的本国比较优势,进而采取比较优势战略和开放型竞争战略。

汽车市场竞争实质上是现代科技的较量,是技术创新的竞争。世界各大汽车公司已把主攻方向从实施精益生产、提高规模效益转向以微电子技术和信息技术等高新技术,对汽车工业的开发、生产、销售、服务和回收的全过程进行提升。围绕安全、环保、节能等重点领域,采用新能源、新材料、新工艺开发研制新车型,占领技术制高点。以美国政府发起的"新一代汽车伙

伴计划”(PNGV)为代表,用高新技术提升汽车产业已全面展开,并取得重大突破。燃料电池是最理想的汽车能源,它以氢气为动力,排放出来的只有洁净的水,不会对环境造成任何污染。汽车的自动驾驶即将实现,汽车功能的集成化控制正在实现,智能交通系统开始建设。无线上网技术使得在汽车内上网和通信成为现实,汽车已经成为居室和办公室的延伸,人们可以不间断地同外界保持联系,以最快的速度得到信息。由于因特网技术和汽车的自诊断技术,汽车的远程诊断即将取得突破,生产厂家可以在不接触车体情况下获得汽车各系统的运转状况,及早发现问题。

3.2 汽车工业现状

3.2.1 世界汽车工业格局

21 世纪世界汽车工业面临着一场深刻的革命,将使汽车工业发生巨大变化,把汽车工业推向新的历史阶段,汽车工业在世界经济中仍处于重要的战略地位。世界汽车工业发展呈现出三种趋势:一是汽车工业全球性联合改组的步伐越发加快,其特点是跨国界的重组和联合;二是世界汽车工业广泛采用平台战略,汽车产业链包括投资、生产、采购、销售及售后服务、研发等主要环节的日益全球化;三是新的汽车技术即将取得重大突破,技术创新能力成为竞争取胜的关键。

进入 20 世纪 90 年代以来,由于全球汽车生产能力过剩,而各国还在不断地新建汽车企业,加之各国对安全、排放、节能法规日趋严格,产品开发成本、销售成本大幅度提高,许多企业不能适应汽车市场的激烈竞争或者竞争能力很弱,促使汽车工业全球性产业结构调整步伐明显加快,汽车跨国联盟已成为世界汽车工业发展的潮流。发达国家的汽车公司通过扩张、合并、兼并等手段,扩大了自身规模,降低了汽车成本,增强了自身竞争力,并为公司的进一步扩张、合并、兼并创造了条件。汽车工业发生了多起全球性的兼并收购案。如戴姆勒与克莱斯勒合并,雷诺和日产联手,福特收购沃尔沃轿车,通用控股日本五十铃、铃木和富士重工等,基本形成了年产 400 万辆以上六大汽车集团,其产量已占世界汽车产量 80% 以上。强强联合使汽车技术、产品和企业国际化的特征更加明显,汽车大企业更具实力和竞争力。

为了提高产品竞争力,国际汽车工业广泛采用平台共享战略、零部件全球采购、系统开发、模块化供货等方式,使新产品开发费用和工作量部分地转嫁到零部件供应商,风险共担,实现在全球范围内合理配置资源,提高产品通用化程度,有效地控制产品质量,大幅度地降低成本。

所谓“平台共享战略”,就是将越来越多的车型数量共用一个平台,其核心是提高零部件的通用性,尽最大可能实现零部件共享。零部件更大规模的生产和全球范围采购,客观上要求整车生产企业内部实施平台共享战略。这一战略首先在轿车生产中取得成功,20 世纪 90 年代则被成功地引入了轻型货车领域。目前各大汽车厂商普遍采用平台共享战略,以降低成本和增加利润。1999 年,在产量达百万辆的平台上所生产的汽车,已占全球产量总数的 14% 以上。从发展趋势看,各大厂商正致力于建立全球共用平台,平台上不同车型产品(无论是整车还是零部件)的生产活动将部署在最有利于其发展的地区,以充分发挥规模效应。

汽车产业链的全球性配置,具体体现为国际主要汽车制造公司利用全球资源,实现投资、开发、生产、采购和销售的优化配置,以适应各地区不同的环境和市场偏好的需要。产业链中主要环节的分布,不再局限于某一国的地理范围,而是日趋立足于全球平台操作。例如,过去跨国公司在本国建立、保持研发机构,对于目标国市场采取复制产品的方式进行投资,而现在则采取将各个功能活动和能力分配给全球市场的方式。也就是说,不同国家市场多样性的重要性优先于产品的设计和开发,全球化经营已成为跨国公司在全球竞争舞台上生存和发展的方向性战略。另一方面,汽车产业的政府发展战略从过去主要依赖本国的生产能力、知识、人力资源、基础设施、零部件供应商、市场特征和顾客偏好,转向利用从国际竞争意义上理解的本国比较优势,进而采取比较优势战略和开放型竞争战略。

汽车市场竞争实质上是现代科技的较量,是技术创新的竞争。世界各大汽车公司已把主攻方向从实施精益生产、提高规模效益转向以微电子技术和信息技术等高新技术,对汽车工业的开发、生产、销售、服务和回收的全过程进行提升。围绕安全、环保、节能等重点领域,采用新能源、新材料、新工艺开发研制新车型,占领技术制高点。以美国政府发起的"新一代汽车伙伴计划"(PNGV)为代表,用高新技术提升汽车产业已全面展开,并取得重大突破。燃料电池是最理想的汽车能源,它以氢气为动力,排放出来的只有洁净的水,不会对环境造成任何污染。汽车的自动驾驶即将实现,汽车功能的集成化控制正在实现,智能交通系统开始建设。无线上网技术使得在汽车内上网和通信成为现实,汽车已经成为居室和办公室的延伸,人们可以不间断地同外界保持联系,以最快的速度得到信息。由于因特网技术和汽车的自诊断技术,汽车的远程诊断即将取得突破,生产厂家可以在不接触车体情况下获得汽车各系统的运转状况,及早发现问题。

从20世纪90年代后期起,全球汽车业发生的最重要事件莫过于资产重组、联合兼并浪潮了。20世纪90年代后期,全球汽车业发生的比较引人注目和产生较大反响的重组及联合兼并事件主要有:奔驰与克莱斯勒的合并;福特收购沃尔沃轿车公司;雷诺以出让商用车公司(RVI)为代价而取得沃尔沃集团公司(AB VOLVO)20%的股份;雷诺与日产以交叉持股(前者在后者占有44%的股份,后者在前者拥有15%的股份)的方式结成战略联盟等。

历经演变,全球汽车(专指轿车和轻型车)工业总的竞争态势是大企业、大集团(一般均是跨国公司)主宰和垄断市场,领导发展潮流,这是不容置疑的客观现象,并且将长期存在。2013年,通用汽车在美国和中国两个全球最大的汽车市场均取得了销量第一的好成绩,同比增长保持两位数。表1-9为2013年1~11月跨国品牌在中国市场销量。

2013年1~11月部分跨国品牌中国市场销量总览表

表1-9

排名	企业/品牌	国　别	2013年1~11月累计销量(辆)
1	通用	美国	2889368
2	大众	德国	2260000
3	现代-起亚	韩国	1431850
4	日产	日本	1132000
5	福特	美国	840975
6	丰田	日本	809000
7	本田	日本	655418
8	标致-雪铁龙	法国	500276
9	奥迪	德国	443664

续上表

排名	企业/品牌	国　别	2013年1~11月累计销量(辆)
10	宝马	德国	354000
11	奔驰	德国	210384
12	马自达	日本	163036
13	铃木	日本	209815
14	沃尔沃	瑞典	54461
15	保时捷	德国	34113

3.2.2 世界著名汽车公司

(1)通用汽车公司。"GM"是美国通用汽车公司名称的缩写,取自通用汽车公司(General Motor Corporation)英文全称的前两个单词的第一个大写字母。通用汽车公司是美国主要汽车工业垄断组织之一,也是世界汽车制造业中最大的跨国公司之一,总部设在密歇根州底特律市。通用汽车公司建于1908年,是由马车制造商W. C. 杜兰特合并别克、奥兹莫比尔、凯迪拉克、奥克兰等20多家汽车制造公司组成的。20世纪20年代初改革经营管理,使企业很快发展成为世界上最大的汽车公司。原为杜邦财团所控制,1962年落入摩根财团和洛克菲勒财团之手。通用汽车公司在美国本土共有六个轿车分部,分别为别克分部、奥兹莫比部、卡迪拉克部、雪佛兰部、旁蒂克部及GMC部。另外,在世界各地还有不少分公司,其中通用欧洲公司最大,欧宝和弗克斯豪尔两家的汽车年产量已过百万。不久前,通用汽车公司又收购了世界上最先进的跑车研究生产部门——英国的莲花汽车工程公司,使通用汽车家族再添实力。通用汽车公司是美国最早实行股份制和专家集团管理的特大型企业之一。通用汽车公司生产的汽车,典型地表现了美国汽车豪华、宽大、内部舒适、速度快、储备功率大等特点。

(2)福特汽车公司。福特汽车公司创建于1903年,创始人是亨利·福特。公司最初是股份制,后来由于亨利·福特买下其他合伙人的股份,从而使其成为福特家族的独占企业。从此,福特汽车公司一直具有浓厚的家族色彩。1908年,福特开发了举世闻名的T型车,并首创了汽车大规模流水生产方式,极大地提高了生产效率。这是世界汽车史上的伟大创举,是汽车生产作业的一次革命,对以后的世界汽车工业发展和进步产生了重大影响。福特汽车公司也因此一度登上了世界汽车业界之巅峰。到1928年,美国通用汽车公司的汽车产量超过了福特汽车公司,福特汽车公司一度降至第三位,但以后一直保持世界第二大汽车公司的位置。

福特汽车公司是一个巨型跨国公司,福特汽车公司总部设在底特律市郊。从早期就开始在海外设立装配汽车的工厂,到20世纪20年代初已形成一个世界范围的"汽车帝国"。目前,福特汽车公司在世界各地将近200个国家和地区推销它的汽车和拖拉机产品。福特汽车公司下设福特部和林肯一默冠利部(其生产的"林肯"牌轿车一直是美国总统的座车)。福特汽车公司在英国、加拿大、巴西、西班牙、墨西哥等国均设有产量超过20万辆的汽车公司。

福特汽车公司致力于成为全球领先的、以消费者为导向的公司,始终坚持"消费者是我们工作的中心。我们在工作中必须时刻想着我们的消费者,提供比竞争对手更好的产品和服务。"的经营理念。福特汽车公司的著名品牌有"福特"、"林肯"、"沃尔沃"、"马自达"、"水星"、"阿斯顿·马丁"、"捷豹"、"陆虎"等。

(3)大众汽车公司。大众汽车公司是德国最大、也是最年轻的汽车制造商,创始人是著名的汽车设计师弗迪南德·波尔舍,它以生产大众型小轿车和轻型货运车而著称于世。

从1938年成立至今,大众公司已经发展成一个在全世界许多国家都有生产厂的跨国公司,公司总部现设在德国的沃尔夫斯堡。第一款"大众"汽车可说是波尔舍和希特勒两个人的梦想和努力的产物。希特勒的想法是要造一种价格在1000马克以下的大众化汽车,使德国的广大民众(包括工人)都能开上汽车。波尔舍也早就有制造大众用便宜轿车的想法。1934年,波尔舍接受委托开始设计新车型。在沃尔斯堡的"大众汽车城"里,第一批"甲壳虫"问世,但仅仅生产了630辆就因第二次世界大战而停产。"二战"后,大众公司划归原西德政府,汽车生产又逐步恢复。由于"甲壳虫"价格低廉,这种汽车很快风靡德国和欧洲。随着"甲壳虫"的畅销,大众汽车公司也成长为一个强大的世界汽车生产集团,它在西班牙、墨西哥等许多国家都建立起汽车生产厂和销售公司。

目前,大众汽车公司在德国的子公司主要是大众和奥迪公司,国外有西班牙、墨西哥、斯柯达和上海大众公司等。其主要产品系列有:高尔夫、帕萨特、捷达、柯拉多、奥迪、桑塔纳等。

(4)丰田汽车公司。丰田汽车公司是日本最大的汽车公司,创立于1933年,现在已发展成为以汽车生产为主,业务涉及机械、电子、金融等行业的庞大工业集团。

丰田公司早期以制造纺织机械为主,创始人丰田喜一郎1933年在纺织机械制作所设立汽车部,从而开始了丰田汽车公司制造汽车的历史。1935年,丰田AI型汽车试制成功,第二年即正式成立汽车工业公司。但在整个20世纪30年代和40年代该公司发展缓慢,只是到了第二次世界大战之后,丰田汽车公司才加快了发展步伐。他们通过引进欧美技术,在美国的汽车技术专家和管理专家的指导下,很快地掌握了先进的汽车生产和管理技术,并根据日本民族的特点,创造了著名的丰田生产管理模式,并不断地加以完善提高,大大地提高了工厂生产效率,其汽车产品在20世纪60年代末即大量涌入北美市场。至1972年,该公司累计生产汽车1000万辆。20世纪70年代是丰田汽车公司飞速发展的黄金时期,从1972年到1976年仅4年时间,该公司就生产了1000万辆汽车,年产汽车达到200多万辆。进入20世纪80年代,丰田汽车公司的产销量仍然直线上升,到20世纪90年代初,它年产汽车已经超过了400万辆接近500万辆,击败福特汽车公司,汽车产量名列世界第二。20世纪60~70年代是丰田汽车公司的日本国内自我成长期,20世纪80年代之后,它开始了全面走向世界的国际战略。它先后在美国、英国以及东南亚地区建立独资或合资企业,并将汽车研究发展中心合建在当地,实施当地研究开发设计生产的国际化战略。

丰田汽车公司有很强的技术开发能力,而且十分注重研究顾客对汽车的需求。因而在它的发展各个不同历史阶段创出不同的名牌产品,而且以快速的产品换型击败美欧竞争对手。2009年1月丰田汽车创办人丰田喜一郎的长孙——丰田章男升任丰田汽车公司社长。

趣味链接

丰田公司第三品牌

Scion(中文译赛恩):是北美丰田在2002年纽约车展新闻发布会上宣布的新品牌。也是北美丰田(TMS,Toyota Motor Sales, U. S. A.)继Toyota、Lexus之后,旗下所拥有的第三个品牌。TMS赋予Scion全新的品牌生命,Scion代表的是个人化汽车时代的来临,透过全新设立的经销体系,每一位车主将有机会体验到Scion精心设计的个人化购车流程,以及买到一部与众不同的个人化Scion汽车。

(5)雷诺—日产汽车公司。雷诺—日产汽车公司是法国雷诺汽车公司和日产汽车公司的联盟。法国雷诺汽车公司创立于1898年,创始人是路易雷诺,是法国第二大汽车公司。由于"二战"中向德国军队提供了不少武器,战后即被法国政府接管。公司利用国家资本,兼并了许多小汽车公司,并发挥了雷诺公司的技术潜力,开发出多品种汽车新产品。作为当今世界上(除中国外)唯一的由政府资产占支配地位的汽车公司,雷诺公司的发展与政府这个强硬后盾息息相关。而与此同时,雷诺公司一直在努力避免国有企业的弊病,在激烈的市场竞争中不断进行自我调整、革新和自我完善,最终位列世界十大汽车集团之一。

日产汽车公司创立于1933年,前身是户畑铸造公司和日本产业公司合并的汽车制造公司,1934年开始使用现名日产汽车公司,是日本三大汽车制造商之一。它在全世界17个国家有21个制造中心,汽车年产总量约240万辆,在全世界191个国家和地区销售汽车。日产汽车公司拥有堪称世界一流的技术和研发中心,被车界称作"技术日产"。但正如许多日本大型企业拥有的通病一样,日产公司内充斥着严重的官僚主义,内部成本控制极为不利,虽然该公司经历着规模上的高速扩张,盈利能力却没有得到有效的提升。雷诺和日产于1999年3月签订的股本参与协议和联盟协定。雷诺与日产联盟,双方合作密切,缔造了全球优异的销售业绩,同时也协助双方公司在新市场的业务拓展,更让雷诺—日产联盟跻身于世界前五大汽车集团之列。雷诺—日产汽车公司的著名汽车品牌有:雷诺、日产等。

(6)本田汽车公司。本田(Honda)汽车公司全称为"本田技研工业股份有限公司"。其前身是本田技术研究所,建于1948年9月,创建人是本田宗一郎。该公司生产的摩托车闻名世界,于1962年开始生产汽车。本田公司先后建立本田美国公司、本田欧洲英国公司。

本田公司的经营方法十分灵活。在美国设立的本田分公司,1991年在美国市场上的销量已超过克莱斯勒汽车公司名列第三。本田公司的"阿科达"和"市民"牌汽车历年来被用户评为质量最佳和最受欢迎的汽车。在欧洲,本田公司也在英国建立了分公司。本田公司汽车产量已高达190万辆。该公司素有日本汽车技术发展的"排头兵"之称。本田汽车公司创始人本田宗一郎非常注重技术开发和研究,因而科技成果颇丰:本田的电子陀螺仪是世界上最先应用在汽车上的导航装置。它可以在荧光屏上显示地图以及行车路线,还可确定汽车的位置。四轮防侧滑电子控制器、自动控制车身高度电子装置和复合涡流调整燃烧发动机都是世界上汽车高技术的领先成果。同时,“本田”汽车也是日本第一个达到美国标准的汽车公司。

(7)宝马汽车公司。宝马汽车公司是驰名世界的汽车企业,也被认为是高档汽车生产业的先导,宝马公司总部设在慕尼黑。该公司始创于1916年,创始人是卡尔·拉普和马克斯·弗里茨。80多年来,它由最初的一家飞机发动机生产厂发展成为今天以高级轿车为主导,并生产享誉全球的飞机发动机、越野车和摩托车的企业集团。

宝马汽车公司以汽车的高质量、高性能和高技术为追求目标。宝马公司的汽车产量不高,但“宝马”汽车在世界汽车界和用户中享有与“奔驰”汽车几乎同等的声誉。“宝马”汽车的加速性能和高速性能在世界汽车界数一数二,因而各国警方的警车首选车就是“宝马”汽车。“宝马”摩托车在国际市场上最为昂贵,甚至超过了豪华汽车,售价高达3万美元左右。由于“宝马”产品以赛车风格设计,因而在世界赛车活动中“宝马”汽车经常大出风头。2003年1月1日起,德国宝马汽车公司从德国大众汽车公司接手对“劳斯莱斯”这一著名汽车品牌的控制权,并于1月3日推出新款“劳斯莱斯—幻影”轿车。宝马汽车公司的著名汽车品牌:“宝马”、“劳斯莱斯”等。

(8)标致—雪铁龙汽车公司。标致汽车公司是世界十大汽车公司之一,是法国最大的汽车集团公司。标致汽车公司的总部在法国巴黎,汽车厂多在弗南修·昆蒂省,雇员总数为11万人左右,年产汽车220万辆。公司创立于1890年,创始人是阿尔芒·标致。它是当今世界上“存活”最老的汽车公司之一,居“戴姆勒—奔驰”之后。1976年标致公司吞并了法国历史悠久的雪铁龙公司,从而成为世界上一家以生产汽车为主,兼营机械加工、运输、金融和服务业的跨国工业集团。

雪铁龙汽车公司是法国第三大汽车公司,它创立于1915年,创始人是安德列·雪铁龙。主要产品是小客车和轻型载货车。雪铁龙公司总部设在法国巴黎。雪铁龙公司创立之初,正是第一次世界大战最酣之时,因而其产品主要是炮弹和军事设备。直到“一战”结束之后,公司才开始从事汽车制造活动。雪铁龙公司是法国最早采用流水线生产的公司,因而它成立仅仅6年,年产量即突破100万辆。1976年雪铁龙公司加入标致集团,成为法国“标致—雪铁龙”集团成员之一,但它仍然有很大的独立性,其经营活动仍然由自己把握。雪铁龙公司有13个生产厂家和一个研究中心。其中阿尔内·色·布瓦是欧洲最先进的汽车厂。该厂采用计算机控制,机器人操作,可日产汽车900辆。雪铁龙公司的产品有“雪铁龙”AX、BX、CX系列,还有“雪铁龙”TDR等。

(9)特斯拉(Tesla)汽车公司。一家生产电动汽车的公司,成立于2003年,名字来源于电磁物理之父——尼古拉·特斯拉(Nikola Tesla),总部设在了美国加州的硅谷地带。其创始人是硅谷工程师、资深车迷马丁·艾伯哈德,而投资人是Space X的创始人艾龙·穆思科。特斯拉汽车公司是世界上第一个采用锂离子电池的电动车公司。其推出的首部电动车为Roadster。

特斯拉汽车专门生产纯电动汽车(图1-17),并先后在美国市场推出了双门超级跑车

Roadster 和四门豪华电动跑车 Model S。根据其产品规划，未来还将推出新的 SUV 车型 Model X 和 GENIII，以满足不同的细分市场需求。

图 1-17 特斯拉汽车

Tesla Roadster 是特斯拉公司打造的纯电动车，其电动机最大转速可达到 13000r/min，而且还确保了惊人的转矩输出。同时在电动机动力驱使下，百公里加速仅只需 4s 即可完成，进而迫使顶级时速上升到 200km/h。

Tesla Roadster 在研发与生产过程中还大量借鉴了英国莲花汽车公司的工程力量并在最初车体设计方面借鉴了莲花 Elise 跑车的设计理念，同时其外部车身体板件还采用了碳纤维材料构造，而其底盘则由模压铝构成，结果不仅赋予全新 Tesla Roadster 一个超级时尚的外观造型，而且还确保了车身的坚固性。

另外，全新 Tesla Roadster 还采用了极为先进的锂离子能量存储系统而使其在一次充电后的巡航里程可达 352km，而其所配备的能量再生制动系统则还可在车子减速时为锂离子电池组充电，从而使得汽车在行走途中就可获得能量的补给。

3.2.3 新“6 + 3 + X”有望形成，全球汽车业版图在小幅调整

目前，席卷全球的金融危机对汽车产业的冲开始呈现出一系列实质性的影响，北美三巨头中两家寻求破产保护，全球汽车业的标杆丰田汽车也出现了 70 多年来的首度亏损，几乎所有的全球性主流汽车企业都出现了亏损或利润巨幅下沿的情况；汽车零部件公司更是哀鸿遍野，破产或并购频繁发生。当然乱世中也有扮演英雄角色的“拯救者”，菲亚特并购克莱斯勒、追逐欧宝，以实现进入全球前 5 大的梦想，中国汽车企业也参与到欧宝、悍马的并购中。一系列新的裂变和聚变还在继续。

金融危机加速了全球汽车版图调整的速度，最主要体现在北美三巨头的变化上：其中，克莱斯勒分立两年后无法独立生存重新被菲亚特整合；而通用汽车和福特汽车不断分拆出售自己的下属子品牌或资产以自保。一系列变化导致个球汽车产业将可能出现新的“6 + 3 + X”的格局。

传统意义上的“6 + 3”，是指全球乘用车市场上，被 6 个汽车大集团或联盟和 3 个大型的独立企业所绝对主导，即通用—菲亚特—铃木—富士重工—五十铃铃集团，福特—马自达—沃尔沃轿车集团，戴姆勒—克莱斯勒—三菱集团，丰田—大发—日野集团，大众—斯堆尼亚集团，

雷诺—日产—三星集团,加上本田、标致—雪铁龙和宝马汽车。然而时过境迁,传统意义上的“6+3”早在2005年开始就在发生着显著的变化。

通用在2005年2月就以15亿美元的代价放弃了菲亚特的股份;2005年10月,卖掉全部富士重工的股份;2006年4月份,通用清空了五十铃的股份,通用在2006年和2008年分两次卖掉了所持的铃木的全部股份。现在通用进入破产保护程序,欧宝和萨博相继出售;6大中的戴姆勒—克莱斯勒集团也在2007年5月解体;“6+3”中并没有现代—起亚,而2008年现代—起亚的全球销量为415万辆,以近40万辆的领先优势排在本田之前,位居全球汽车销量排名第六。传统意义上的“6+3”早已不存在,全球汽车业的新版图一直在进行着小幅调整。

新的6大集团包括日本丰田集团、德国大众集团、新通用和福特、日欧联合企业雷诺—日产联盟,及新的菲亚特—克莱斯勒联联盟(这个联盟可能还会增加新的成员)。新的3小集团包括现代—起亚、本田和标志—雪铁龙。另外,戴姆勒、宝马和包括铃木在内的多家日本车企业、不断成长的中国和印度新兴市场的汽车公也是全球汽车版图中的不可忽视的力量。新“6+3”占据全球汽车约80%以上的市场份额。

因为通用计划彻底剥离的悍马、土星、庞蒂亚克、萨博四个品牌,2008年销量合计72万辆,不到通用总销量的10%,但欧宝的最终去向对于通用的未来影响较大。超过60%的受访专家认为欧宝被麦格纳和俄罗斯金融财团的联合收购对新通用有利,不排除新通用走过困难期后重新回购欧宝的可能性。

菲亚特—克莱斯勒联盟推进正在进行中,最终双方如何整合,运作模式是什么?目前还不得而知。当年戴姆勒集团整合克莱斯勒多年以大失败而告终,菲亚特这次能否力挽狂澜,业界看法不一,克莱斯勒的命运是未来汽车业格局中最大的变数之一。

目前国际汽车业各大汽车公司及其品牌见表1-10。

国际汽车业各大汽车公司及其品牌 表1-10

公　　司	旗　下　品　牌
通用汽车	别克、凯迪拉克、雪佛兰、GMC、霍顿、沃豪、欧宝、庞蒂亚克、萨博、土星
大众汽车	奥迪、大众、宾利、斯柯达、兰博基尼、西亚特、布加迪
丰田汽车	丰田、雷克萨斯、大发、日野
福特汽车	福特、林肯、水星、沃尔沃、野马
梅赛德斯—奔驰	梅赛德斯—奔驰、西星、迈巴赫、smart
菲亚特—克莱斯勒	菲亚特、法拉利、阿尔法—罗密欧、玛莎拉蒂、克莱斯勒、吉普、道奇
雷诺—日产	日产—英菲尼迪、雷诺、达契亚、雷诺—三星
标致—雪铁龙	标致—雪铁龙、DS
现代汽车	现代、起亚
本田汽车	本田、讴歌
三菱汽车	三菱

续上表

公司	旗下品牌
铃木汽车	铃木
宝马汽车	宝马、劳斯莱斯、Mini
富士重工	斯巴鲁
特斯拉汽车	Roadster、Model S

3.3 我国汽车工业

3.3.1 我国汽车工业的发展

我国的汽车工业起步发展较晚。1929年5月，我国的第一辆国产汽车在辽宁省沈阳市问世。该车由张学良将军掌管的迫击炮厂制造，是民生工厂厂长李宜春从美国购进“瑞雪”牌汽车进行了拆卸，除发动机、后轴、电气设备和轮胎等采用原车部件外，对其他零件进行重新设计制造，终于试制成功我国第一辆“民生”牌汽车。随后，沈阳民生工厂进行小批量生产。1931年“九一八”事变爆发，日本入侵了东三省，扼杀了我国汽车工业的萌芽。日本却借机盗取成果，成立了同和汽车株式会社，到1945年日本投降，已达年产量5000辆的生产能力。直到20世纪50年代，新中国成立后才开始建立自己的汽车工业。我国汽车工业经历了从无到有、从小到大，创建、成长和全面发展三个历史阶段。

新中国成立后，毛泽东主席、周恩来总理等第一代国家领导人亲自筹划建立中国自己的汽车工业。1950年，建设一座现代化的载货汽车工厂被列入前苏联援助中国的重点工业项目之一。1953年6月，毛泽东主席亲自签发《中共中央关于力争三年内建设长春汽车厂的指示》。同年7月，第一汽车制造厂（简称“一汽”）在吉林省长春市奠基。1956年7月，国产第一辆“解放”牌4t载货汽车在第一汽车制造厂诞生。“一汽”也因此被誉为中国汽车工业的摇篮。

1966年以前，汽车工业共投资11亿元，形成“一大四小”5个汽车制造厂，年生产能力近6万辆、9个车型品种。1965年底，全国民用汽车保有量近29万辆，其中国产汽车17万辆（“一汽”累计生产15万辆）。在经历15年的发展，我国汽车工业的雏形迅速形成了。

在1966～1980年期间建设了“三线”汽车厂，并以中、重型载货汽车和越野汽车为主，同时发展矿用自卸车。由于备战，国家确定在“三线”的山区建设以生产越野汽车为主的第二汽车制造厂（简称“二汽”）、四川和陕西汽车制造厂。

20世纪60年代后期，我国提出调动地方生产积极性，建设地方工业体系的方针。全国各省、自治区（除西藏外）均建设汽车制造厂，有的省建了八九个汽车制造厂。地方发展汽车工业，几乎全部仿制国产车型重复生产。据粗略统计，生产“解放”牌车型有20多家，生产“北京130”车型有20多家，生产“跃进”车型有近20家，生产“北京”越野车有近10家；改装车生产向多品种、专业化方向发展，生产厂点近200家。这些工厂技术水平低、规模小，形成汽车生产的“小而全”的分散局面。到1980年，汽车生产厂家56家，汽车生产行业企业总数为2379家。1980年生产22.2万辆，是1965年产量的5.48倍；1966～1980年生产各类汽车累计163.9万辆；1980年全国民用汽车保有量169万辆，其中载货汽车148万辆。

十一届三中全会确定了改革开放的政策,加速了经济发展,提高了人民生活水平。汽车需求量的激增对汽车工业提出了加快发展的要求。由于国际形势的缓和,一些大型军工企业也转产汽车,这些企业有资金、有设备、有技术,是我国汽车工业的一支主力军。

1984年我国把汽车工业作为发展国民经济的支柱产业。1987年我国针对汽车业“缺重少轻,轿车几乎空白”的不利局面,又把轿车工业作为我国汽车工业发展的重点。从20世纪80年代中期开始,我国确定建立“三大”(上海、“一汽”、“二汽”)、“三小”(天津、北京、广州)轿车生产基地,并正式将轿车项目列为国家重点支持项目,中国汽车工业开始了战略转移。中国汽车工业结束了多年来主要生产载货车和越野车的历史,进入崭新的“轿车时代”。中国轿车工业发展的步伐,是乘着改革开放的春风前行的。1984年初,中美合资北京吉普汽车有限公司成立,开创了我国合资生产整车的先河。上海大众、一汽大众、神龙公司、上海通用一个个大型中外合资轿车企业迅速崛起,并成为中国轿车工业的主力军。

1994年颁布了中国第一部《汽车工业产业政策》,中国汽车业自此进入了快速发展时期。1998年全国汽车年产量为162.8万辆,全球排名第10位;2000年全国汽车生产跨越200万辆(207.7万辆),全球排名第8位;商用车生产146.5万辆,全球排名第3位;轿车生产61.2万辆,全球排名第13位。在这一时期,汽车消费的市场主体开始由政府、集团公款购买为主逐步向私人购买为主转变。1995年私人购买占30%,到2000年私人购买达50%以上。汽车消费市场和产品结构的变化,极大地促进了汽车工业对市场需求的产品结构加快调整和发展。随着中国加入世界贸易组织,联合重组的浪潮再次席卷了中国,中国汽车企业开始加速融入全球化大潮。众多的汽车企业开始寻求与世界汽车巨头的战略联合,新的合资企业也随之纷纷诞生。在此期间,汽车产品结构进一步优化,形成3个大型企业集团为龙头和16个重点企业集团(公司)为主力军的汽车工业新体制。“一汽”、“东风”、“上海”3个大型企业集团的总体规模和综合实力增强,确立了中国汽车工业的龙头地位,其他还有13个重点大企业集团(公司)。中国汽车工业已经从原来那个各自独立的散乱差局面改变成现在的以大集团为主的规模化、集约化的产业新格局。

改革开放20多年来,全国建了600多家中外合资汽车企业,积累了200多亿美元资本,占全国汽车工业资本的40%以上。中国汽车行业高速发展,近10多年来汽车产销量以每年15%的速度增长,是世界平均速度的10倍,中国已成为世界7大汽车生产国之一。中国汽车工业已经成为世界汽车工业的重要组成部分。

世界六大汽车集团和三大汽车生产商(6+3)在中国境内演绎的汽车制造的战略布局是:

通用集团(含通用汽车、铃木、五十铃、菲亚特、富士重工和大宇),参股合资进入上海通用、金杯通用、上汽通用五菱、长安铃木、昌河铃木、江铃、庆铃、北轻汽、北铃专用车、南京依维柯、江苏南亚、贵州云雀、桂林大宇(客车)和烟台大宇(零部件)。

大众集团,参股合资进入上海大众和一汽大众。

福特集团(含福特汽车、马自达和沃尔沃轿车),参股合资进入江铃和长安福特。

丰田公司(含丰田、大发和日野),参股合资进入一汽丰田、天津丰田、四川丰田、沈飞日野和金杯客车(技术合作)。

戴—克集团(含戴—克、三菱和现代),参股合资进入北京吉普、亚星·奔驰、北方奔驰、湖南长丰、东南汽车、北京现代和东风悦达起亚。

雷诺—日产集团(含雷诺—日产、日产和三星),参股合资进入三江雷诺、郑州日产、杭州东风日产柴、风神和东风汽车。

标致—雪铁龙集团,参股合资进入神龙。

本田公司,参股合资进入广州本田、东风本田。

宝马公司,参股合资进入沈阳华晨(宝马)。

近几年,特别是2001年中国加入WTO后,汽车工业必将抓住机遇、转变观念、迎接挑战。国内汽车企业兼并、联合与资产重组的步伐加快,体现在以资产为纽带的联合重组、外资和民间资本参与企业的兼并重组以及优胜劣汰的企业竞争机制等多种形式的摸索实践。主要表现有:

中国重型汽车集团公司重组,一分为三,分别组成中国重型汽车集团有限公司(济南)、重庆重型汽车集团有限责任公司(重庆)和陕西汽车集团有限责任公司(陕西),共享引进斯太尔重型汽车制造技术,开发、生产和经营业务各自独立运作。

仪征汽车制造厂,以资产无偿划拨方式,重组成为上海汽车工业(集团)总公司的全资子公司,企业名称为:上汽集团仪征汽车有限公司,生产"赛宝"多功能轻型汽车。

柳州五菱汽车有限责任公司,以股权转让方式同上海汽车工业(集团)总公司、通用汽车(中国)公司合资组建上汽通用五菱汽车股份有限公司,股比分别为50.1%(上汽)、34%(通用)、15.9%(五菱),合资三方在技术、资金、市场和人才等方面实施战略合作。

安徽奇瑞汽车有限公司,以资产划拨和股权转让方式加盟上海汽车工业(集团)总公司,组建上汽集团奇瑞汽车有限公司,双方股比分别为20%(上汽)和80%(奇瑞),"奇瑞"准入轿车生产厂点。

江苏悦达起亚汽车有限公司,以"悦达起亚"投资方——江苏悦达投资公司的身份,同东风汽车公司、韩国现代起亚集团重组,合资组建东风悦达起亚汽车有限公司,股比为中韩双方各占50%,中方股比中东风与悦达各占25%。

烟台车身有限公司,以出让全部股权方式,由上海汽车工业(集团)总公司、通用汽车(中国)公司和上海通用汽车有限公司共同出资收购,其股比分别为25%(上汽集团)、25%(通用汽车)和50%(上海通用),合资组建东岳汽车股份有限公司,移地生产赛欧轿车。

北京福田汽车股份有限公司(原名"北汽福田"),以制度创新为核心,以产权和产品为纽带,探索投资主体多元化的实践,面向社会资源配置,由北京汽车摩托车制造公司(国有资产)率头,组织国内100家法人企业(分布在13个省、市、自治区的55家主机配套厂、45家经销企业),形成了跨地区、跨行业和跨所有制的股份制企业(战略联盟),并以资本运作打造福田汽车股票上市融资,后又增资扩股成立北京福田环保动力股份有限公司,为推进北京福田旗下一系列的资产重组迈出了坚定步伐。

华晨集团,以资本运作与资产经营相结合的方式,同沈阳金杯汽车股份有限公司合资合作,有金杯客车、金杯通用和华晨宝马项目,"华晨汽车"产品有轻型客车、轻型载货汽车、皮卡和轿车("中华"、"宝马")。

一汽、天汽联合重组,以股权转让方式进行整合,体现中央和地方国有企业强强联手、优势互补,一汽集团公司拥有天津汽车夏利股份有限公司50.98%的股权和拥有天津华利汽车有限公司75%的股权。"天一重组"成为中国汽车工业发展史上最大、最具影响力的一次联合重组,在实施《汽车工业产业政策》、推进中国汽车工业战略性重组、加快产业结构调整和产品技术升级进程中迈出了坚实的步伐,取得了可喜的进展。

还有,吉利集团和“深圳比亚迪”的民营资本进入汽车行业,以及职工持股和企业股票上市。特别引人注目的是上海汽车工业(集团)总公司出资收购通用大宇汽车科技公司10%的股份,胡茂元总裁为中方股东代表进入该公司董事会,成为中国汽车制造企业参与国外企业联合重组探索实践写下了崭新的一页。

上汽集团和跃进集团联合重组 2007 年 12 月 26 日,上汽集团和跃进集团在北京人民大会堂签署全面合作合同。并对外正式宣布南汽与跃进今日正式合并,更名为上汽跃进。整个合约包含了三块主要内容:跃进下属汽车业务全面融入上汽;整车及紧密零部件资产将进入上汽控股的上海汽车,零部件和服务贸易资产进入上汽跃进合资成立的东华公司;上海汽车将出资20.95 亿元购买跃进的整车及紧密零部件资产,跃进将持有上海汽车 3.2 亿股股份,同时拥有东华公司25%股权。

3.3.2 我国著名汽车公司

(1)中国第一汽车集团公司。中国第一汽车集团公司简称中国一汽或一汽,是中国汽车工业的摇篮,它的前身是第一汽车制造厂,总部位于吉林省长春市,始建于 1953 年,毛泽东主席亲笔题名奠基。1956 年第一辆国产汽车——“解放”牌中型货车诞生,1958 年生产出新中国第一辆东风牌小轿车和第一辆红旗牌高级轿车。一汽的建成,开创了中国汽车工业新的历史。

经过 50 多年的发展,一汽已经成为国内最大的汽车企业集团之一。改革开放以来,“一汽”经过“换型改造”、“上轿车”为主要内容的两次创业,企业不断地发展壮大。一汽现有职能部门 17 个,全资子公司 22 个(表 1-11)、控股子公司 14 个(表 1-12)。其中上市公司 4 个,分别是一汽轿车股份有限公司、长春一汽富维汽车股份有限公司、天津一汽夏利汽车股份有限公司、一汽启明信息技术股份有限公司。主营业务板块按领域划分为:研发、乘用车、商用车、毛坯零部件、辅助和衍生经济等六大体系。

一汽全资子公司　　表1-11

序号	企业名称	主营业务/主要产品
1	中国第一汽车集团公司技术中心	整车和零部件以及工艺、材料的研发、试制、试验
2	一汽解放汽车有限公司	解放品牌中、重型货车和发动机、车桥、变速器三大总成等
3	一汽客车有限公司	客车底盘和远征牌、太湖牌、华西牌大客车
4	一汽专用汽车有限公司	解放品牌中、重型货车专用车、改装车
5	长春一汽轻型车厂	3t 载重货车和 1t 载重客车底盘
6	机械工业第九设计研究院	工厂工程设计、承包、监理和资质认证
7	一汽铸造有限公司	铸件生产及铸造工艺设计、工装设计制造
8	一汽模具制造有限公司	整车覆盖件模具设计与制造
9	中国第一汽车集团进出口公司	进出口贸易、外事联络、国际招标和国际物流
10	长春一汽工艺装备有限公司	非标准工艺装备制造
11	长春一汽装备技术开发制造有限公司	数控加工中心、天车制造

续上表

序　号	企业名称	主营业务/主要产品
12	长春一汽蓝迪自动化工程有限公司	机器人技术开发、涂料与工业炉技术开发
13	长春一汽嘉信热处理电镀科技有限公司	热处理和电镀设备制造、零件加工
14	长春一汽综合利用有限公司	铸钢丸、铝合金锭、铸造回炉料、中水洁净水
15	中国第一汽车集团哈尔滨轻型车厂	轻型货车、皮卡车
16	中国第一汽车集团哈尔滨变速器厂	重、轻型车变速器
17	一汽吉林汽车有限公司	微型客车、货车
18	一汽山东汽车改装厂	解放品牌中、重型货车专用车、改装车
19	中国第一汽车集团柳州特种汽车厂	解放品牌中、重型货车、专用车、特种车
20	海南汽车试验研究所	湿热带各类汽车试验、技术服务

一汽控股子公司　　表1-12

序　号	企业名称	主营业务/主要产品
1	一汽轿车股份有限公司	红旗品牌系列轿车、奔腾轿车和马自达6轿车
2	一汽-大众汽车有限公司	大众品牌捷达、宝来、高尔夫、开迪轿车和奥迪品牌A4、A6轿车
3	长春一汽四环汽车股份有限公司	中、重型货车变型车、改装车和车厢、车轮总成
4	启明信息技术股份有限公司	启明星ERP(企业资源计划系统)系列软件
5	一汽丰田(长春)发动机有限公司	V6系列高技术环保发动机
6	天津一汽夏利汽车股份有限公司	夏利系列和NBC系列经济型轿车
7	天津一汽丰田汽车有限公司	丰田品牌威驰、花冠、皇冠、锐志轿车
8	一汽丰田汽车销售有限公司	营销在中国生产的丰田品牌轿车、多功能运动车
9	深圳一汽汽车有限公司	汽车营销和售后服务
10	四川一汽丰田汽车有限公司	丰田品牌兰德酷路泽、普拉多多功能运动车、柯斯达豪华客车
11	一汽海马汽车有限公司	普力马、福美来轿车
12	天津一汽丰田发动机有限公司	A系列发动机、ZZ和SZ发动机等
13	一汽财务有限公司	为集团成员单位提供结算、信贷服务和保险经纪业务等
14	一汽陆捷物流有限公司	整车和零部件物流及包装、配送服务

一汽经过多年的发展建设,培育了以“学习、创新、抗争、自强”企业精神为核心的企业文化。初步建立了适应市场竞争需求的现代企业制度。逐步形成了东北、华北、西南三大基地,

形成了立足东北、辐射全国、面向海外的开放式发展格局。改造并建设了一汽解放货车新工厂、一汽轿车新工厂、一汽大众轿车二工厂、天津一汽丰田轿车二工厂等新工厂,形成了较为先进的生产制造阵地。自主研发与企业核心竞争能力不断提升,形成了货车、轿车、轻微型车、客车多品种、宽系列的产品格局。拥有解放、红旗、奔腾、夏利、威志等自主品牌和大众、奥迪、丰田、马自达等合资合作品牌。

一汽产销量连续多年居中国汽车行业之首,2004 年企业年销量率先突破 100 万辆,树起了中国汽车工业发展史上的里程碑。2007 年,一汽实现销售 143.6 万辆,实现销售收入 1885 亿元,列世界 500 强第 303 位,中国企业 500 强第 14 位;世界机械 500 强第 49 位,中国机械工业 500 强第 1 位;中国制造业企业 500 强第 2 位和 2007 年度"最具影响力企业"第 2 位。"中国一汽"以 605.78 亿元的品牌价值位列国内汽车行业第一。

一汽产销量、营业收入等连续多年居中国汽车行业前列。2011 年,一汽销售汽车超过 260 万辆,实现营业收入 3694.3 亿元,列"世界 500 强"第 197 位,"中国一汽"品牌价值达到 982.87 亿元。至今,中国一汽累计产销各类汽车 1800 余万辆、实现利税 2500 多亿元。一汽集团资本布局如图 1-18 所示。

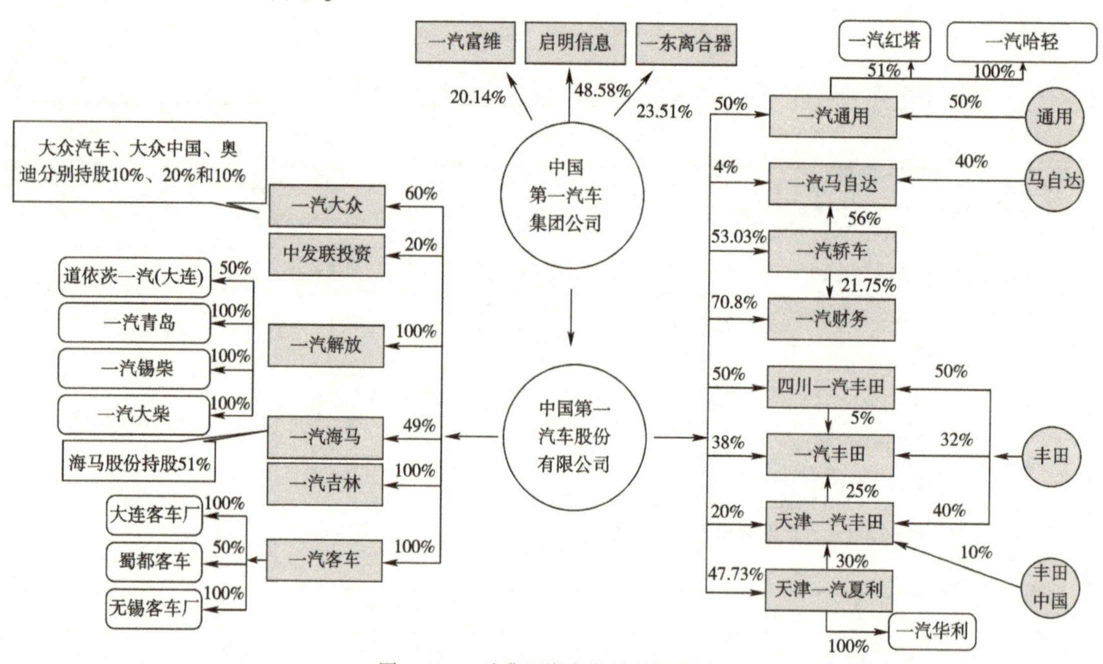

图 1-18　一汽集团资本布局(2012 年)

(2)东风汽车公司。东风汽车公司(原中国第二汽车制造厂)始建于 1969 年,是依靠我国自己的力量,采取"聚宝"方式设计、建设和装备起来的现代化汽车生产企业,也是国家明确重点支持的三大汽车集团之一。东风公司的建设发展,大致经历了艰苦创业、改革发展和结构调整三个时期。1978 年 5t 民用车投产,十堰基地初具规模。1980 年靠"自筹资金、续建二汽",闯过了"停缓建关",开始走上了以改革求发展的道路。1981 年以"二汽"为核心的东风集团成立。1986 年东风集团作为国家经济改革的试点,首批在国家计划中实行单列。1993 年被国家批准为国有资产授权经营试点企业,同年开展了以轻型轿车建设为重点的产品结构调整。1990 年东风汽车公司与法国 PSA 标致雪铁龙汽车公司在巴黎正式签订合作协议,成立神龙汽

车公司，双方各占32%股份，具备年产15万辆轿车的生产能力。目前生产中档的“雪铁龙—富康”轿车和“毕加索”轿车。之后，东风汽车公司与江苏悦达投资股份有限公司、韩国起亚自动车株式会社合资成立东风悦达起亚汽车公司，主要生产“普莱特”轿车。中信汽车公司、东风汽车公司和日本日产自动车公司合资成立郑州日产汽车公司，主要生产“皮卡”。2000年3月，风神汽车有限公司正式成立，风神汽车有限公司是东风汽车公司、广州京安云豹汽车有限公司、台湾裕隆汽车公司三家股东共同组建的，由东风汽车公司控股的国内合资汽车公司。

经过40年的建设和发展，东风公司相继建成了十堰、襄樊、武汉三大汽车开发生产基地，拥有货车、轻型车和轿车三大产品系列，年生产能力50万辆。创立“东风科技”、“东风汽车”上市公司，开辟融资渠道，跳出纯产品经营局限；对外合资合作，全方位、多层次展开，保留东风名称和品牌，共同发展新品牌。拥有东风载货车（十堰）、东风汽车股份（襄阳）、神龙（武汉）、云南汽车、柳州汽车、杭州汽车、杭州日产柴、武汉万通、风神汽车（花都）、东风悦达起亚（盐城）、东风荣成等11个载货汽车、客车（含底盘）和轿车生产企业，东风康明斯（十堰）、东风柴发（襄阳）、东风朝阳和东风本田（广州）等发动机生产企业；拥有“东风标致（206、207、307系列）”、“东风雪铁龙（富康、爱丽舍、赛纳、毕加索、凯旋、世嘉、C2、C5）”、“东风日产（骊威、颐达、骐达、轩逸、骏逸、天籁、逍客、奇骏）”、“东风本田”（CRV、思域、思铂睿）、“小霸王”、“多利卡”、“东风之星”、“东风梦卡”、“东风信天游皮卡”、“东风小王子”等品牌，形成了生产“重、中、轻、微、客、轿”和越野车、专用车、变型车多品种、宽系列以及零部件的产品格局。

2008年东风汽车公司销售汽车132.1万辆，实现销售收入1969亿元，综合市场占有率达到14.08%。在国内汽车细分市场，中重型货车、SUV、中客排名第一位，轻型货车、轻客排名第二位，轿车排名第三位。2008年公司位居中国企业500强第20位，中国制造企业500强第5位。东风集团资本布局如图1-19所示。

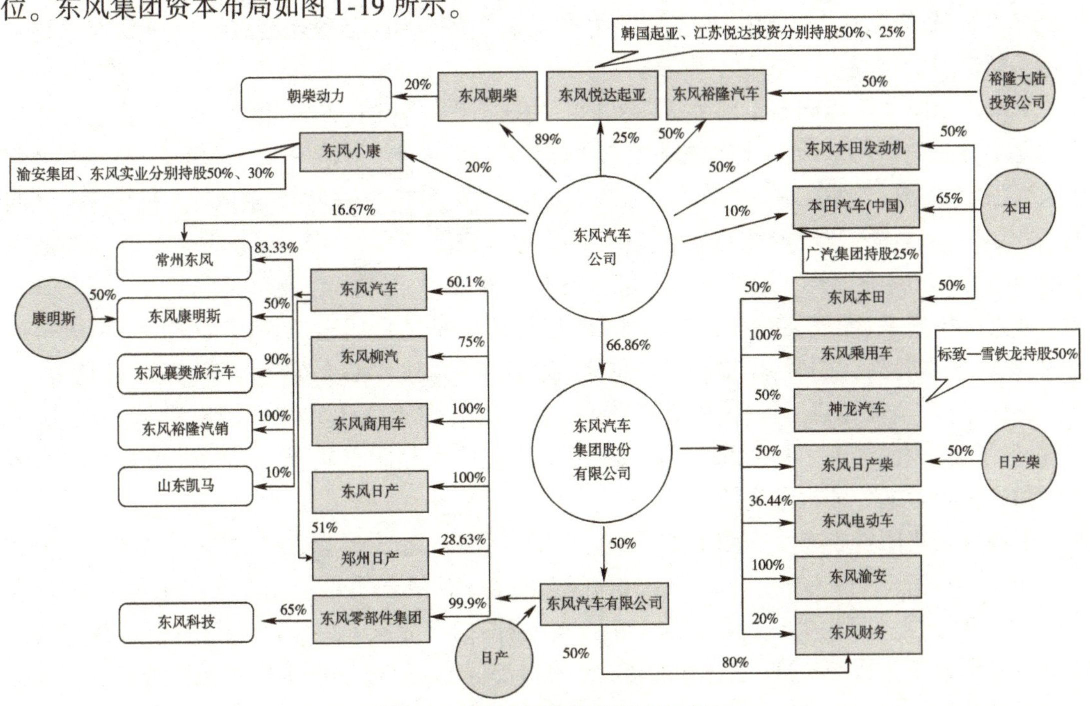

图1-19　东风集团资本布局（2012年）

(3)上海汽车工业(集团)总公司。上海汽车工业(集团)总公司(简称“上汽集团”)是中国三大汽车集团之一,主要从事乘用车、商用车和汽车零部件的生产、销售、开发、投资及相关的汽车服务贸易和金融业务,具体企业与集团如图1-20所示。集团持有上海汽车集团股份有限公司(简称“上海汽车”)78.94%的股份;同时持有独立供应汽车零部件业务上市公司——华域汽车系统股份有限公司(简称“华域汽车”)60.10%的股份。2008年,上汽集团整车销售超过182.6万辆,其中乘用车销售111.8万辆,商用车销售70.8万辆,在国内汽车集团排名中继续保持第一位。2009年,集团以上一年度248.8亿美元的合并销售收入第五次入选《财富》杂志世界500强,排名第359位。

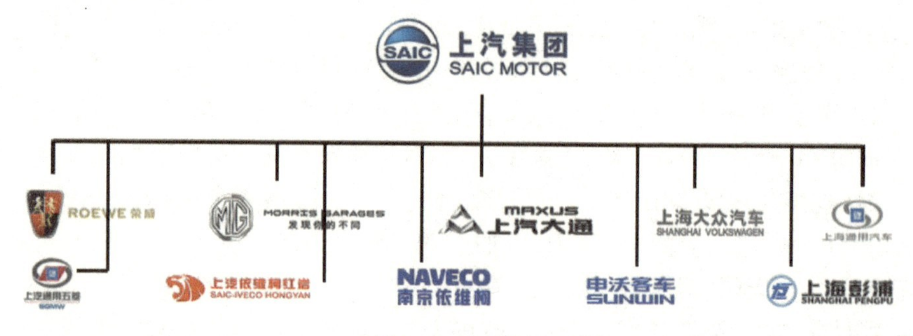

图1-20 上汽集团

上汽集团坚持自主开发与对外合作并举,一方面通过加强与德国大众、美国通用等全球著名汽车公司的战略合作,不断推动上海通用、上海大众、上汽通用五菱、上汽依维柯、上海申沃等系列产品的后续发展,取得了卓越成效;另一方面通过集成全球资源,加快技术创新,全力推进自主品牌轿车的研发、生产和销售。目前,已实现荣威750、550及名爵MG 3 – SW、MG 7、MG TF等多款产品的成功上市,树立起良好的品牌形象。由此,深入推进了合资品牌和自主品牌共同发展的格局。

上汽集团除在上海当地发展外,还在柳州、重庆、烟台、沈阳、青岛、仪征、南京、英国长桥等地建立了自己的生产基地,生产“桑塔纳”、“帕萨特”、“波罗”、“途安”、“朗逸”、“途欢”、“君威”、“凯越”、“GL8”、“君越”、“林荫大道”“赛欧”、“景程”、“乐骋”、“乐风”、“科鲁兹”、“明锐”、“晶锐”、“昊锐”、“凯迪拉克CTS、SRX、SLS”“上汽五菱”、“申沃”等车型,;拥有韩国通用大宇10%的股份;在美国、欧洲、日本和韩国设有海外公司。

通过多年发展,形成了“上汽”集团的价值观,即满足用户需求,提高创新能力,集成全球资源,崇尚人本管理。同时,还提出了与价值观相匹配的集团“四大工程”(即:用户满意工程、全面创新工程、全球经营工程、人本管理工程)作为操作平台。上汽集团的愿景是:为了用户满意,为了股东利益,为了社会和谐,上汽集团要建设成为品牌卓越、员工优秀,具有核心竞争能力和国际经营能力的汽车集团。

上海汽车集团资本布局如图1-21所示。

(4)长安汽车股份有限公司。重庆长安汽车股份有限公司系中国汽车工业第一阵营企业。1996年注册并成为极具竞争力的上市公司,目前拥有2家上市公司、4只股票。其悠久的历史可追溯到洋务运动时期,起源于1862年的上海洋炮局,曾开创了中国近代工业的先河。伴随中国改革开放大潮,20世纪80年代初长安正式进入汽车领域。

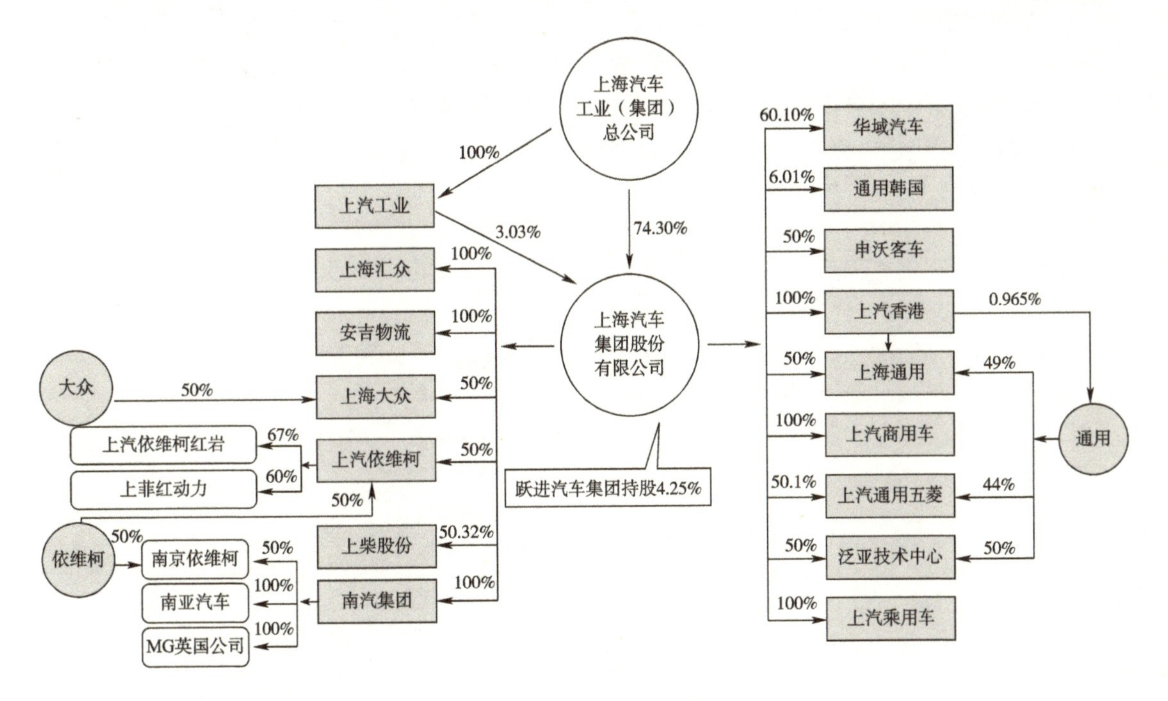

图 1-21 上海汽车集团资本布局(2012 年)

长安汽车拥有雄厚的生产实力。在国内拥有重庆、河北、江苏、江西 4 大产业基地，拥有 11 个整车和 2 个独立的发动机工厂，具备了年产汽车 130 万辆、发动机 130 万台的能力。汽车谱系覆盖乘用车和商用车全部领域，拥有排量 0.8～2.5L 的系列发动机平台；在海外拥有已建和在建的 6 个生产基地：马来西亚、越南、美国、伊朗、埃及、墨西哥。汽车产销量多年居中国前四位，品牌价值达 212.18 亿元。

长安始终坚持“自主创新”与“合资合作”并举，先后携手福特、铃木、马自达、沃尔沃等跨国企业建立了战略合作伙伴关系。旗下生产的蒙迪欧—致胜、福克斯、嘉年华、马自达 3、马自达 2、沃尔沃 S80L、沃尔沃 S40、羚羊、天语、雨燕、新奥拓等多款产品，深受广大用户喜爱。

长安汽车始终坚持“以我为主，自主创新”的发展模式，充分利用全球资源，建立了中国重庆、中国上海、意大利都灵、日本横滨“三国四地、各有侧重”的研发格局，使长安汽车工程研究院成为全国首批国家级企业技术中心之一，自主创新能力排名行业前三。长安先后推出了长安之星 2 代、长安之星 S460、长安星光 4500、长安奔奔、长安杰勋、长安志翔、长安悦翔等多款自主产品。

2009 年 7 月 1 日 经国家工商行政管理总局核准，中国南方工业汽车股份有限公司正式更名为中国长安汽车集团股份有限公司。

2009 年 11 月 10 日 中国兵器装备集团公司、中国航空工业集团公司在人民大会堂签署协议，重组中国长安汽车集团。中航工业以其持有的昌河汽车、哈飞汽车、东安动力、昌河铃木、东安三菱的股权，划拨兵装集团旗下的中国长安汽车集团；兵装集团将旗下中国长安汽车集团 23% 的股权划拨中航工业。两集团重组成立新的中国长安汽车集团股份有限公司，兵装集团持股 77%、中航工业持股 23%。

在做大做强自主品牌的同时,中国长安以开放的胸怀,全球的视野,不断加大国际领域的战略合作。在整车领域与福特、马自达、铃木、标致雪铁龙等国际知名汽车生产商开展深入合作,为中国消费者带来众多的经典汽车产品;在零部件领域与美国天合(TRW)、日本三菱、日本昭和、澳洲空调国际、英国吉凯恩(GKN)建立广泛的资本合作关系(图1-22)。长安汽车集团资本布局如图1-23所示。

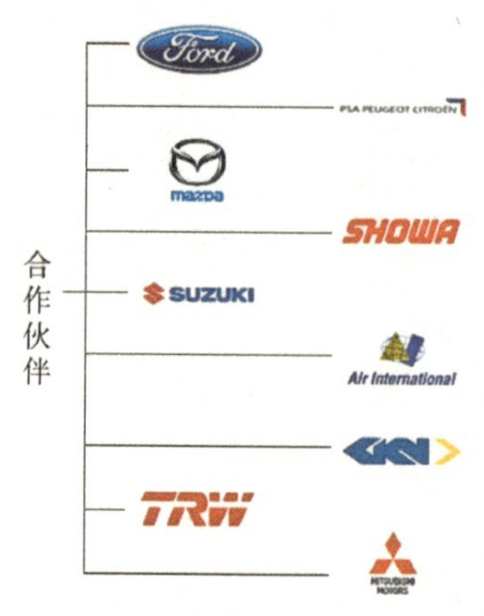

图1-22 长安汽车集团合作企业

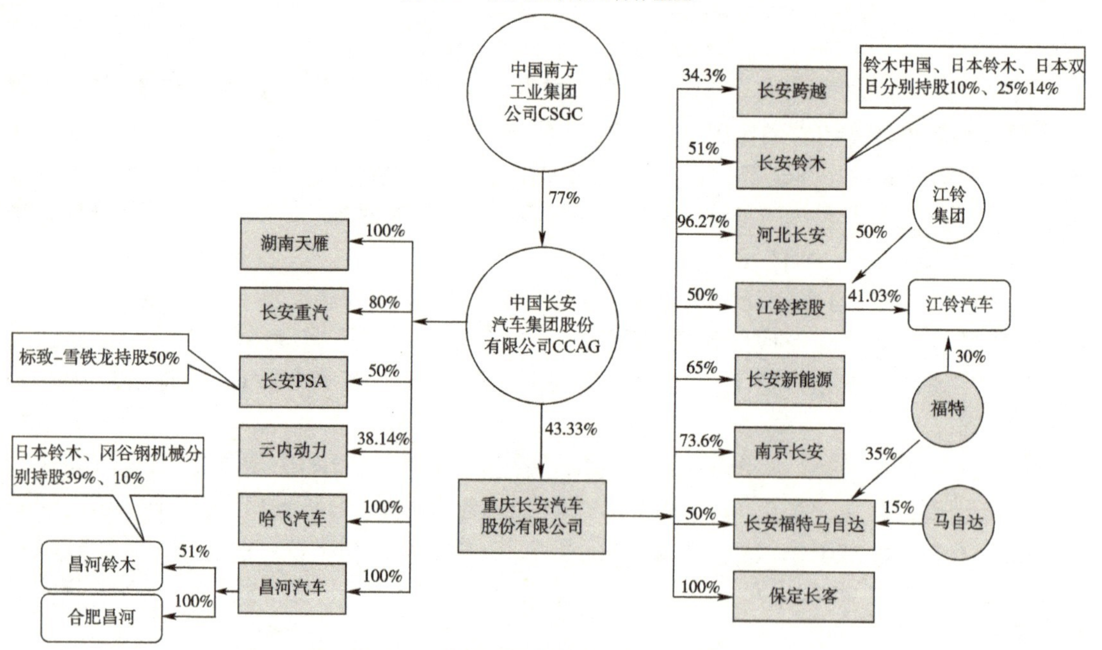

图1-23 长安汽车集团资本布局(2012年)

(5)北京汽车工业控股有限公司。北京汽车工业控股有限责任公司,简称北汽控股公司,也称北汽集团,是国有独资大型企业,资产总额365亿元。北汽控股公司是北京汽车工业的发展规划中心、资本运营中心、产品开发中心和人才中心,拥有整车制造、零部件制造、汽车服务贸易、研发、教育和投融资等企(事)业单位,整车制造有4家企业:北汽福田汽车股份有限公司、北京现代汽车有限公司、北京奔驰—戴姆勒·克莱斯勒汽车有限公司、北京汽车制造厂有限公司;零部件发展核心企业为北京海纳川汽车部件股份有限公司;服务贸

易核心企业为北京鹏龙汽车服务贸易有限公司；还拥有北京汽车研究总院有限公司、北京汽车资产经营管理有限公司、北京汽车投资公司和北京汽车工业高级技工学校。员工总数4万多人。

北汽控股公司积极推进与戴姆勒·克莱斯勒公司和韩国现代汽车集团的战略合作，引导支持北汽福田汽车股份有限公司、北京现代汽车有限公司、北京奔驰—戴姆勒·克莱斯勒公司（原北京吉普汽车有限公司）、北京汽车制造厂有限公司等汽车整车制造企业的发展，形成轿车、商用车、越野车“三大板块”格局。

北汽控股公司拥有“现代”、“奔驰”、“克莱斯勒”、“Jeep”、“三菱”等国际品牌和“北京”、“福田汽车”等自主开发的民族品牌，实现了国际品牌和民族品牌的完美结合。

北京汽车工业已有50多年的发展历史，立足于我国加入WTO后汽车工业新的发展，立足于参与国际竞争，通过调整、改革和战略重组，发挥整体优势和资产优势，建立新型的北京汽车工业产业，实现了新的发展，成为振兴北京现代制造业的主导产业。北京汽车集团资本布局如图1-24所示。

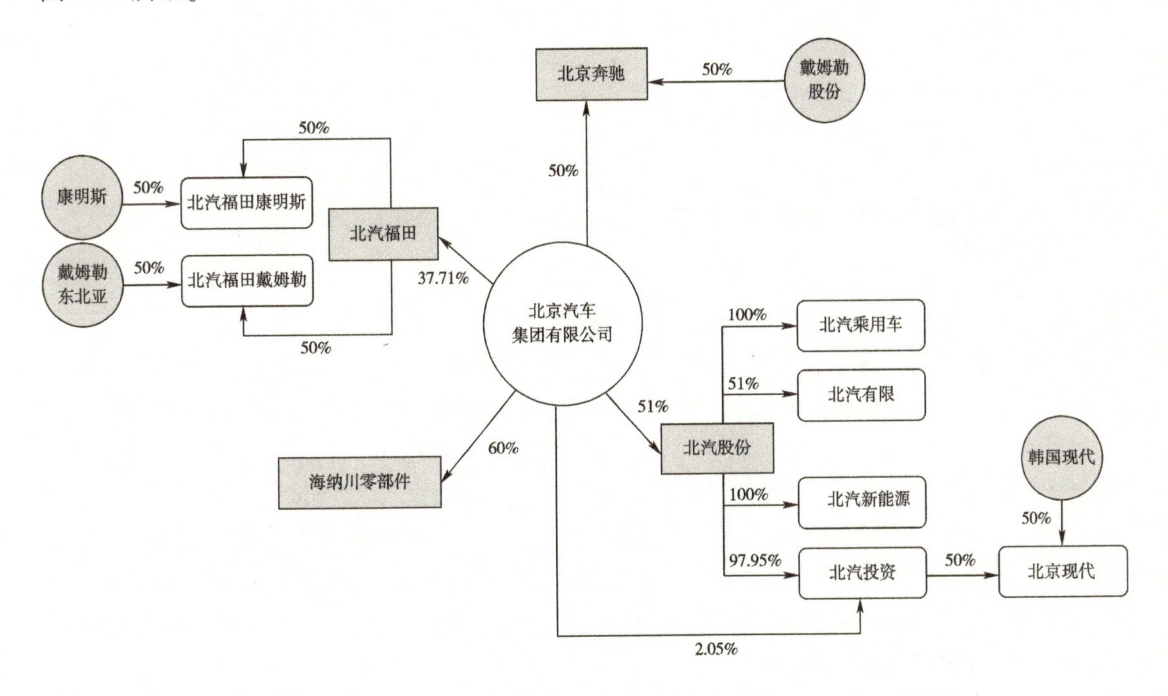

图1-24 北京汽车集团资本布局(2012年)

（6）广州汽车工业集团。广州汽车工业集团（以下简称广汽工业集团）成立于2000年6月8日，是广州市政府国有资产授权经营的企业集团，现有员工5万多人，主要业务包括面向国内外市场的汽车整车及零部件设计与制造，汽车销售与物流，汽车金融、保险及相关服务。

广汽工业集团经过10多年的发展，由一个地方性汽车企业迅速成长为一家涵盖乘用车、商用车、摩托车、零部件生产与销售，汽车研发、汽车金融、汽车保险、汽车物流、汽车租赁等完整产业链的大型汽车集团，形成了覆盖华南、辐射华中和长三角以及环渤海地区的产业格局，并在自主品牌、产品序列、资本运营、自主研发能力建设等领域实现了长足发展。目前集团旗下拥有广汽乘用车、广汽本田、广汽丰田、广汽三菱、广汽菲亚特、广汽吉奥、本田(中国)、广汽日野、广汽客车、五羊—本田、广汽部件、广汽丰田发动机、上海日野发动机、广汽商贸、同方环球、中隆投资、广爱保险、广汽汇理、众诚保险、广汽研究院等数十家知名企业(机构)。广州汽车集团资本布局如图1-25所示。

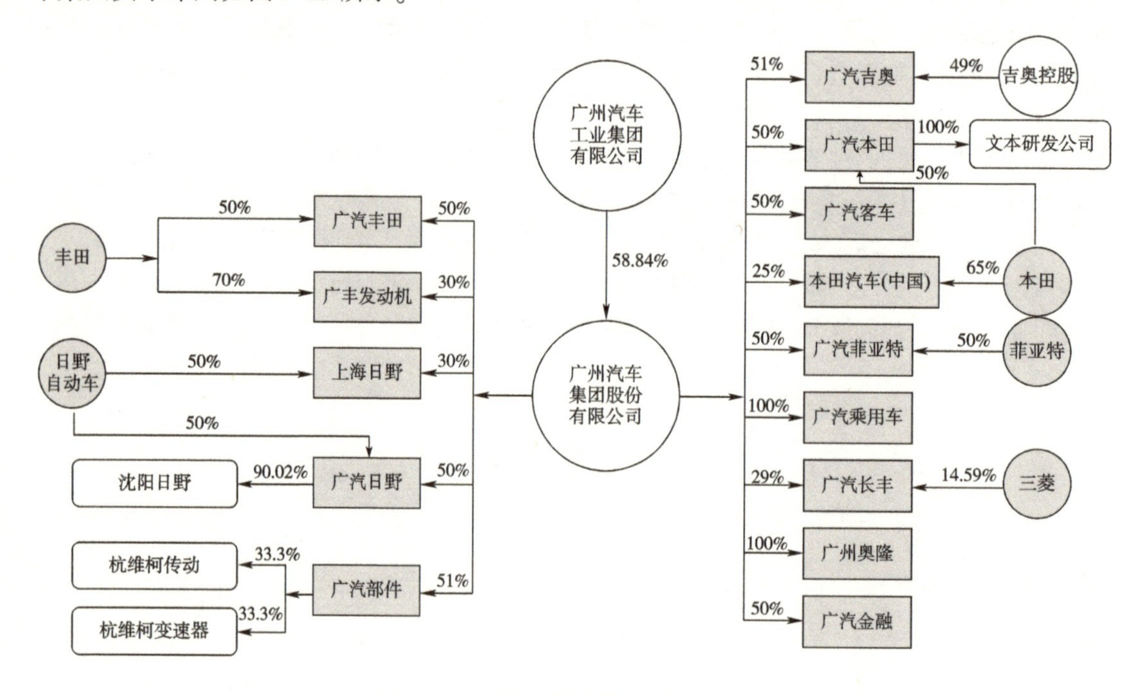

图1-25 广州汽车集团资本布局(2012年)

早在2007年,广汽工业集团就成为中国汽车行业中第4家实现工业总产值和销售收入双超千亿元的大型企业集团。2012年,广汽工业集团产销汽车70万辆、摩托车106万辆,实现工业总产值1374亿元、利税总额240亿元,在中国企业500强中排名第65位,工业经济效益综合指数排名行业第二,连续九年在广东省大型企业竞争力50强中蝉联第一。

在大力拓展合资事业的同时,广汽工业集团也致力于自主研发与自主品牌建设。广汽首款自主品牌轿车产品"传祺"于2010年12月20日上市,并作为广州2010年亚运会的接待用车,受到了海内外嘉宾的一致好评。2012年3月1日,广汽自主品牌SUV车型"传祺GS5"下线,丰富了广汽自主品牌的产品体系。

(7)奇瑞汽车股份有限公司。奇瑞汽车股份有限公司于1997年1月8日注册成立,现注册资本为36.8亿元。1999年12月18日第一辆奇瑞轿车下线;以2007年8月22日第100万辆汽车下线为标志,奇瑞实现了从"通过自主创新打造自主品牌"第一阶段向"通过开放创新打造自主国际名牌"第二阶段的转变,进入全面国际化的新时期。目前,奇瑞公司已具备年产45万辆整车、65万台发动机和40万套变速器的生产能力。

奇瑞公司旗下现有奇瑞、瑞麒、威麟、开瑞四个子品牌,产品覆盖乘用车、商用车、微型车领域。目前,奇瑞已有15个系列数十款车型投放市场,另有数十款储备车型将相继上市。奇瑞以"安全、节能、环保"为产品诉求,先后通过ISO 9001、德国莱茵公司ISO/TS16949等国际质量体系认证。多年来,以"零缺陷"为目标的奇瑞产品受到消费者青睐,2008年实现整车销售

35.6 万辆，出口汽车 13.57 万辆，连续 8 年蝉联中国自主品牌销量冠军，是中国最大的乘用车出口企业。

“自主创新”是奇瑞的动力之源，也是奇瑞奉行的“大技术”战略的核心。从创立之初，奇瑞就坚持自主创新，努力成为一个技术型企业。目前，奇瑞已建成以汽车工程研究总院、规划设计院、试验技术中心为依托，与奇瑞协作的关键零部件企业和供应商协同，和国内大专院校、科研所等进行产、学、研联合开发的研发体系，并拥有一支 6000 余人的研发团队，掌握了一批整车开发和关键零部件的核心技术。奇瑞还高度重视观念创新、管理创新，不断完善体制机制，激发企业的创新活力，吸引并留住了一大批技术和管理人才。

“全球化”是奇瑞孜孜不倦的追求目标。奇瑞从发展初期就注重开拓国际、国内两个市场，积极实施“走出去”战略，成为我国第一个将整车、CKD 散件、发动机以及整车制造技术和装备出口至国外的轿车企业。2006 年奇瑞被国家商务部、发改委联合认定为首批“国家汽车整车出口基地企业”。2007 年通过与美国量子等企业的合作，开启中国汽车工业跨国合作的新时代。目前，奇瑞正积极实施“大国际”战略，全面推进全球化布局，产品面向全球 70 余个国家和地区出口，已建或正在建的海外 15 个 CKD 工厂，将深度覆盖亚、欧、非、南美和北美五大洲的汽车市场。

在积极打造硬实力的同时，奇瑞还高度重视培育软实力。秉承“大营销”理念，奇瑞全面升级“品牌、品质、服务”三大平台，不断提升品牌形象和企业形象。

奇瑞凭借富有朝气的创新文化，实现了跨越式发展，受到了党和国家领导人的深切关怀和高度重视。奇瑞汽车将秉承“自主创新、世界一流、造福人类”的奋斗目标，继续保持艰苦奋斗的“小草房”精神，为实现成为“自主国际名牌”第二阶段目标而努力！

（8）比亚迪股份有限公司。“比亚迪”创立于 1995 年，是一家香港上市的高新技术民营企业。目前，比亚迪在全国范围内，已在广东、北京、陕西、上海等地共建有九大生产基地，总面积将近 700 万 m^2，并在美国、欧洲、日本、韩国、印度、台湾地区、香港地区等地设有分公司或办事处，现员工总数已超过 13 万人。

2003 年，比亚迪正式收购西安秦川汽车有限责任公司（现“比亚迪汽车有限公司”），进入汽车制造与销售领域，开始民族自主品牌汽车的发展征程。发展至今，比亚迪已建成西安、北京、深圳、上海四大汽车产业基地，在整车制造、模具研发、车型开发等方面都达到了国际领先水平，产业格局日渐完善并已迅速成长为中国最具创新的新锐品牌。汽车产品包括各种高、中、低端系列燃油轿车，以及汽车模具、汽车零部件、双模电动汽车及纯电动汽车等。代表车型包括 F3、F3R、F6、F0、G3、L3 等传统高品质燃油汽车，S8 运动型硬顶敞篷跑车、高端 SUV 车型 S6 和 MPV 车型 M6，以及领先全球的 F3DM 双模电动汽车和纯电动汽车 E6 等。

比亚迪汽车在上海建设有一流的研发中心，拥有 3000 多人的汽车研发队伍，每年获得国家研发专利超过 500 项。在西安建设有国际领先水平的轿车生产线，总产能达到 20 万辆。在深圳建成现代化汽车城，总产能将达到 30 万辆，并建成第二研发中心，将成为比亚迪汽车中高级汽车的生产基地。北京模具制造中心，业已形成专业化、规模化的模具产业格局，为世界知名汽车品牌制造整车模具。

3.3.3 自主品牌的发展

从 20 世纪 50 年代到 60 年代中国汽车工业的艰难起步，当时的自主品牌是大家所知的解放、红旗、上海等品牌。随着 80 年代的合资热潮，主要以合资品牌为主，如北京吉普、天津夏利、广州标致、上海大众等占据了中国乘用车市场。最为常见的就是桑塔纳、捷达、富康众所周知的“老三样”,由此诞生了中国人的轿车概念。2001 年 11 月 10 日,中国加入世贸组织。中国的自主品牌吉利、奇瑞、比亚迪、长城等得到了前所未有的发展。

通过合资引进技术生产,不仅推出了新产品,还培养了一大批优秀的企业人才,为后来的民营企业进入汽车领域打下坚实的基础。从 2010 年开始,按照国务院会议审议并通过汽车产业调整振兴规划,实施自主品牌开发战略。

按照形成过程,中国自主品牌可以分为三类:一是国内骨干汽车企业集团成立的自主品牌汽车子公司,如一汽轿车“红旗”、“奔腾”;上海汽车乘用车“上海”、“荣威”、北汽股份有限公司“北京汽车”;二是从一开始就选择自主创新模式的汽车企业,如奇瑞、吉利、比亚迪等;三是合资企业的自主品牌,如广汽本田的“理念”、东风日产的“启辰”以及上海通用五菱的“宝骏”等。目前来看,第一、二类自主品牌开发能力弱,新产品推出明显落后于国外大公司。而合资自主品牌产品一般定位较低,主要追求性价比,不可避免地和现有自主品牌形成竞争。中国自主品牌汽车产品尽管在市场上已经三分天下占其一,然而其可以凭借的国内市场和低成本的优势正在减弱。但是,自主品牌汽车适应本土化、国内政策支持和依托国内制造业整体实力的优势仍然存在,并且充分利用金融危机后全球汽车业重组的机会获取国际资源来充实壮大自己。2010 年吉利收购了福特控股的沃尔沃汽车,标志着中国资本向全球汽车产业反向融合的开始。众多合资品牌开始搞自主开发,生产出诸多新自主品牌汽车。具体见表 1-13 所示。

新自主品牌一览表

表 1-13

厂　商	品　牌	推出车型	价格定位(万元)
广汽乘用车	传祺	传祺 GS5	12.28 ~ 18.98 预计 12 ~ 18
广州本田	理念 Everus	理念 S1	6.98 ~ 9.98
上汽通用五菱	宝骏	宝骏 630	6.28 ~ 7.38
昌河铃木	派喜	派喜 SPLASH	5.49 ~ 6.19
东风日产	启辰 Venucia	启辰 D50	预计 7 ~ 9
北汽乘用车	北京汽车	BC301/C70G	预计 BC301 在 7 ~ 9 C70G 在 10 ~ 15
上海大众	天越 TANTUS	E – LaVida 朗逸电动汽车	预计 15 ~ 18
东风本田	思铭 CIIMO	基于第八代思域	预计 10 左右
北京现代	首望	首望纯电动	无
一汽大众	开利	新宝来电动	预计 15 ~ 18
长安马自达	暂无标识/名称	基于马自达 3 经典款	预计 7 ~ 10
东风悦达起亚	暂无标识/名称	无	无
广汽丰田	暂无标识/名称	基于第 6 代凯美瑞概念车	预计 15 以上
一汽丰田	暂无标识/名称	威驰 Vios 花冠 EX 平台	预计 6 和 8 分布
长安福特	独立名称/标识	基于福克斯	预计 8 左右
神龙公司	暂无标识/名称	瞄准海外市场	无
长安 PSA	暂无标识/名称	仅限国内市场销售	无
华晨宝马	暂无标识/名称	自主品牌和新能源车	无

国内自主品牌的发展模式可归结为整合创新、模仿创新以及借鸡生蛋三种模式；整合创新，通过并购、技术合作等形式整合国际、国内资源进行高起点地发展自主品牌。如上汽并购罗孚、奔腾 B70 使用马自达 6 的技术平台以及北汽收购萨博等。模仿创新。企业在起步阶段通过模仿以降低研发成本，从而通过价格优势迅速占领市场，在模仿学习中发展自己的品牌。代表企业为奇瑞、吉利、比亚迪等。“借鸡生蛋”即合资自主模式，合资企业为主体，利用成熟的车型平台来创建新的品牌车型，如东风日产的启辰品牌、广汽本田的理念品牌等。国产自主品牌的全国分布图如图 1-26 所示。

图 1-26　中国自主品牌的分布

自主品牌的车型多集中在低端市场，价格普遍分布在 10 万元以下，且受到部分合资品牌车型及合资自主品牌车型的价格持续下探的影响，自主品牌价格竞争压力持续增加。但以上海荣威、一汽奔腾为代表的中高端自主品牌车型价格已能够突破固有的中低端市场，并且形成一定的销量，这几年自主品牌已开始迪入 A + 级和 B 级市场。

自主品牌欲实现向上突破，需实现“高端切入”的市场战略和“高品质”的产品策略，但同需要关注产品可持续发展的风险。改变以往自主品牌普遍实施的“低质低价”策略，而实施产品的高品质策略，从而实现企业的长进发展和品牌档次的提升；一汽、上汽为代表的国企普遍通过“整合创新”的途径尝试实施产品的高品质战略。优势“高举高打”策略，一开始便树立高品质品牌的形象；风险普遍通过资源整合的策略，本身研发能力不足，如何解决产品后续发展的问题，以使得高品质的策略得以延续。无论是国企还是民营企业，均普遍存在可持续性的风险问题。

另一方面，长安、奇瑞、比亚迪在近两年都推出了具有颠覆性的全新产品，逸动的全球开发、艾瑞泽 7 的全新设计、思锐的过剩科技配置，都显示出自主品牌产品的巨 大进步。但自主品牌们的主题依旧还打拼在“售价突破 10 万元大关”、“打破 15 万元天花板”的道路上。当长

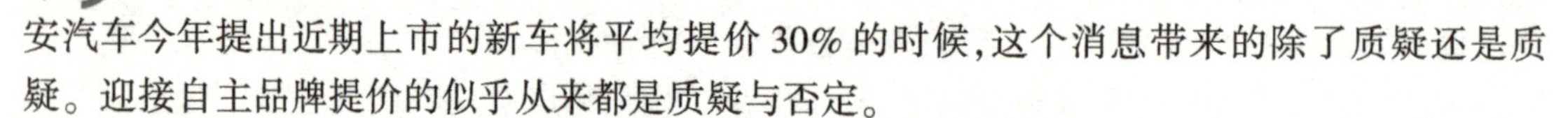

安汽车今年提出近期上市的新车将平均提价30%的时候,这个消息带来的除了质疑还是质疑。迎接自主品牌提价的似乎从来都是质疑与否定。

支撑提价,吉利汽车在2007年停产了“老三样”,“新三样”:远景、金刚和自由舰在全套进口生产设备的武装下诞生,并于2008年上市,完成了吉利品牌形象的第一次蜕变。但新三样的诞生还不足以完成品牌形象的彻底扭转,于是李书福在梳理了车型之后,祭出了多品牌战略。将吉利上升到集团高度,分离出三个不同形象与定位的品牌——帝豪、全球鹰和上海英伦。后来的结果显而易见,现在的帝豪还奋战在“打破15万元天花板”的道路之上,当年的新三样早已被人遗忘。

比亚迪恐怕是自主品牌中争议最多的品牌之一。F0为比亚迪带来的销量神话,也留下了品牌定位的硬伤。哪怕王传福确实赢得了铁电池的技术押宝,比亚迪的新能源汽车技术确实拥有不少世界级技术,但挂着“BYD”标志的新能源车还是被一些消费者误认为是“山寨货”,比不上丰田的普锐斯。哪怕比亚迪蓄力已久的思锐带着武装到牙齿的科技配置登场,它也没敢给自己定一个略高的售价。

据盖世汽车研究院统计,2012年自主品牌乘用车(不含微客)销量排名前十位的企业集团见表1-14。

2012年自主品牌乘用车(不含微客)销量排名 表1-14

排　名	生产厂家	产量(万辆)	排　名	生产厂家	产量(万辆)
1	奇瑞汽车	53.68	6	长安集团	24.03
2	吉利汽车	49.14	7	东风集团	22.41
3	长城汽车	48.74	8	江淮集团	20.08
4	比亚迪	45.61	9	上汽集团	20.00
5	一汽集团	30.52	10	华晨集团	16.91

在前十位企业集团中有七家的销量保持增长,其中东风集团和长城汽车分别同比大幅增长39.1%和33.5%。

3.3.4 中国第一车

从1953年到2013,中国汽车工业已走过60年。60年春华秋实,60年历史变迁。中国汽车工业从无到有,由小到大。从生产货车到生产高级轿车,从单一的自主品牌到合资品牌,再到自主品牌的全面崛起和升级。如今,中国超越美、日成为全球最大新车消费市场。今天,我们站在历史的门槛回望,中国汽车工业真正实现了历史性的跨越,从自行车王国到汽车社会,中国正以超越想象力的速度成为“车轮上的国家”。纵观60年“第一车”的诞生,就可以了解中国汽车的发展。中国第一车见表1-15。

中国“第一车” 表1-15

第一车名称	年份	汽车厂家	类　型
第一辆试制轿车	1951	天津汽车制配厂	天津轿车
第一辆载货汽车	1956	长春第一汽车制造厂	解放CA10型载货汽车
第一代无轨电车	1956	北京市无轨电车制配厂	“京一型”BK540型无轨电车
第一辆客车	1957	上海客车厂	上海57型客车

续上表

第一车名称	年份	汽车厂家	类型
第一辆轿车	1958	长春第一汽车制造厂	东风 CA71 型轿车
第一辆轻型载货车	1958	南京汽车制配厂	跃进 NJ130 轻型载货汽车
第一代军用越野车	1958	重庆长安汽车厂	长江 46 型越野车
第一种批量装备部队的国产越野车	1959	长春第一汽车制造厂	解放 CA30 越野车
第一辆国产高级轿车	1959	长春第一汽车制造厂	红旗 CA72 型高级轿车
第一辆国产重型载货汽车	1960	济南汽车制造总厂	黄河 JN150 型载货汽车
第一款国产公务用车	1964	上海汽车制造厂	上海 SH760 型凤凰牌轿车
第一代吉普车	1965	北京汽车制造厂	北京 BJ212 吉普车
第一辆两厢“国民车”	1988	天津汽车制造厂	夏利 TJ7100 型轿车
第一辆国产轻型客车	1992	金杯客车制造厂	金杯海狮客车
第一辆纯电动概念轿车	1997	东风汽车公司	东风 EV 电动车
第一款拥有自主知识产权的微面	1999	哈飞汽车制造厂	哈飞中意厢式车
第一款中国人设计概念车	1999	泛亚汽车技术中心	泛亚麒麟概念车
第一辆民族自主品牌跑车	2001	吉利汽车制造厂	吉利美人豹
第一款合资生产轿车	1985	上海汽车制造厂	上海桑塔纳
保有量第一的出租车	1991	一汽大众轿车	捷达
第一款 10 万元以内的合资车	2000	上海通用汽车	通用雪佛兰赛欧
第一款与世界同步生产的汽车	2002	上海大众汽车	上海大众 POLO
累计销量第一的 B 级车	2000	上海大众汽车	上海大众帕萨特
第一款在中国垂直换代的合资车型	1998	广州本田汽车	广州本田雅阁
国内两厢车的最大受益者	2006	长安福特汽车	长安福特福克斯
最爱加价车型代表	2012	东风本田汽车有限公司	东风本田 CRV
将商务车新概念引入中国的首款 MPV 车型	2000	上海通用汽车	上海通用别克 GL8
保值率最高的合资韩国车	2003	北京现代汽车有限公司	北京现代伊兰特
第一款合资微型轿车	1995	重庆长安铃木汽车有限公司	长安铃木奥拓
第一款退市的合资品牌车	1989	广州标致汽车公司	标致 505
第一辆合资生产两厢家用轿车	1992	神龙汽车有限公司	神龙富康
第一款召回国产轿车	2003	一汽马自达汽车销售有限公司	一汽马自达 6
第一款中外合资生产越野车	1985	北京吉普汽车有限公司	北京吉普切诺基
第一款自主开发的载货汽车	1962	长春第一汽车制造厂	解放 CA140 型载货汽车
最早批量产发动机后置客车	1983	江西博能上饶客车有限公司	上饶 SR665H 客车
第一辆买进平台国产中高级轿车	1989	长春一汽第二轿车	一汽奥迪 100 轿车
第一种引进技术开发的中高级轿车	1988	一汽轿车股份有限公司	红旗世纪星
第一辆由民营企业制造的轿车	1998	浙江吉利控股集团	吉利豪情
第一款为年轻人打造的轿车	1993	奇瑞汽车股份有限公司	奇瑞 QQ

续上表

第一车名称	年份	汽车厂家	类型
第一辆量产的纯电动轿车	2013	比亚迪汽车销售有限公司	比亚迪 E6
第一辆买回来的自主品牌	2006	上海汽车集团股份有限公司	荣威 750
第一款达到国际水准的自主品牌载货汽车	2007	一汽解放汽车有限公司	解放 J6 重型载货汽车
第一款高收益、低购价、低使用成本大客车	2013	郑州宇通客车股份有限公司	宇通客车 ZK6118H
单一车型全世界销量第一的微车	2003	上汽通用五菱汽车股份有限公司	五菱之光
自主品牌运动操控新标杆	2006	奇瑞汽车股份有限公司	奇瑞 A3
第一个独立 SUV 品牌	2013	长城汽车股份有限公司	长城哈弗
第一款欧洲高性能底盘全新开发的国产 SUV	2012	广州汽车集团乘用车有限公司	广州传祺 GS5
三方合资自主品牌第一车	2010	上汽通用五菱汽车股份有限公司	上海通用五菱宝骏 630

相关链接

利用因特网等信息资源举办一次以“汽车发展”或“汽车史话”为主题的个性演讲。

1. 熟练使用因特网,获取相关信息;
2. 加工整理相关信息,进行个性演讲。

思考、练习与动手

一、选择题

1. 汽车是由发动机、底盘、车身及其附件和________四部分组成,专用汽车还有其他专用设备。

A. 电气设备　　B. 制动系　　C. 起动系　　D. 蓄电池

2. 按照德国汽车分级标准,分为 A 级车包括 A、A0、A00 级车;B 级车;C 级车和 D 级车。其中 B 级车指的则是________。

A. 小型轿车　　B. 中档轿车　　C. 高档轿车　　D. 豪华轿车

3. 1956 年 7 月,我国国产第一辆“________”牌 4t 载货汽车在第一汽车制造厂诞生。

A. 东风　　B. 解放　　C. 红旗　　D. 跃进

4. ________公司开创了汽车制造“精益生产方式”,用精益求精的态度和科学的方法来控制和管理汽车的设计开发、工程技术、采购、制造、储运、销售和售后服务的每一个环节,从而达到以最小的投入创造出最大的价值的目的。

A. 韩国现代　　B. 日本丰田　　C. 日本本田　　D. 韩国起亚

5. 汽车底盘由________、行驶系、转向系和制动系四部分组成。

A. 冷却系　　B. 传动系　　C. 起动系　　D. 润滑系

6. DC7140 汽车是指________。

A. 神龙富康皮卡　　B. 神龙富康轿车　　C. 东南轿车　　D. 东风小王子轿车

7. “VIN 车辆识别代号编码”由一组字母和阿拉伯数字组成,共________位,又称________位识别代号编码。

A. 7　　B. 17　　C. 11　　D. 21

8. VIN 车辆识别代号编码分为三部分：世界制造厂识别代号________、车辆说明部分 VDS、车辆指示部分 VIS。

A. MIN　　B. VIS　　C. WMI　　D. VIN

二、判断题

1. (　　)目前越来越多的乘用车采用发动机前置前轮驱动这种结构形式。

2. (　　)现在大、中型客车常采用发动机后置后轮驱动的布置形式。

3. (　　)四轮载客机动车辆为 N 类车辆。

4. (　　)四轮载货机动车辆为 M 类车辆。

5. (　　)1675 年，英国人詹姆斯·瓦特(James Watt)研制出世界上第一台真正意义上的动力机械——蒸汽发动机。

6. (　　)戈特利布·戴姆勒制造的是四轮汽车，卡尔·本茨(Karl Benz)发明了三轮汽车，他们二人都被世人尊称为“汽车之父”。

7. (　　)世界汽车诞生日是 1886 年 1 月 29 日。

8. (　　)戴姆勒和本茨所发明的汽车都采用柴油机。

9. (　　)1895 年，法国的米其林兄弟制造出了用于汽车的充气轮胎。

10. (　　)1942 年，为了战时的需要，德国修筑了符合现代标准的高速公路。

11. (　　)汽车工业通常指发动机、底盘、车身等各种零部件设计与制造、营销等所涉及的企业和企业活动。

12. (　　)通用汽车公司生产的汽车，典型地表现了美国汽车豪华、宽大、内部舒适、速度快、储备功率大等特点。

13. (　　)大众汽车公司是德国最大、也是最年轻的汽车制造商，创始人是著名的汽车设计师弗迪南德·波尔舍，它以生产大众型小轿车和轻型货运车而著称于世。

14. (　　)按照目前我国汽车产品型号的编制方法，我国汽车的型号标识一般就印在汽车的尾部或者在汽车的侧面。

三、填空题

1. 电动汽车指以车载电源为动力，用电机驱动车轮行驶，符合道路交通、安全法规各项要求的车辆。包括：________、________、________。

2. 目前一汽大众汽车有限公司主要生产________、________、________、________、________等车型。

3. 1908 年，福特开发了举世闻名的________，并首创了汽车大规模________方式，极大地提高了生产效率。

4. 我国的四大汽车集团公司是指________、________、________和________。

5. 2002 年，德国________汽车公司和我国________汽车公司合资生产宝来汽车。

6. SQR7160 是指________汽车公司生产的________为 1.6L 的乘用车；XMQ6127 是厦门金龙联合汽车工业有限公司生产的车辆长度为________的大客车。

7. 汽车按用途分为________和________两大类。

8. VIN 车辆识别代号编码，美国规定应安装在仪表板________，在车外透过风窗玻璃可以清楚地看到而便于检查,而EEC规定识别代码编码应安装在汽车________的底盘车架上或标写在厂家铭牌上等。

9. 由国内骨干汽车企业集团成立的自主品牌汽车子公司,有一汽轿车"红旗"、"________";上海汽车乘用车"上海"、"________"。

10. 2010年吉利收购了福特控股的________,标志着中国资本向全球汽车产业反向融合的开始。

四、思考与动手

1. 做一份自主品牌汽车价格与性能的说明报告。

2. 了解目前市面上SUV汽车的类型性能对比报告。

参考答案

一、选择题

1. A　2. B　3. B　4. B　5. B　6. B　7. B　8. C

二、判断题

1. ✓　2. ✓　3. ×　4. ×　5. ✓　6. ✓　7. ✓　8. ×　9. ✓　10. ✓
11. ✓　12. ✓　13. ✓　14. ×

三、填空题

1. 纯电动汽车　混合动力汽车　燃料电池电动汽车

2. 高尔夫　高尔夫GTI　捷达　迈腾　速腾

3. T型车　生产流水线

4. 上汽集团　一汽集团　东风汽车　长安汽车

5. 大众　第一

6. 上汽奇瑞　排量　12m

7. 乘用车　商用车

8. 左侧　右侧

9. 奔腾　荣威

10. 尔沃汽车

四、思考与动手

答案省略

单元二　汽车的动力源

学习目标

知识目标

1. 简单叙述发动机工作原理及其性能指标；
2. 正确描述发动机各部分结构及其作用；
3. 简单叙述汽油机燃料供给系及LPG、CNG等其他燃料系统的组成；
4. 简单叙述汽油喷射系统发展历史和类型，正确描述电子控制汽油喷射系统的原理；
5. 正确描述电子点火系的组成、构造与功用；
6. 简单叙述发动机冷却系和润滑系的功用，正确描述冷却系和润滑系的组成与工作原理；
7. 简单叙述进排气系统组成和构造；
8. 简单描述排放控制装置的作用与简单原理。

能力目标

1. 会分析汽油喷射技术的优势；
2. 会正确使用发动机拆装工具；
3. 会做发动机构造认识性拆装。

发动机是汽车的心脏，为汽车的运行提供动力。目前，绝大多数汽车是使用内燃机提供动力，它是利用汽油或柴油的燃烧产生的热能，然后再把热能转变为机械能。随着石油资源的剩余储量日益减少和环境的不断恶化，人类正在积极发展汽车清洁代用燃料，比如液化石油气、天然气、氢气、二甲醚和生物燃料等，并把电动汽车作为21世纪汽车工业改造和发展的主要方向。

1　发动机本体

1.1　发动机工作原理

汽车发动机主要使用内燃机。内燃机是将燃料引入汽缸内，利用燃料和空气在汽缸内燃烧，产生高温高压气体急剧膨胀对外做功，推动活塞运动。根据其将热能转变为机械能的主要构件的形式，车用内燃机可分为活塞式内燃机和内燃气轮机两大类。前者又可按活塞运动方式分为往复活塞式和旋转活塞式两种。往复活塞式内燃机在汽车上应用最为广泛。

汽车发动机内每一次将热能转化为机械能，都必须经过空气吸入、压缩和输入燃料，使之着火燃烧而膨胀做功，然后将生成的废气排出这样一系列连续过程，这称为发动机的一个工作循环。对于往复活塞式发动机，可以根据每一工作循环所需活塞行程数来分类。凡活塞往复

四个单程完成一个工作循环的称为四冲程发动机。

下面简单介绍四冲程发动机工作原理。图2-1为发动机工作示意图。活塞顶离曲轴中心最远处,即活塞最高位置,称为上止点。活塞顶部离曲轴中心最近处,即活塞最低位置,称为下止点。上、下止点间的距离称为活塞行程,曲轴与连杆下端的连接中心至曲轴中心的距离为曲柄半径。活塞每走一个行程相应于曲轴转角180°。对于汽缸中心线通过曲轴中心线的发动机,活塞行程等于曲柄半径 R 的2倍。

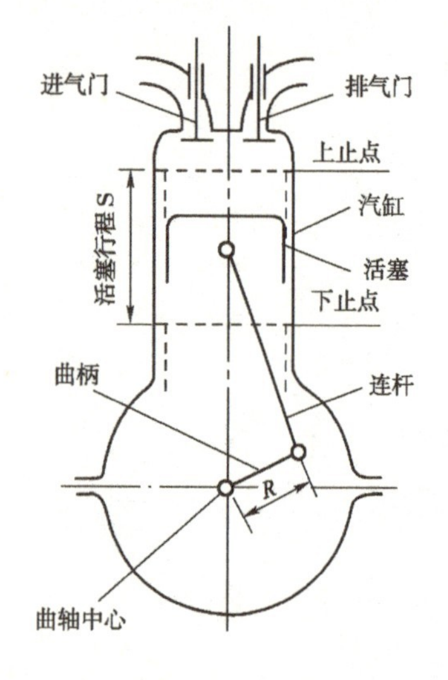

图2-1 发动机工作示意图

活塞从上止点到下止点所扫过的容积称为汽缸工作容积或汽缸排量,可用符号 V_h 表示。多缸发动机各汽缸工作容积的总和,称为发动机工作容积或发动机排量,用符号 V_L 表示。

四冲程发动机的工作循环包括四个活塞行程,即进气行程、压缩行程,做功行程和排气行程。

(1)进气行程。在这个过程中,发动机的进气门开启,排气门关闭。随着活塞从上止点向下止点移动,活塞上方的汽缸容积增大,从而使汽缸内的压力降到大气压力以下,即在汽缸内造成真空吸力,这样空气便经由进气管道,与喷油器喷出雾化的汽油充分混合经进气门被吸入汽缸。

(2)压缩行程。为使吸入汽缸的可燃混合气能迅速燃烧,以产生较大的压力,从而使发动机发出较大功率,必须在燃烧前将可燃混合气压缩,使其容积缩小、密度加大、温度升高,即需要有压缩过程。在这个过程中,进、排气门全部关闭,曲轴推动活塞由下止点向上止点移动。

(3)做功行程。在这个过程中,进、排气门仍旧关闭。当活塞接近上止点时,装在汽缸盖上的火花塞发出电火花,点燃被压缩的可燃混合气,可燃混合气燃烧后,放出大量的热能,推动活塞从上止点向下止点运动,通过连杆使曲轴旋转并输出机械能。

(4)排气行程。此时,排气门打开将可燃混合气燃烧后生成的废气从汽缸中排除,以便进行下一个进气行程。

综上所述,四冲程汽油发动机经过进气、压缩,燃烧做功和排气四个行程,完成一个工作循环。这期间活塞在上下止点之间往复移动了四个行程,相应地曲轴旋转了两周。

一般而言,评价发动机主要性能的指标有动力性指标(有效转矩、有效功率等)和经济性指标(燃油消耗率)。

有效转矩是指发动机通过飞轮对外输出的转矩。有效转矩与外界施加于发动机曲轴上的阻力矩相平衡,故有效转矩越大,克服外界阻力的能力就越大。

有效功率是指发动机通过飞轮对外输出的功率,它等于有效转矩与曲轴角速度的乘积。汽车发动机产品铭牌上标明的功率及相应转速称为额定功率和额定转速。

燃油消耗率是指发动机每发出1kW有效功率,在1h内所消耗的燃油质量。很明显,燃油消耗率越低,经济性越好。

1.2 发动机总体构造

一般发动机均有“两个机构”和“四个系统”,两个机构是指曲柄连杆机构和配气机构;四个系统是指供给系统、润滑系统、冷却系统和起动系统。汽油机还有一个点火系统,所以汽油

机是“两个机构、五个系统”，柴油机是“两个机构、四个系统”。

1.2.1　曲柄连杆机构

曲柄连杆机构是发动机实现工作循环，完成能量转换的主要运动零件。它由机体组、活塞连杆组和曲轴飞轮组等组成。其中，机体组是发动机两个机构、各系统的装配基体，其本身又是许多系统的组成部分。在做功行程中，活塞承受燃气压力在汽缸内做直线运动，通过连杆转换成曲轴的旋转运动，并从曲轴对外输出动力。而在进气、压缩和排气行程中，飞轮释放能量又把曲轴的旋转运动转化成活塞的直线运动。图 2-2 是曲柄连杆机构的外观图。

1.2.2　配气机构

配气机构的功用是根据发动机的工作顺序和工作过程，定时开启和关闭进气门和排气门，使可燃混合气或空气进入汽缸，并使废气从汽缸内排出，实现换气过程。配气机构大多采用顶置气门式配气机构，一般由气门组、气门传动组组成。图 2-3 是配气机构的外观图。

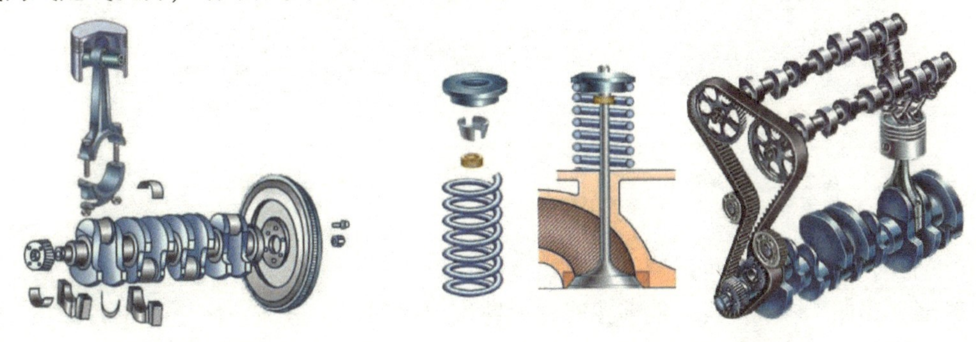

图 2-2　曲柄连杆机构　　图 2-3　配气机构

1.2.3　供给系统

如图 2-4 所示，汽油机供给系统的功用是根据发动机的要求，配制出一定数量和浓度的混合气，供入汽缸，并将燃烧后的废气从汽缸内排出到大气中去；柴油机供给系统的功用是把柴油和空气分别供入汽缸，在燃烧室内形成混合气并燃烧，最后将燃烧后的废气排出。图 2-5 为柴油油机供给系统的示意图。

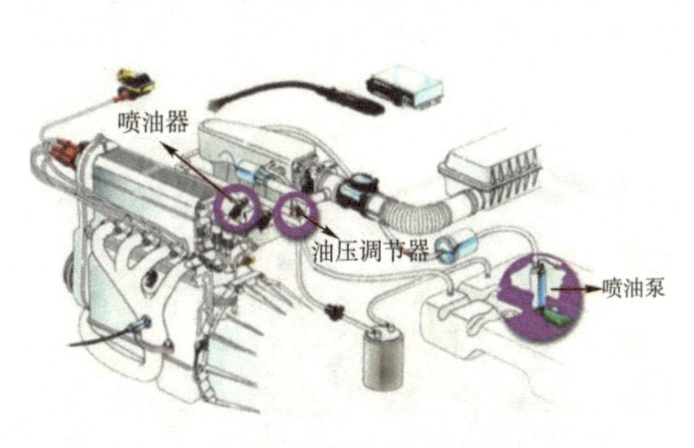

图 2-4　汽油机供给系统

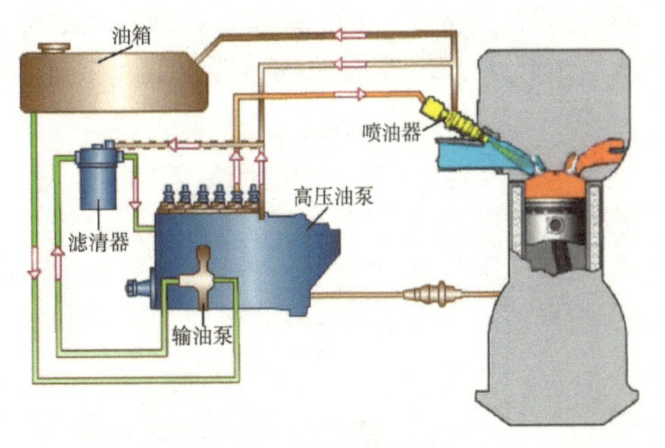

图 2-5　柴油机供给系统

1.2.4　润滑系统

润滑系统的功用是向运动副接触表面输送定量的清洁润滑油，以实现液体摩擦，减小摩擦阻力，减轻机件的磨损。并对零件表面进行清洗和冷却。润滑系统通常由润滑油道、机油泵、机油滤清器和一些阀门等零件组成。图 2-6 是润滑系统的外观图。

1.2.5 冷却系统

冷却系统的功用是将受热零件吸收的部分热量及时散发出去,保证发动机在最适宜的温度状态下工作。水冷发动机的冷却系统通常由冷却水套、水泵、风扇、散热器、节温器等组成。图 2-7 是冷却系统的外观图。

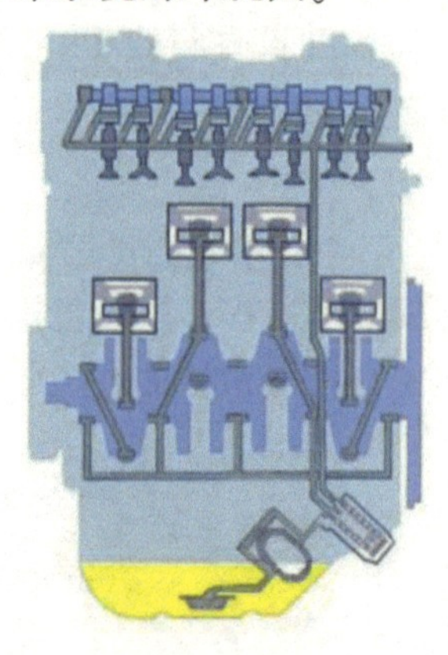

图 2-6 润滑系统

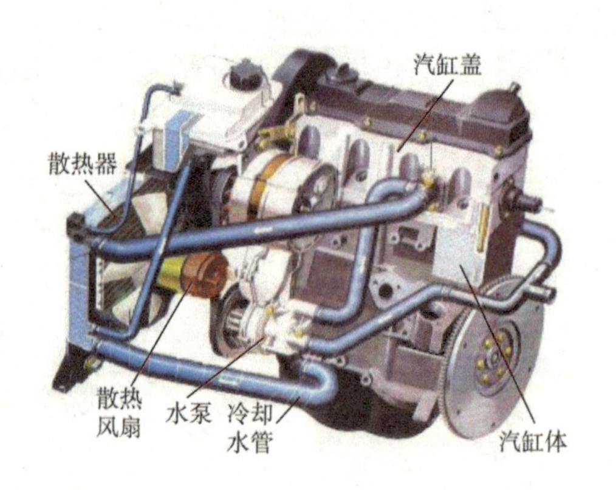

图 2-7 冷却系统

1.2.6 汽油机点火系统

在汽油机中,汽缸内的可燃混合气是靠电火花点燃的,为此在汽油机的汽缸盖上装有火花塞,火花塞头部伸入燃烧室内。能够按时在火花塞电极间产生电火花的全部设备称为点火系统,点火系统通常由传感器、ECU、点火控制模块、点火线圈和火花塞等组成。图 2-8 是电控点火系统的示意图。

1.2.7 起动系统

要使发动机由静止状态过渡到工作状态,必须先用外力转动发动机的曲轴,使活塞作往复运动,汽缸内的可燃混合气燃烧膨胀做功,推动活塞向下运动使曲轴旋转。发动机才能自行运转,工作循环才能自动进行。因此,曲轴在外力作用下开始转动到发动机开始自动地怠速运转的全过程,称为发动机的起动。完成起动过程所需的装置,称为发动机的起动系统。起动系统通常由起动电机、离合机构等部分组成。图 2-9 是起动系统的外观图。

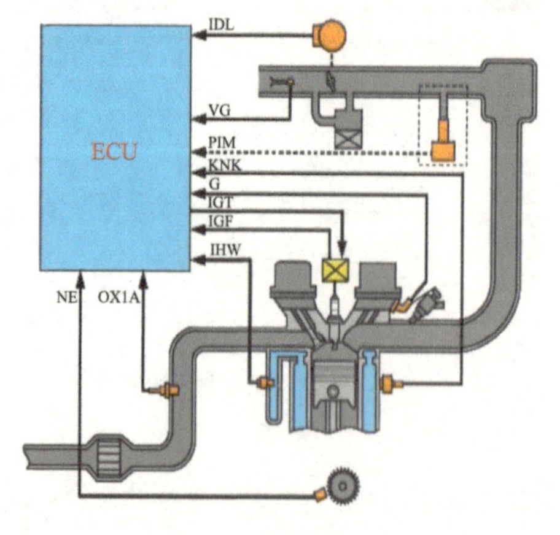

图 2-8 电控点火系统

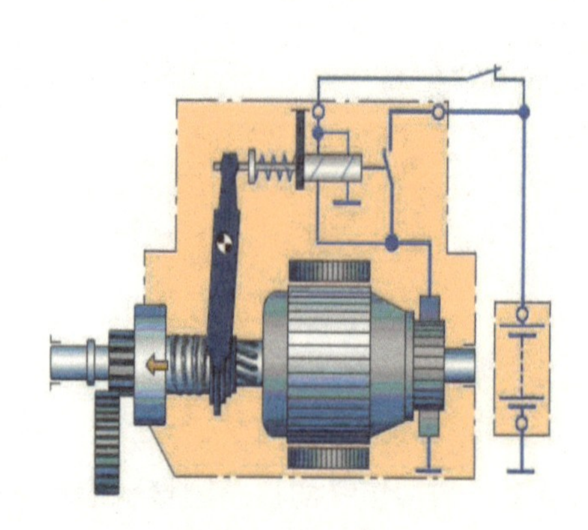

图 2-9 起动系统

2 汽油机燃料供给系统

2.1 燃料与燃烧

汽油机所用的燃料主要是汽油。汽油是由石油提炼而得的密度小又易于挥发的液体燃料。汽油由多种碳氢化合物组成,其基本成分是85%的碳和15%的氢。

汽油的使用性能指标主要是蒸发性、热值和抗爆性。它们对发动机性能有很大的影响。在发动机中,汽油只有先从液态蒸发成蒸汽,并与一定比例的空气混合成为可燃混合气后,才能在汽缸中燃烧。对于高速发动机,形成可燃混合气过程的时间很短,一般只有百分之几秒,因此,汽油蒸发性的好坏,即容易蒸发的程度对于所形成的混合气质量有很大的影响。

燃料的热值是指1kg燃料完全燃烧后所产生的热量。汽油的热值约为44000kJ/kg。汽油的抗爆性是指汽油在发动机汽缸中燃烧时,避免产生爆燃的能力,是汽油的一项主要性能指标。爆燃是汽油机的一种异常燃烧现象,它会引起发动机过热,排气冒烟,油耗增大,功率下降等不良后果。发动机选用抗爆性较好的汽油,就可能采用较高的压缩比而不至于发生爆燃。汽油抗爆性的好坏程度一般用辛烷值表示,辛烷值愈高,抗爆性愈好。

2.2 汽油喷射系统

2.2.1 发展历史

早在20世纪30年代汽油喷射系统就已在航空发动机的研发中被作为研究对象,经过10多年的深入研发,1945年第二次世界大战结束喷射系统开始应用于军用战斗机上。尽管汽油喷射技术有诸多优势,但由于其生产受当时社会生产力、生产工艺、技术的制约,其制造成本非常高,因此汽车用汽油喷射装置最初只能应用在数量很少的赛车上,它能满足赛车所要求的大发动机输出功率和灵敏的油门响应性能。

汽油喷射应用于民用批量生产的轿车发动机上,是在1950~1953年高利阿特(Goliath)与哥特勃罗特(Gutorod)两公司首先在2缸2冲程发动机上安装了汽油喷射(缸内喷射)装置。1957年奔驰公司又在4冲程发动机上采用了它。

1958年,奔驰公司在200SE上首次采用在进气歧管上安装喷油嘴,燃油分组进行喷射。在此喷射中,安装有能调节的启动阀和控制暖车加温时间的自动控制开关,在起动、暖车工况下能适当增加燃油喷射量,增大空燃比,同时对进气温度高低、行驶环境大气压力的变化,在空燃比补偿控制中根据变化,做较精确地控制。正是这种有部分电子元件感应参与,有初步简单电子控制的汽油喷射方式为现在的EFI电子燃油控制奠定了功能基础。

随着汽车工业的飞速发展,汽车的尾气排放带来的空气污染日益严重,西方各国都制定了严格的汽车排放法规法案。同时受能源危机的冲击以及电子技术、计算机等的飞速发展。促进了电子控制汽油喷射发动机的诞生。1953年美国奔第克斯(Bendix)首先开发了电子喷射器(Electrojector),1957年正式问世。

在美国第克斯发表喷射器后,经过10年时间,到1967年德国罗伯特—博世公司在购买美国奔第克斯专利的基础上。推出了速度密度型的D-Jetronic电控汽油喷射装置并在各大汽车公司得到应用。电子控制汽油喷射得到了较大发展。D-Jetronic 汽油喷射装置已经具有现代电子汽油喷射的全部要素,是现代电子汽油喷射的先驱。博世公司在发表 D-Jetronic 后的 6 年。即 1973 年又开发了质量流程(mass flow)L-Jetronic 电子控制非连续喷射。前者采用进气歧管压力作为控制喷油量的参数。在汽车工况急剧变化时控制效果不佳,后者则是利用空气流量计测量进气流量。并转化为电信号输给发动机电脑,未达到精密控制喷油量,降低排放污染的目的。

1981 年,博世又发表了 LH-Jetronic 电控燃油喷射系统,在控制能力上增加了一些更精确的细节,进一步改进了发动机各方面的性能。LH 系统最大的特点是采用了热线式空气流量计,其中“H”是英文“HOT”热线的第一个字母,热线式空气流量计直接测量过气质量,其体积小,进气阻力小。因此能更精确的控制空燃比。提高发动机的动力性和经济性改善发动机排放。

在博世公司极力研发燃油喷射的同时世界上其他的汽车生产商在此领域也进行了艰辛的研究。1971 年丰田公司开发了它的 EFI(Electronic Fuel Injection)电子控制汽油喷射系统。EFI 控制电脑分为两类型:一种是根据电容器充电和放电所需的时间来控制喷射正时的模拟型;另一种是微机控制型。它利用存储器中的数据来决定喷射正时,于 1981 年开始装备于汽车上。

由于微机的运用,以及微机计算、储存、分析、学习等功能的发展,可进行复杂的逻辑、智能控制计算,对发动机运转速度和进气流量及其他工况的变化能作出敏捷的反应,使微机控制型汽油喷射渐渐成为主要的喷射方式,同时在柴油喷射方式中也得到了充足的发展。纵观现在的汽油喷射汽车,已经集高科技、高精密度于一身。其所控制的废气排放,如 CO、HC 在用废气仪测量时达到了 0.00 数量级的水平,几近“零排放”。

2.2.2 电控汽油喷射系统

发动机要达到最佳的动力性、经济性、排放性指标,必须精确地控制好空燃比。而空燃比是随发动机工况的改变而变化的,这种变化关系很复杂。电控汽油喷射系统,尤其是采用氧传感器的电控汽油喷射系统可以使发动机在任何一个工况下都达到最佳的空燃比,从而达到节油、降低排污和提高动力性的目的。电控汽油喷射系统之所以具有良好的性能首先是因为它使用于微型计算机对发动机进行管理,其电控单元(ECU)是整个系统的核心。

ECU 一方面接收来自传感器的信号;另一方面完成对信息的处理工作,同时发出相应的控制指令来控制执行元件的正确动作。ECU 接收的信息主要有发动机转速、空气流量、节气门位置、进气温度、冷却液温度、曲轴位置、负荷和氧传感器信息等。

传感器是电控汽油喷射系统的“触角”,是感知信息的部件,它负责向电控单元提供汽车的运行状况和发动机的工况。传感器主要有空气流量传感器(空气流量计)、节气门位置传感器(节气门开关)、氧传感器(测定空燃比)、爆震传感器、曲轴转角传感器、发动机转速传感器及各种温度传感器等。

执行器负责执行电控单元发出的各项指令,执行器主要有喷油器、怠速步进电动机、电动汽油泵、继电器和点火线圈等。

从部件的功能来讲,电控汽油喷射系统一般由空气供给系统、燃油供给系统和电子控制系统三个子系统组成。在点火与燃油喷射相结合的电控汽油喷射系统中还包含有一个点火子

系统。

如图 2-10 所示,空气供给系统的功用是根据发动机的工况提供适量的空气,并根据电控单元的指令完成空气量的调节。空气供给系统主要由空气流量计或进气歧管绝对压力传感器、进气温度传感器、节气门位置传感器、进气歧管、辅助空气阀及空气滤清器等组成。

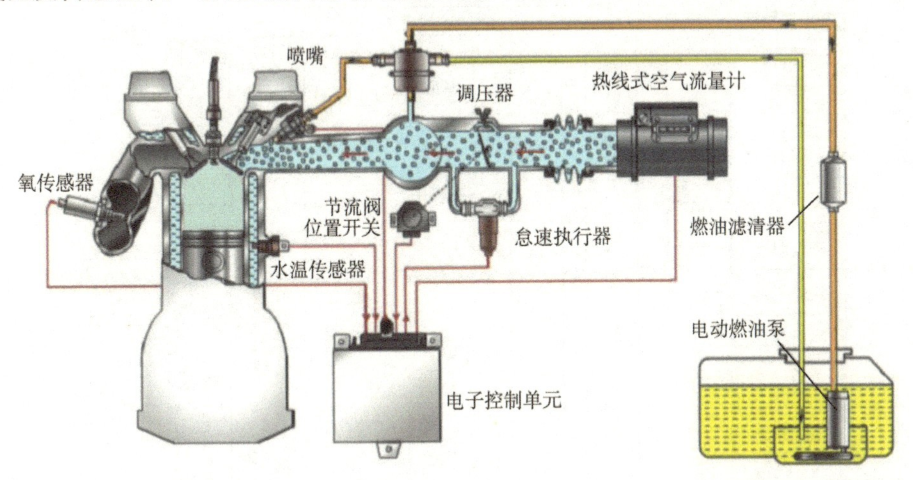

图 2-10 空气供给系统

如图 2-11 所示,燃油供给系统是根据电控单元的驱动信号,以恒定的压差将一定数量的汽油喷入进气管。燃油供给系统主要由电动汽油泵、汽油滤清器、燃油压力调节器、喷油器及冷起动喷油器等组成。

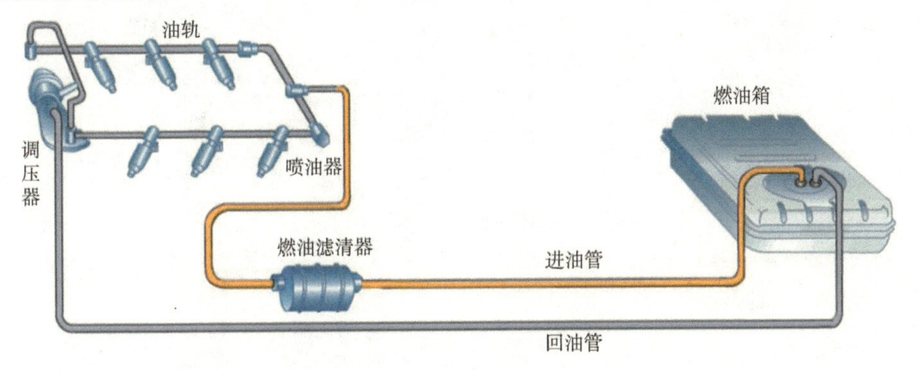

图 2-11 燃油供给系统

如图 2-12 所示,电子控制系统由电控单元、各类传感器、驱动器及继电器等组成。该系统还具有故障诊断功能,可保存故障代码,并通过故障指示灯输出故障代码。

2.3 LPG、CGN 及其他燃料系统介绍

随着人类环保意识增强和石油资源的日益枯竭,各国政府和研究机构都在大力发展清洁能源。所谓清洁能源,系相对于目前普遍使用的汽油、柴油而言,主要是大幅度降低各种有害气体及二氧化碳的排放。目前全世界在研究、推广的清洁能源包括电力、压缩天然气 CNG (Compression Natural Gas)、液化石油气 LPG(Liquefied Petroleum Gas)、醇类(甲醇,乙醇)、燃料电池以及燃油(或燃气)与电力共同使用的混合动力。

液化石油气汽车上安装有 LPG 储罐,储罐上安装有加气口、截止阀、安全阀、过流阀、液位计和压力表。液化石油气自储罐经电磁阀到蒸发器,蒸发器由发动机散热器的热水加温,液化石油气被汽化并调压。燃气在混合器与空气混合,进入发动机,如图 2-13 所示。

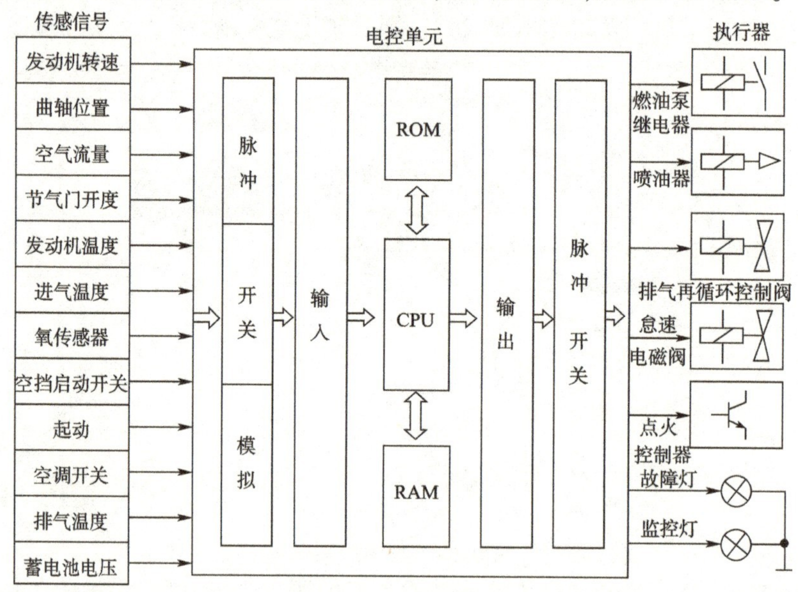

图 2-12 电子控制系统

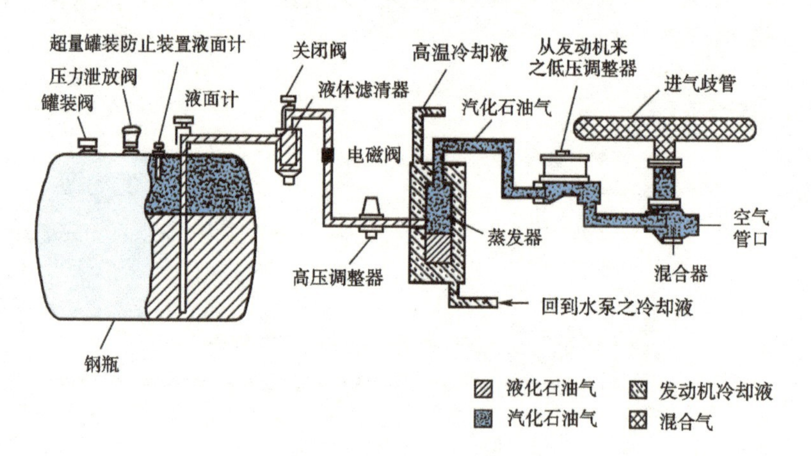

图 2-13 LPG 燃料系统

压缩天然气汽车上安装有 CNG 储罐,储罐上安装有加气口、截止阀、安全阀和压力表。CNG 从储气罐经主气阀、过滤器、电磁阀到减压阀,CNG 经减压后到混合器。燃气在混合器与空气混合,进入发动机。

醇类发动机主要是指甲醇、乙醇,它们都具有使用、储存和运输简便的特点。甲醇的来源十分丰富,可从煤炭、天然气中制取。

汽车新型燃料的应用将冲破维持了一个世纪之久的燃油科技的樊篱,实现了汽车的“能源革命”。发展电动汽车,实现汽车工业的可持续发展已是全世界的共识。高效、节能、低噪声、零排放的电动汽车将会是 21 世纪新型的交通工具。

3 汽油机点火系统

在汽油发动机中,燃烧室的火花塞两电极间加上直流电压后,电极之间的气体便发生电离现象。随着两极间电压的升高,气体电离的程度也不断增高。当电压增高到一定值时,火花塞两极间的间隙被击穿而产生电火花,并点燃汽缸内压缩后的混合气。

如图 2-14 所示,传统的触点式点火系统主要由电源—蓄电池和发电机(图中未画出)、点火开关、点火线圈、分电器(包括断电器和配电器)、火花塞、电阻和高压线等组成。蓄电池或发电机提供 12V 或 24V 的低压直流电,借点火线圈和断电器将低压电转变为高压电,再通过配电器分配到各缸火花塞,使两极间产生电火花,点燃混合气。

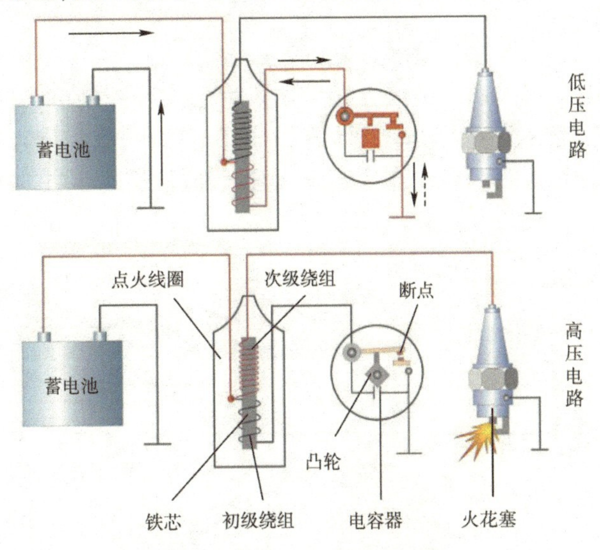

图 2-14 传统的触点式点火系统

但传统的触点式点火系统存在着如下缺点:断电器触点分开时,在触点处形成火花,使触点逐渐烧蚀,因而断电器的使用寿命短,在火花塞积炭时,因火花塞间隙漏电,使次级电压升不上去,不能可靠地点火,次级电压的大小随发动机的转速的增高和汽缸数的加多而下降,因此,在高速时易出现缺火等现象。尤其是近年来,一方面汽车发动机向多缸高速化发展,另一方面,人们力图通过改善混合气的燃烧状况,以减少空气污染,以及燃用稀混合气以达到节约燃油的目的。这些都要求点火装置能够提供足够的次级电压和火花能量,保证最佳点火时刻。传统的触点式点火系统已不能适应这一要求。

电子点火系统在高速时可以避免缺火:在火花塞积炭时有较强的跳火能力,并可延长触点的使用寿命,提高火花能量。特别是采用微型计算机控制的电子点火系统,除具备上述优点之外,还能根据发动机不同工况的要求自动调节点火时刻为最佳值。因此,采用电子点火系统可以提高发动机的动力性和经济性,并减少空气污染。

电子点火系统的基本组成如图 2-15 所示,主要由电源、点火开关、点火线圈、点火信号发生器、点火控制器、分电器、高压线及火花塞等组成。电源为蓄电池或发电机,功用是向点火系统提供点火能量。点火开关的功用是接通或断开电源电路。点火控制器内的大功率晶体管与点火线圈的初级绕组串联,并与电源、点火开关和搭铁构成点火线圈初级绕组的低压回路。点火信号发生器安装在分电器总成内,点火信号发生器的转子由分电器轴驱动。

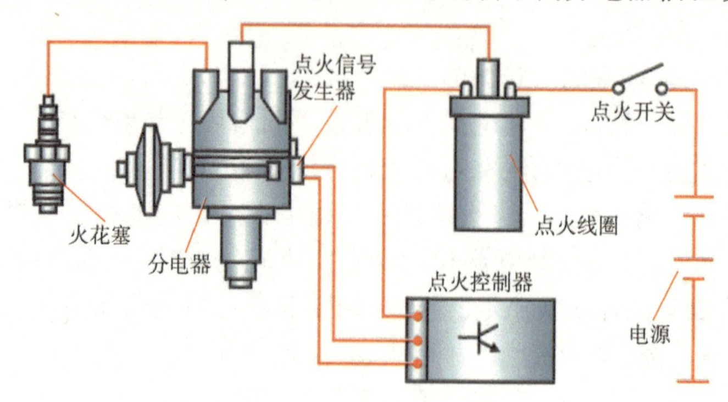

图 2-15　电子点火系统组成

如图 2-16 所示,电子点火系统由信号发生器产生触发或控制点火的信号,经过点火控制器内部的放大等电路,最后控制大功率晶体管的导通与截止,来控制点火线圈初级电流的通断,当初级电流被切断时,次级绕组中产生高压,通过配电器送达各缸的火花塞上,点燃可燃混合气。

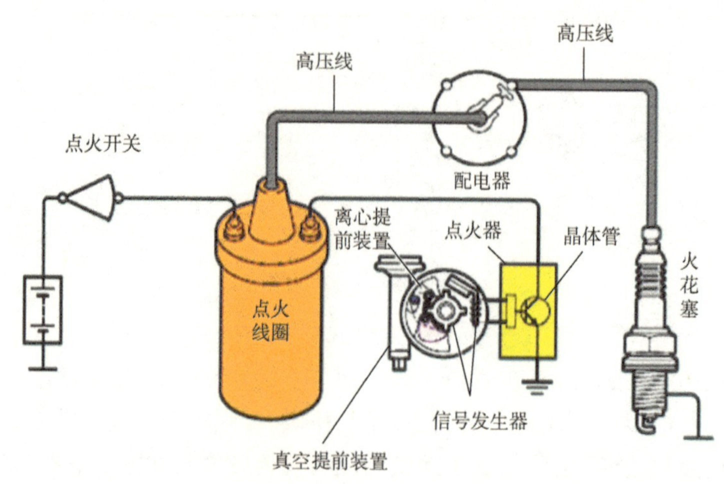

图 2-16　电子点火系工作原理

由于点火时刻对发动机的动力、油耗、排放污染、压缩比、大气压力、冷却液温度、空燃比、爆燃、行驶的稳定性等都会产生直接影响。因而为了满足各种工况的要求,使发动机工作时其动力性和经济性达到最佳、排放污染最小,则必须测试大量的工况信息,并及时处理后输出相应的控制信号,以控制最佳点火时候,显在普遍电子点火系统是无法胜任的,只有采用微机控制技术才能使点火时刻控制在最佳状态,如图 2-17 所示。

微机控制的点火系统是使用无触点电子点火系统之后,点火系统的又一大进步,其特点是将点火提前角的机械调节方式改变为电子控制方式,增加了爆震控制内容,能使发动机获得最佳的燃烧,提高了发动机的动力性、经济性,减少了排放污染。在发动机控制系统中,点火控制包括点火提前角控制,通电时间(闭合角)控制和防爆震控制三个方面。现今,国产奥迪、桑塔纳轿车和北京切诺基吉普车等车型的发动机均采用了这种微机控制点火系统。

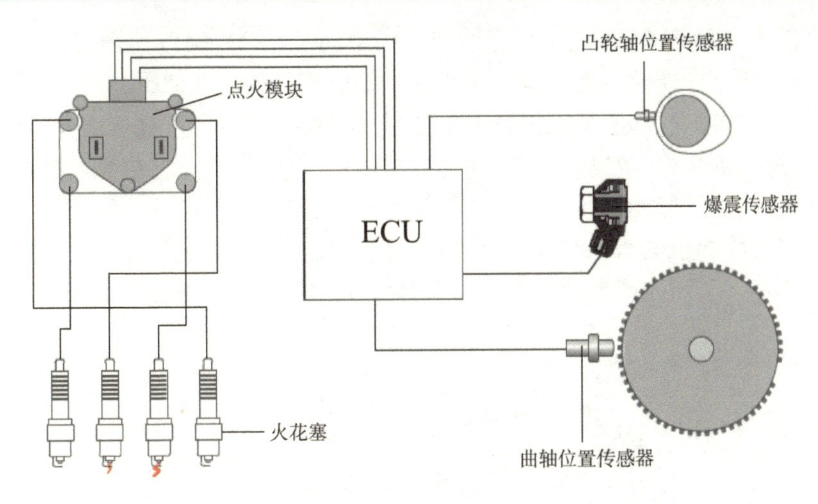

图 2-17　微机控制的点火系统

微机控制点火系统又分为分配式(有配电器)点火系统和直接式(无配电器)点火系统。分配式点火系统点火线圈产生的高压电由配电器按发动机做功顺序分配给各缸火花塞跳火，仍然要产生较多电火花，不仅浪费能量，而且还产生电磁干扰信号。而直接式点火系统没有配电器，点火线圈次级绕组的两端直接与火花塞相连，发动机运转时，微机根据传感器信号，直接控制各个点火线圈产生高压电，使相应火花塞跳火。到目前为止，无配电器微机控制点火系统是技术最先进的点火系统。

4　发动机冷却系统

4.1　冷却原理概述

在可燃混合气的燃烧过程中，汽缸内气体温度可高达 1800～2000℃。直接与高温气体接触的机件(如汽缸体、汽缸盖、活塞、气门等)若不及时加以冷却，则其中运动机件将可能因受热膨胀而破坏正常间隙，或因润滑油在高温下失效而卡死，各机件也可能因高温而导致其机械强度降低甚至损坏。因此，为保证发动机正常工作，必须对这些在高温条件下工作的机件加以冷却。

若发动机冷却不足或过度，不仅功率下降，机件磨损加剧，而且燃油消耗增加。因此，冷却系统的任务就是使工作中的发动机得到适度的冷却，从而保持在最适宜的温度范围内工作。

发动机中使高温零件的热量直接散入大气而进行冷却的一系列装置称为风冷系统，而使这些热量先传导给水，然后再散入大气而进行冷却的一系列装置则称为水冷系统。目前汽车发动机上广泛采用的是水冷系统，部分汽车发动机(特别是小排量发动机)采用风冷系统。采用水冷系统时，应使汽缸盖内的冷却液温度在 80～90℃之间，采用风冷系统时，铝汽缸壁的温度允许为 150～180℃，铝汽缸盖为 160～200℃。

汽车发动机的水冷系统的一般组成及循环路线，如图2-18所示。水冷系统一般都由水泵强制给水(或冷却液)在冷却系统中进行循环流动，故称为强制循环式水冷系统。水冷发动机的汽缸盖和汽缸体中都铸造出储水的、连通的夹层空间8,称为水套,其作用是让水接近受热的高温零件,并可在其中循环流动。水泵5将冷却液由机外吸入并加压,使之经分水管9流入发动机缸体水套。这样,冷却液从汽缸壁吸收热量,温度升高;流到汽缸盖水套,再次受热升温后,沿水管进入散热器2内。经风扇4的强力抽吸,空气流由前向后高速通过散热器。最终使受热后的冷却液在流经散热器的过程中,其热量不断地通过散热器,散发到大气中去,同时,使水本身得到冷却。冷却了的水流到散热器的底部后,又在水泵的加压下,经水管再压入水套8,如此不断地循环。从而使得发动机在高温条件下工作的零件不断地得到冷却,保证发动机的正常工作。

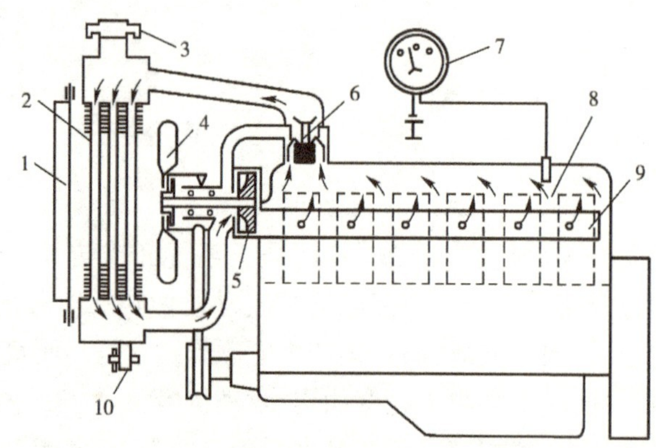

图2-18　发动机强制循环式水冷系原理示意图

1-百叶窗;2-散热器;3-散热器盖;4-风扇;5-水泵;6-节温器;7-冷却液温度表;8-水套;9-分水管;10-放水阀

现代汽车冷却液不是单纯的水,而是由水和冷却液添加剂组成的冷却液,如大众公司推荐使用的G11添加剂,即含防腐剂的乙二醇添加剂。

冷却液最好使用软水,即含盐分少的水,如雨水、雪水、自来水等。否则,在水套中易产生水垢,使汽缸体、汽缸盖传热效果差,发动机容易过热。如果只有硬水,则需经过软化后,方可注入冷却系中使用。

在冬季往往发生因冷却液冻结而使汽缸体和汽缸盖胀裂的现象。为了降低冷却水的冰点,以适应冬季行车的需要,可在冷却液中加进适量的可以降低冰点,提高沸点的乙二醇或酒精,配成防冻液。另外还要根据不同地区的气候条件来选择乙二醇与水的比例。在使用乙二醇配制的防冻液时,应注意:①乙二醇有毒,切勿用口吸;②乙二醇对橡胶有腐蚀作用;③乙二醇吸水性强,且表面张力小,易渗漏,故要求冷却系密封性好;④使用中切勿混入石油产品,否则在防冻液中会产生大量泡沫。

4.2　发动机冷却系统的构造

水冷系是由水套、水泵、风扇、散热器、导风圈、水管、水温表、感温管、节温器和百叶窗等组成,而最主要的三大冷却部件是:散热器、水泵与风扇。图2-19为发动机的冷却系统构造示意图。

散热器的作用是将水套中出来的热水,分成许多小股,水的热量散给周围的空气使水的温度稍有降低。但温差不能过大,以免汽缸产生较大的热应力,产生变形或裂纹。为了集中风向、加速气流,提高冷却效果,在散热器后面还装有护风圈。散热器由上水室,下水室,芯管,散热片等组成。

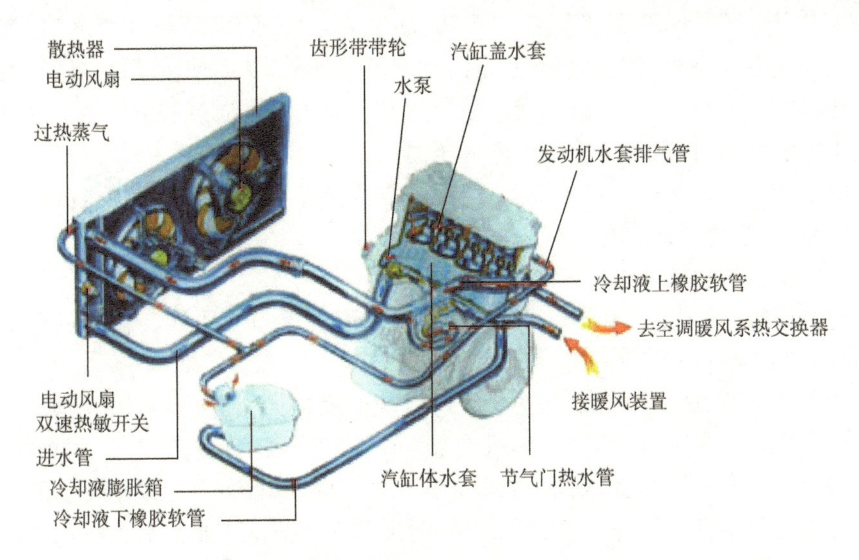

图2-19　发动机的冷却系统构造示意图

强制循环式水冷却系统普遍采用离心式水泵。当叶轮旋转时,水泵中的水被叶轮推动一起旋转,在离心力的作用下向叶轮边沿甩出,在蜗形壳体内将动能转变为压能,经与叶轮成切线方向的出水口压送入发动机的水套。

风扇多为轴流式与水泵同轴驱动。它用来提高流经散热器的空气流速和流量,以增强散热器的散热能力。同时,对发动机其他附件也有一定的冷却作用。

5　发动机润滑系统

5.1　润滑系统概述

5.1.1　润滑系统的功用

任何运动零件的工作表面,即使经过极为精密的加工,仍不可避免地存在或多或少的粗糙度,在相对运动中就必然要产生摩擦而消耗一定功率,同时引起发热和磨损。为了减少上述磨损和功率消耗,在两个零件的工作表面之间加入一层润滑油使其完全隔开,即处于完全的液体摩擦状态时,功率消耗和磨损就会大为减少。

由于发动机的工作特点,事实上润滑系统除上述润滑作用外,还起到清洗,冷却和密封等作用。

(1)润滑作用。不断地将清洁的润滑油送到发动机运动零件的工作表面上,以便形成一层薄的润滑油膜,用液体摩擦代替零件间的干摩擦,减少零件磨损和功率消耗。

(2)清洗作用。在发动机工作中,不可避免地产生因磨损而生成的金属微粒,吸入空气所带入的尘土以及在燃烧后出现的固体炭质等。如果这些“磨料”始终沉积在零件的工作表面之间,便会大大加剧零件的磨损。润滑系统的作用之一,就是通过润滑油的流动将这些“磨料”从零件工作表面上冲洗下来,从而达到减轻零件磨损的目的。

(3)冷却作用。在发动机工作中,由于零件的摩擦以及混合气的燃烧,使某些零件产生较高的温度。润滑系统可通过润滑油流经零件表面带走一定的热量,保证发动机的正常工作。

(4)密封作用。在发动机的汽缸壁与活塞,活塞环之间,活塞环与环槽之间,都留有一定的间隙,而且上述零件不可避免地存有一定的几何形状偏差,从而使活动面之间存有空隙。这些间隙和空隙均可导致气体的泄漏。润滑系统的又一作用就是通过润滑油填满这些间隙和空隙,减少气体的泄漏,以保证汽缸应有的气体压力。

此外,由于润滑油黏附在零件表面上,避免了零件与水、空气、燃气等的直接接触,起到防止或减少零件受化学侵蚀的作用。

5.1.2 发动机的润滑方式

由于发动机各运动副的工作条件不同,对润滑强度的要求也不同。它决定于工作环境的好坏,承受载荷的大小和相对运动速度的大小。

(1)压力润滑。使用在负荷大,相对运动速度高的摩擦面,如主轴承、连杆轴承,凸轮轴轴承和气门摇臂轴(因位置偏高)等都利用机油泵采用润滑强度较大的压力进行润滑。

(2)飞溅润滑。使用在外露表面,负荷较小的摩擦面,如凸轮与挺杆,偏心轮与汽油泵摇臂,活塞销与销座及连杆小头等,一般采用飞溅润滑。即依靠从主轴承和连杆轴承两侧漏甩出的润滑油滴和油雾来进行润滑。它的润滑强度受转速大小的影响。

某些零部件如活塞与汽缸壁之间虽然工作条件较差,但为了防止过量润滑油进入燃烧室而促使发动机工作恶化,都采用飞溅润滑。

(3)定期润滑。使用在对一些分散的,负荷较小的,如水泵、发电机、起动机、分电器等,只需定期定时的加注润滑脂。它不属于润滑系统的工作范畴。

5.2 发动机的润滑

5.2.1 润滑系统的一般组成

润滑系统一般由油底壳、机油泵、机油滤清器、限压阀、旁通阀、机油压力表、集滤器等组成。图2-20为发动机润滑系统结构图。

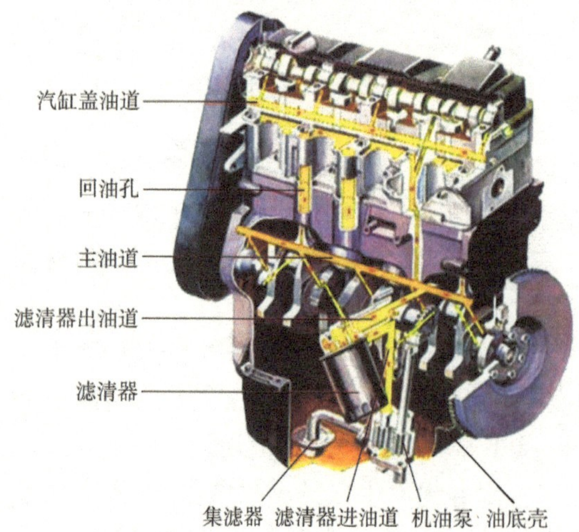

图2-20 发动机润滑系统结构图

润滑系统中必须具有为进行润滑和保证机油循环而建立足够油压的机油泵、储存润滑油的容器——油底壳、由润滑油管以及在发动机机体上加工出的一系列润滑油道的循环油道。并且,油路中还必须有限制最高油压的装置——限压阀,它既可以附于机油泵中,也可以单独设置。这样才能使发动机得到必要的润滑。

一般发动机是采用汽车行驶中的迎面空气流吹拂油底壳的方式来冷却润滑油的。在热负荷较高的发动机上,一般应设置润滑油散热器,来加强润滑油的冷却。由于润滑油在循环过程中,吸收零件摩擦所产生的热量会引起温度升高,如果润滑油温度过高则其黏度下降,在摩擦表面不易形成油膜,此外还会加速润滑油老化变质,缩短润滑油使用期。因此应对润滑油进行适当冷却,以保持油温在正常范围之内,即70~90℃。

5.2.2 润滑油路

由于汽车发动机润滑系统的油路不同,其组成情况也不同,润滑系统中润滑油流动路线也略有不同。图2-21为桑塔纳2000轿车发动机润滑系统油路。

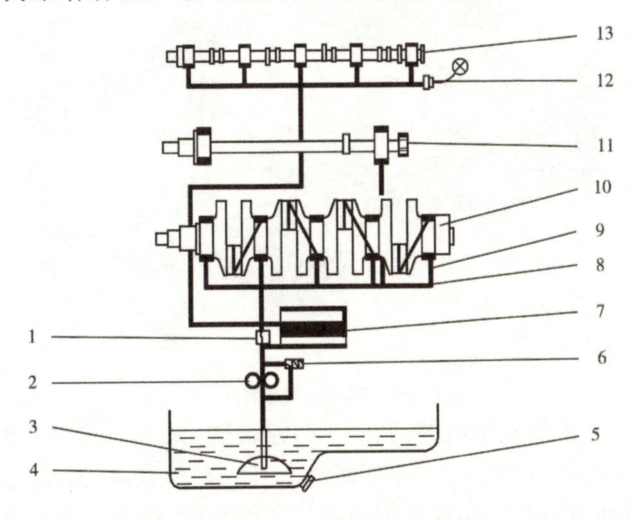

图2-21 桑塔纳2000型发动机润滑系统示意图

1-旁通阀;2-机油泵;3-集滤器;4-油底壳;5-放油螺塞;6-安全阀;7-机油滤清器;8-主油道;9-分油道;10-曲轴;11-中间轴;12-压力开关;13-凸轮轴

机油泵2通过集滤器3从油底壳4中吸上机油,以防止大的杂质进到机油泵内。当油压太高或流量太大时,由安全阀6旁流一部分回油底壳4。具有一定压力的机油进入滤清器7进一步滤清,大部分进入发动机主油道8,另一小部分压力油首先进入凸轮轴13的轴承,再进入气门机构,之后流回油底壳。进入主油道8的压力机油又分成两路:一路经进入曲轴内部油道进入连杆大端轴承再经连杆油道进入连杆小端轴承,最后回油底壳;另一路则进入中间轴11的轴承(AJR发动机已取消中间轴),然后回油底壳4。

6 进排气系统及排放控制系统

6.1 进排气系统

进排气系统,包括空气滤清器、进气歧管、排气歧管、排气总管、排气消声器等零件。其作用是供给发动机新鲜空气,将工作后废气排至大气。

6.1.1 空气滤清器

燃油燃烧需要大量的空气。以普通轿车为例,每消耗1L汽油需要消耗5000~10000L空气。大量的空气进入汽缸,若不将其中的杂质或灰尘滤除,必然加速汽缸的磨损,缩短发动机使用寿命。实践证明,发动机不安装空气滤清器,其寿命将缩短2/3。空气滤清器的功用主要是滤除空气中的杂质或灰尘,让洁净的空气进入汽缸。另外,空气滤清器也有降低进气噪声的作用。

如图2-22所示,空气滤清器一般由进气导流管、空气滤清器盖、空气滤清器外壳和滤芯等组成。现在广泛用于汽车发动机上的空气滤清器仍有多种结构形式。

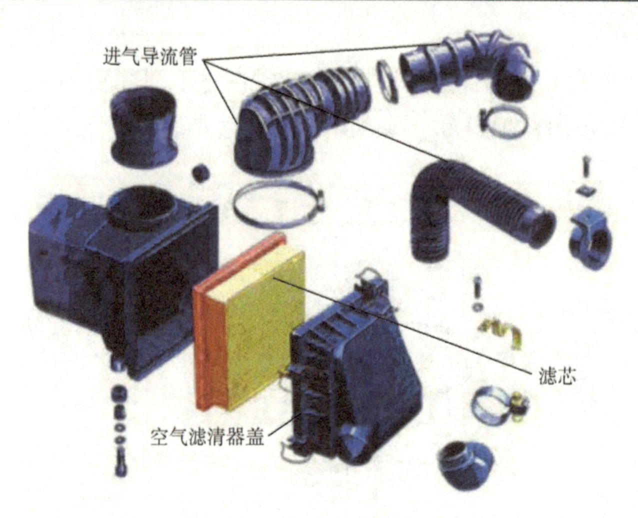

图2-22 空气滤清器

在现代轿车上,为了增强发动机的谐振进气效果,空气滤清器进气导流管需要有较大的容积。但是导流管不能太粗,以保证空气在导流管内有一定的流速,因此,进气导流管只能制得很长。较长的进气导流管有利于实现从车外吸气。因为车外空气温度一般比发动机罩下的温度低30℃左右,所以从车外吸入的空气密度可增大近10%,燃油消耗率可降低3%。

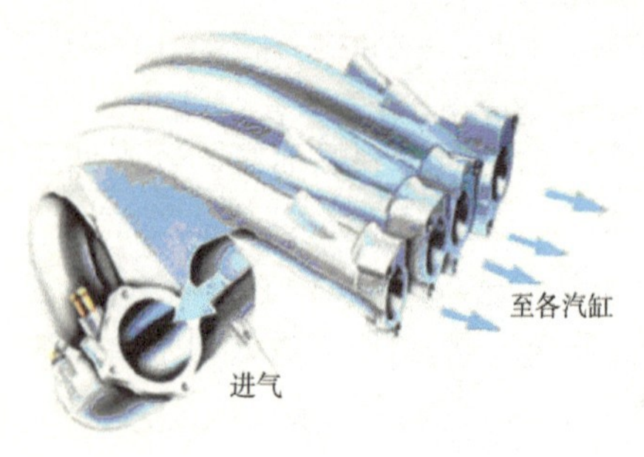

图2-23 燃油喷射式进气歧管

6.1.2 进气歧管

对于燃油喷射式发动机或柴油机,进气歧管只是将洁净的空气分配到各缸进气道。进气歧管必须将空气燃油混合气或洁净空气尽可能均匀地分配到各个汽缸,为此进气歧管内气体流道的长度应尽可能相等。为了减小气体流动阻力,提高进气能力,进气歧管的内壁应该光滑,如图2-23所示。

6.1.3 发动机排气系统

如图2-24所示,发动机排气系统功用是以尽可能小的排气阻力和噪声,将汽缸内的废气排到大气中。它由排气管(包括排气歧管和总管)、催化转化器、消声器等组成。

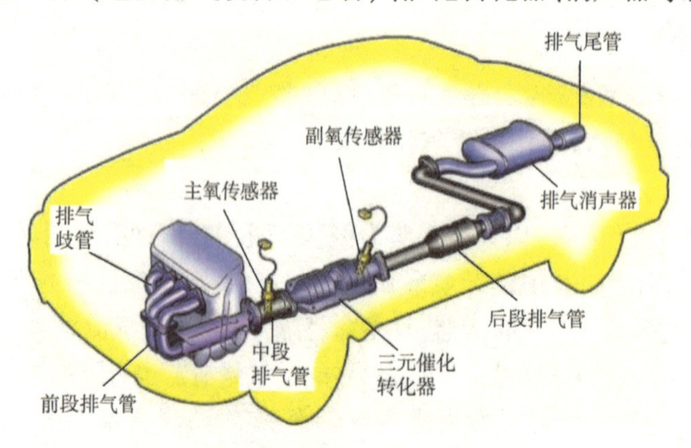

图2-24 发动机排气系统组成

（1）排气歧管。如图2-25所示，排气歧管是与发动机汽缸体相连的，将各缸的排气集中起来导入排气总管的，带有分歧的管路。对它的要求主要是，尽量减少排气阻力，并避免各缸之间相互干扰。

排气过分集中时，各缸之间会产生相互干扰，也就是某缸排气时，正好碰到别的缸窜来的没有排净的废气。这样，就会增加排气的阻力，进而降低发动机的输出功率。解决的办法是，使各缸的排气尽量分开，每缸一个分支，或者两缸一个分支。

一般排气歧管由铸铁或球墨铸铁制造，为了减少排气阻力，近些年来采用不锈钢排气歧管的汽车越来越多，其原因是不锈钢排气歧管质量轻，耐久性好，同时内壁光滑，排气阻力小。排气歧管的形状十分重要。为了不使各缸排气相互干扰及不出现排气倒流现象，并尽可能地利用惯性排气，应该将排气歧管制得尽可能地长，而且各缸支管应该相互独立、长度相等。

（2）排气消声器。如图2-26所示，废气在排气管中流动时，因排气门的开闭与活塞往复运动的影响，气流呈脉动形式，当排气门刚打开时废气具有一定的能量。如果让废气直接排入大气，会产生强烈的排气噪声。为减小噪声和消除废气中的火焰及火星，在排气管出口处装有排气消声器。消声器的基本原理是消耗废气流的能量，并平衡气流的压力波动。

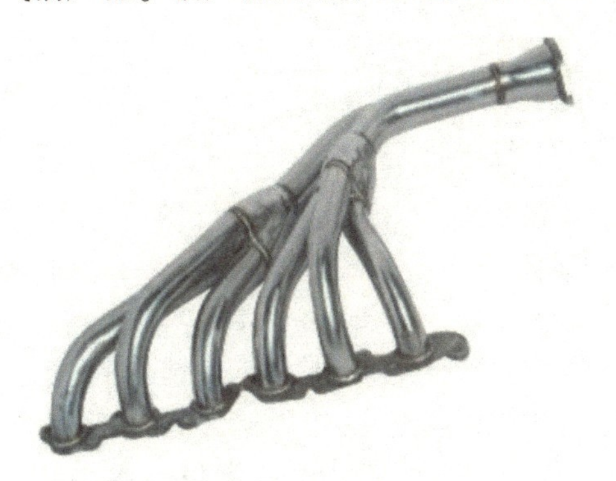

图2-25 排气歧管

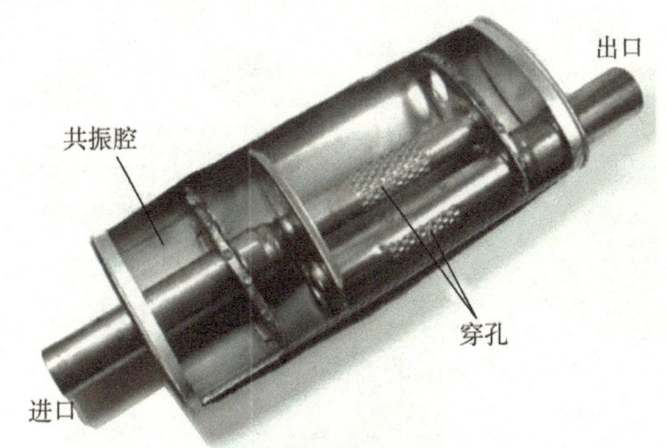

图2-26 排气消声器

6.2 汽车排放装置

汽车排放的污染物是一致公认的城市公害之一。它污染了人类的生存环境，影响了人民的身体健康。而且随着汽车保有量的迅速增加，这种危害越来越大，并发展成为严重的社会问题。

汽车排放的污染物主要有：

（1）从排气管排出的废气，主要成分是一氧化碳（CO）、碳氢化合物（HC）、氮氧化合物（NO_X）、SO_2以及铅化物、微粒物（由炭烟、铅氧化物等重金属氧化物和烟灰等组成）和硫化物等；

（2）从曲轴箱窜气，其主要成分是HC，还有少量的CO、NO_X等；

（3）从油箱、化油器浮子室以及油管接头等处蒸发的汽油蒸气，成分是HC。上述有害成分中，CO、HC和NO_X是主要的污染物质。目前汽车的排污标准和净化措施也旨在降低这三种成分的含量。

为了保护环境、保障人体健康，不少国家制定了汽车及内燃机的排污标准，成为必须遵守的法规。目前,为了适应法规的要求,汽车上主要采用对发动机进行改造,研制无污染或低污染动力源,对现有发动机的排污进行净化等措施(图2-27)。减少排放污染物的措施可分为两大类:机内净化——改善混合气的品质和燃烧状况,抑制有害气体的产生,使排气中的有害气体成分减至最少;机外净化——用设置在发动机外部的附加装置使排出的废气净化后再排入大气。

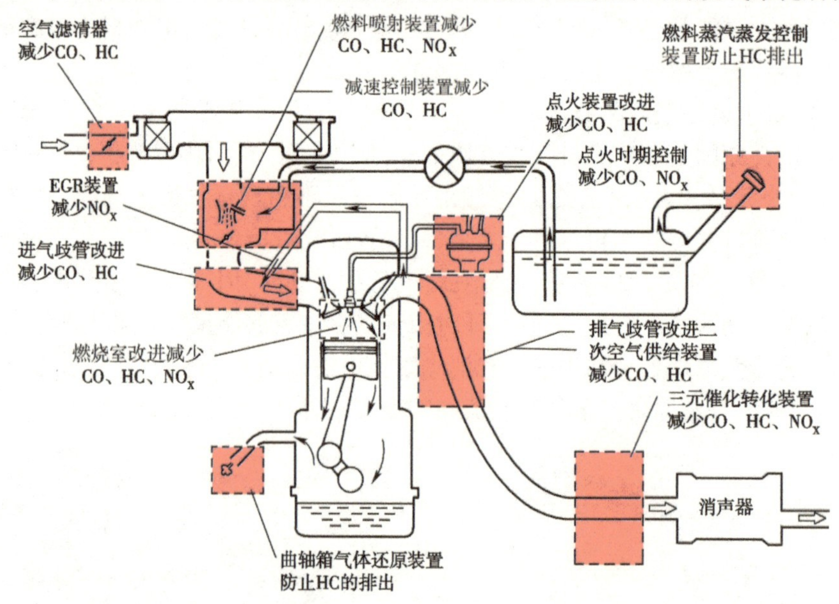

图2-27　符合排放法规发动机的措施

6.2.1　减少汽油机排放污染物的主要措施

随着环保意识的加强,欧、美、日等一些发达国家对废气排放污染的限制越来越严格,各汽车生产厂都投入巨额资金开展排放污染物的控制研究,早在20世纪90年代初,汽油车已基本上普遍采用了电控燃油喷射发动机,使废气中的有害气体大为减少,动力性和燃料经济性得到提高,再加上其他多种措施的综合应用,使汽油车的排放污染得到了有效的控制。目前,国外对于废气排放的控制和治理主要有如下几种措施。

(1)稀薄混合燃烧。在20多年前就已经有人在研究稀燃技术。面对20世纪70年代初欧美国家的排放规定以及石油危机引起的降低油耗的需求,人们探索了由稀混合气运行,用氧化催化剂净化排气的方法,采用了一种带副燃烧室的发动机。这种由丰田及本田公司发明的燃烧方式由于从副燃烧室喷出火焰会造成热能损失,稀混合气发动机改进对油耗的效果不明显。

随着进气口的改进,汽缸内涡流生成技术的进步,由通用、福特、丰田、本田、日产等汽车公司先后研制成的开口式燃烧室可以形成比带副燃烧室还好的稀薄混合气燃烧,并且随着进气口燃料喷射技术的发展和稀混合气传感器技术的开发,精密控制空燃比已成为可能。20世纪80年代中期,丰田正式使稀混合气发动机(T-LCS)产品化,三菱、本田也相继将其产品实行产品化。

进入20世纪90年代,三菱汽车公司研制出来的缸内直喷技术使稀燃技术又进了一步。目前,各大公司都拥有自己的稀燃技术,其共同点都是利用缸内涡流运动,使聚集在火花塞附近的混合气最浓,先被点燃后迅速向外层推进燃烧,并有较高的压缩比。

这种混合气被纵向涡旋转流带到火花塞附近,在火花塞四周形成较浓的层状混合状态。

这种混合状态虽从燃烧室整体来看十分稀薄,但由于呈现从浓厚到稀薄的层状分布,因此能保证点火并实现稳定燃烧(图2-28)。

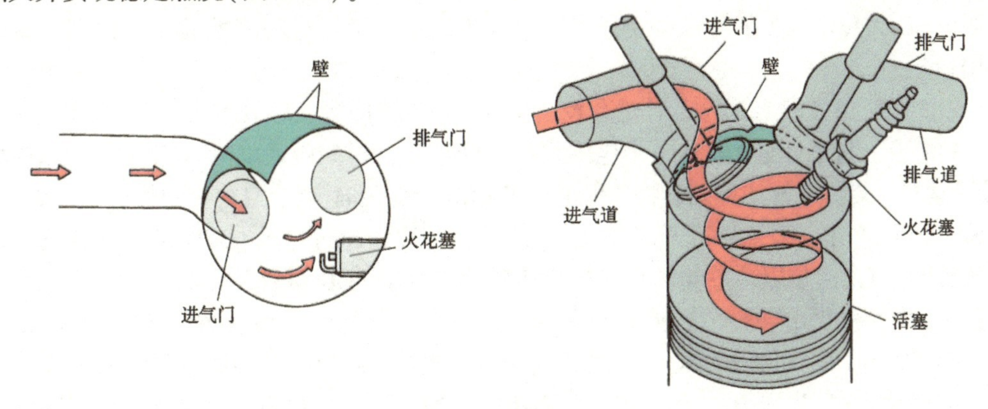

图2-28 分层燃烧示意图

大众的直喷汽油发动机(FSI),则是采用了一个高压泵,汽油通过一个分流轨道(共轨)到达电磁控制的高压喷射气门。它的特点是在进气道中已经产生可变涡流,使进气流形成最佳的涡流形态进入燃烧室内,以分层填充的方式推动,使混合气体集中在位于燃烧室中央的火花塞周围。

本田最新的 VTEC 发动机也将采用稀燃技术。VTEC - i 2.0L发动机将比一般本田发动机省油20%,其特点是将 VTEC 技术与稀燃技术相结合,也是当低转速时,其中一组进气门关闭,在燃烧室内形成一道稀薄的混合气体涡流,层状分布集结在火花塞周围作点燃引爆,从而起到稀薄燃烧作用。

汽车汽油发动机实现稀燃的关键技术归纳起来有以下三个主要方面:

①提高压缩比。采用紧凑型燃烧室,通过进气口位置改进使缸内形成较强的空气运动旋流,提高气流速度;将火花塞置于燃烧室中央,缩短点火距离;提高压缩比至13:1 左右,促使燃烧速度加快。

②分层燃烧。如果稀燃技术的混合比达到25:1 以上,按照常规是无法点燃的,因此必须采用由浓至稀的分层燃烧方式。通过缸内空气的运动在火花塞周围形成易于点火的浓混合气,混合比达到12:1 左右,外层逐渐稀薄。浓混合气点燃后,燃烧迅速波及外层。

为了提高燃烧的稳定性,降低氮氧化物(NO_X),现在采用燃油喷射定时与分段喷射技术。即将喷油分成两个阶段,进气初期喷油,燃油首先进入缸内下部随后在缸内均匀分布,进气后期喷油,浓混合气在缸内上部聚集在火花塞四周被点燃,实现分层燃烧。

③高能点火。高能点火和宽间隙火花塞有利于火核形成,火焰传播距离缩短,燃烧速度增快,稀燃极限大。有些稀燃发动机采用双火花塞或者多极火花塞装置来达到上述目的。

(2)废气再循环装置(EGR 系统)。NO_X 是燃油在高温燃烧中的生成物。废气再循环就是根据发动机的不同工况,将废气中的一部分(3% ~15%)引入燃烧室,用以降低汽缸的燃烧和温度速度,从而进一步减少 NO_X 的排放量。

废气再循环(EGR)系统用于降低废气中的氧化氮(NO_X)的排出量。氮和氧只有在高温高压条件下才会发生化学反应,发动机燃烧室内的温度和压力满足了上述条件,在强制加速期间更是如此。

当发动机负荷变化时,EGR 阀开启,使废气进入进气歧管,与可燃混合气一起进入燃烧室。暖机期间或怠速时 EGR 阀关闭,几乎没有废气再循环至发动机。汽车废气是一种不可燃气体(不含燃料和氧化剂),在燃烧室内不参与燃烧。它通过吸收燃烧产生的部分热量来降低燃烧温度和压力,以减少氧化氮的生成量。进入燃烧室的废气量随着发动机转速和负荷的增加而增加。

EGR 阀通过 3 个孔径递增的计量孔控制从排气歧管流回进气歧管的废气量,以产生 7 种不同流量的组合。每个计量孔都由一个电磁阀和针阀组成,当电磁阀通电时,电枢便被磁铁吸向上方,使计量孔开启。旋转式针阀的特性保证了当 EGR 阀关闭时,具有良好密封性(图 2-29)。

EGR 阀通常在下列条件下开启发动机暖机运转:转速超过怠速;ECU 根据发动机冷却液温度传感器、节气门位置传感器和空气流量传感器来控制 EGR 系统。

(3)二次空气供给装置。二次空气供给系统是在排气管的上段设置一个反应器,通过空气泵、控制阀、止回阀和喷射管等引入适量的新鲜空气(图 2-30),在高温下,使 CO 和 HC 在热反应器内继续燃烧(生成 H_2O 和 CO_2),从而进一步减少了 CO 和 HC 的排放量。有些发动机则向三元催化器提供二次新鲜空气,以使 CO 和 HC 在催化器内获得更充分的氧化反应。

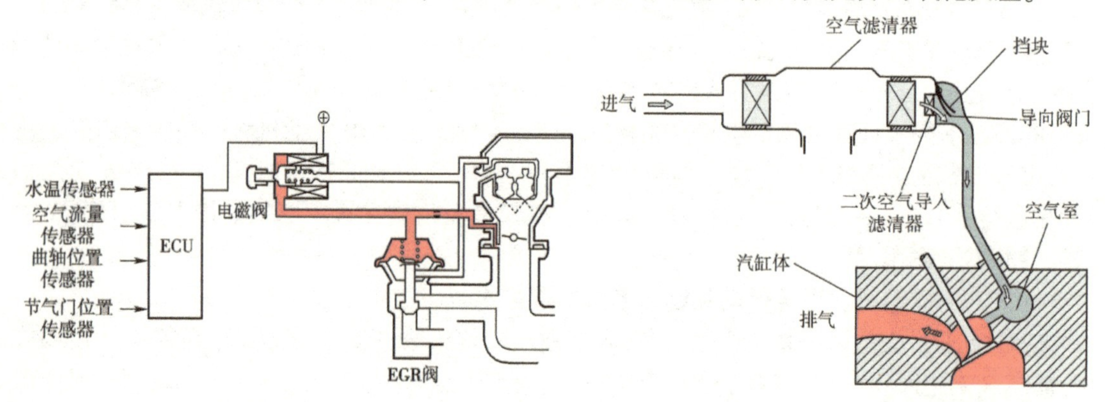

图 2-29　电子控制 EGR 系统　　　图 2-30　二次空气供给装置

(4)三元催化转换装置。三元催化转化器的催化剂为铂、铑、钯和钌等稀有金属,其载体的形状分为粒状和片状。铂和钯为氧化剂,使 CO 和 HC 发生氧化反应,生成 CO_2 和 H_2O。铑为还原剂,使 NO_X 脱氧,还原成 N_2 并释放出 O_2(图 2-31)。

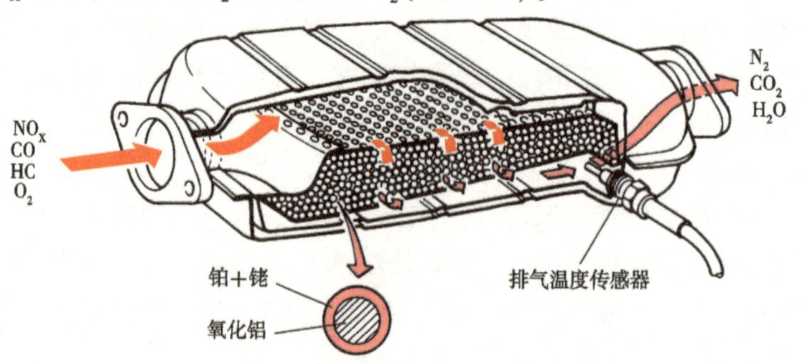

图 2-31　三元催化转化器

三元催化转化器的工作特性是要求发动机处于理论空燃比状态下工作时,才表现出良好的净化效果。电控燃油喷射发动机为了实现对理论空燃比的监测和控制而应用了能检测废气中氧残留量的氧传感器,电控系统接收到氧传感器反馈的信号后便及时调整喷油量,使发动机

工作处于理论空燃比状态，从而实现了燃油喷射的“闭环”控制。三元催化转化器的最佳工作温度为400～800℃，如果同时不配合使用氧传感器时，则很快就会出现早期损坏，使寿命大大缩短。

（5）燃料蒸发排出控制系统。燃料蒸发排放控制系统主要由活性炭罐储存装置、燃油蒸发净化控制装置和燃油箱燃油蒸发控制装置组成（图2-32）。

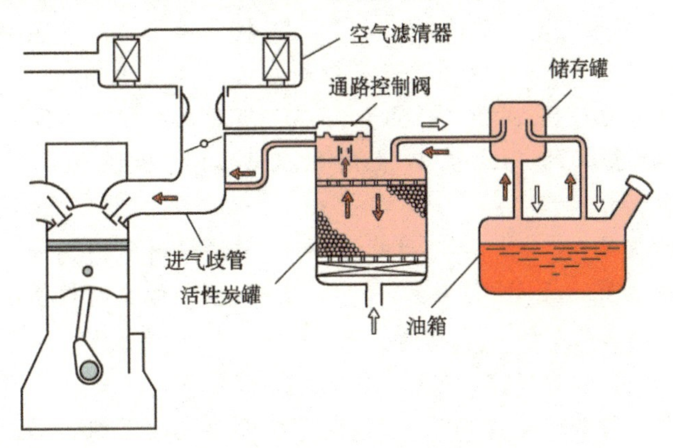

图2-32　燃料蒸发排放控制系统

汽油是一种易挥发的液体，在常温下燃油箱经常充满蒸气，燃料蒸发控制系统的作用是将蒸气引入燃烧并防止其挥发到大气中。

这个过程起重要作用的是活性炭罐储存装置，因为活性炭有吸附功能，当汽车运行或熄火时，燃油箱的汽油蒸气通过管路进入活性炭罐的上部，新鲜空气则从活性炭罐下部进入活性炭罐。发动机熄火后，汽油蒸气与新鲜空气在罐内混合并储存在活性炭罐中，当发动机启动后，装在活性炭罐与进气歧管之间的燃油蒸发净化装置的电磁阀门打开，活性炭罐内的汽油蒸气被吸入进气歧管参加燃烧。

6.2.2　柴油机排放的净化

柴油机的平均过量空气系数大，燃烧比较完全，因此CO、HC、NO_X的排出量较少。而SO_2和炭烟的排出量却比汽油机大得多。目前，柴油机净化工作的重点是降低NO_X和HC的合计排出量和减少炭烟。

柴油机的燃烧室形式对排污量的影响很大。试验表明，分隔式燃烧室排污量比直接喷射式低得多。

采用涡轮增压中冷技术，则既能全面降低排污，又能提高柴油机性能，因此适用于汽车和工程机械等柴油机。但应装设冒烟限制器，以减少低速和加速时的排烟。

进气管喷水或燃油掺水，可明显降低NO_X的排放量。这是由于水的蒸发要吸收大量的热，而且加水可降低混合气中燃油含量，因而降低燃烧最高温度。

柴油机排出的炭烟由多孔性炭粒构成，是柴油在高温缺氧区脱氢反应所致。其中直径在2μm以下的炭粒占80%～90%，而正是这种炭粒对人的呼吸极为有害。采用柴油机炭烟净化装置可过滤掉炭粒。

相关链接

调查一款新上市汽车发动机采用的新技术。

思考、练习与动手

一、选择题

1. 汽油的辛烷值一般表示汽油的________。

A. 经济性　　B. 挥发性　　C. 抗爆性　　D. 燃烧性

2. 在下列指标中,________可以作为汽车燃料经济性能评价指标。

A. 有效燃料消耗率　　B. 百公里耗油量　　C. 有效热效率　　D. 每小时耗油量

3. 采用燃油喷射系统的汽油机与采用化油器的汽油机相比较,以下描述错误的是________。

A. 动力性有所提高　　B. 经济性有所提高

C. 有害物排放量有所提高　　D. 加速性能有所提高

4. 汽油机的摇臂轴采用________润滑。

A. 压力　　B. 飞溅　　C. 综合式　　D. 固定

5. 电子控制汽油喷射系统是由________、电子控制单元以及执行器组成。

A. 喷油嘴　　B. 节气门体　　C. 传感器　　D. 空气流量计

6. 目前清洁能源汽车中有一种用LPG作为燃料,LPG是指________。

A. 压缩天然气　　B. 液化石油气　　C. 甲醇气体　　D. 炼厂气

7. 空气滤清器的作用是清除流向进气系统的空气中所含的________,以减少汽缸、活塞和塞活环的磨损。

A. 机油　　B. 水分　　C. 金属屑　　D. 尘土和砂粒

8. 柴油机净化工作的重点是降低________的合计排出量和减少碳烟。

A. PM　　B. NO_X和HC　　C. CO_2　　D. 尘土和砂粒

9. 燃料蒸发排放控制系统主要由________装置、燃油蒸发净化控制装置和燃油箱燃油蒸发控制装置组成。

A. 滤清器　　B. 活性炭　　C. 活性炭罐储存　　D. 冷却器

二、判断题

1. (　　)四冲程汽油发动机完成一个工作循环。这期间活塞在上下止点之间往复移动了四个行程,相应地曲轴旋转了一周。

2. (　　)断电配电器主要由断电器和配电器组成,断电器实质是一个开关,可以断开高压电路。

3. (　　)目前汽车发动机上广泛采用蒸发式水冷却系统。

4. (　　)汽油机排气污染主要成分是CO,HC和NO_X。

5. (　　)柴油机的分隔式燃烧室排污量比直接喷射式高得多。

6. (　　)进、排气系统由空气滤清器、进排气管、混合气预热装置以及排消声器等组成。

7. (　　)冷却系的作用是使工作中的发动机得到适度的冷却,保持在最适宜的温度(90℃)范围内工作。

8. (　　)现代汽车冷却液是由水和冷却液添加剂组成的,也可以一年四季加入适量防冻液。

9. (　　)四冲程汽油发动机完成一个工作循环,配气机构中进排气门各打开一次,相应地凸轮轴旋转了一周。

三、填空题

1. 汽油机由________、________、供给系、润滑系、冷却系、点火系（柴油机无此系统）和起动系组成。

2. 电子点火系分为________点火系、________点火系和无分电器半导体点火系。

3. 水冷系是由水套、水泵、风扇、________、导风圈、水管、冷却液温度表、感温管、________和百叶窗等组成。

4. 润滑系一般由油底壳、机油泵、机油滤清器、________、________、机油压力表、集滤器等组成。

5. 进、排气系统的作用是供给发动机________，将工作后的________排至大气。

6. 利用燃料燃烧放出热量来做功的机械叫作________。

7. 二次空气供给系统是在排气管的上段设置一个反应器，通过空气泵、控制阀、止回阀和喷射管等引入适量的________，在高温下，使 CO 和 HC 在热反应器内________，从而进一步减少了 CO 和 HC 的排放量。

8. 这种混合气被纵向涡旋转流带到火花塞附近，在火花塞四周形成________混合状态。这种混合状态虽________来看十分稀薄，但由于呈现从浓厚到稀薄的层状分布，因此能保证点火并实现稳定燃烧。

9. 采用________，则既能全面降低排污，又能提高柴油机性能，因此适用于汽车和工程机械等柴油机。

四、思考与动手

1. 发动机为汽车提供动力，发动机如何将热能转换成机械能推动汽车行驶？

2. 电控发动机主要解决了什么问题？

3. 从发动机的演变中，能说明什么问题？

参考答案

一、选择题

1. C　2. B　3. C　4. A　5. C　6. B　7. D　8. B　9. C

二、判断题

1. ×　2. ✓　3. ×　4. ✓　5. ×　6. ✓　7. ×　8. ✓　9. ✓

三、填空题

1. 曲柄连杆机构　配气机构
2. 晶体管辅助触点电子　无触点电子
3. 散热器　节温器
4. 限压阀　旁通阀
5. 新鲜的可燃混合气或空气　废气
6. 热机
7. 新鲜空气　继续燃烧（生成 H_2O 和 CO_2）
8. 层状　燃烧室整体来看
9. 涡轮增压中冷技术

四、思考与动手

答案省略

单元三　汽车的行驶

学习目标

知识目标

1. 正确描述传动系统组成部件的功用和分类,简单叙述其基本构造;
2. 正确描述车架与车身的基本组成,简单叙述悬架系统的种类与功能;
3. 正确描述制动原理和种类,简单叙述制动系统的特点与简单构造;
4. 简单描述 ABS、EBD、ESP 等制动系统;
5. 正确描述转向系统的功用与组成,简单叙述车轮定位的概念;
6. 简单叙述动力转向系统;
7. 简单叙述汽车轮胎的标记和规格。

能力目标

1. 会正确安全使用拆装工具;
2. 会获取汽车构造的感性认识;
3. 会做汽车的拆装。

1　汽车传动系统

汽车发动机所发出的动力靠传动系统传递到驱动车轮。传动系统具有减速、变速、倒车、中断动力、轮间差速和轴间差速等功能,与发动机配合工作,能保证汽车在各种工况条件下的正常行驶,使汽车具有良好的动力性和经济性。

传动系可按能量传递方式的不同,划分为机械传动、液力传动、液压传动、电传动等。

机械传动系统一般由离合器、变速器、万向传动装置、主减速器、差速器和半轴等组成。图 3-1 所示,为发动机纵向安装在汽车前部,后桥驱动的 4 ×2 汽车布置示意图。发动机发出的动力经离合器、变速器、万向传动装置传到驱动桥。在驱动桥处,动力又经主减速器、差速器和半轴等到达驱动车轮。

1.1　离合器

离合器装在发动机与变速器之间,汽车从起动到行驶的整个过程中,经常需要使用离合器。它的作用是使发动机与变速器之间能逐渐接合,从而保证汽车平稳起步;有时暂时切断发动机与变速器之间的联系,以便于换挡和减少换挡时的冲击;此外,当汽车紧急制动时能起分离作用,防止变速器等过载。离合器类似开关,接合或切断动力的传递,因此,任何形式的汽车都有离合装置,只是形式不同而已。

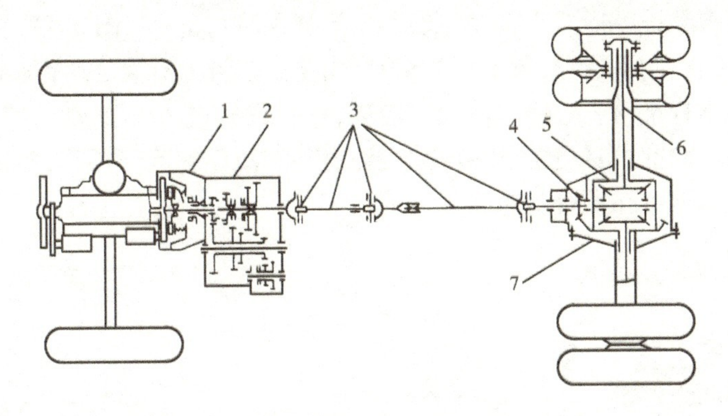

图3-1　发动机前置后轮驱动传动系统示意图

1-离合器;2-变速器;3-万向传动装置;4-主减速器;5-差速器;6-半轴;7-驱动轴

自动变速器的液力变矩器已经具有离合作用,而手动变速器的离合器主要是采用摩擦形式,并独立成为一种装置,有自己的控制系统。因此,普通手动变速器汽车都有离合器踏板装置,安装在驾驶人座椅地面前左端。

轿车采用膜片离合器,它由主动部分(由壳体、膜片弹簧、压盘等组成的整体并用螺钉固定在发动机飞轮上)、被动部分(由摩擦片与从动盘组成)和操纵部分组成。

被动部分装在飞轮与压盘之间,通过滑动花键套在变速器的输入轴上。在膜片弹簧的弹力作用下,从动盘、压盘与飞轮夹紧,发动机工作时,飞轮和压盘通过它们与摩擦片之间的摩擦带动从动盘一起旋转,将扭矩传递给变速器主动轴(图3-2a)。当驾驶人踩下离合器踏板,操纵部分的分离叉将分离轴承推向前,推动膜片弹簧下端,使膜片弹簧上端绕支点转动并拉动压盘向后移动,解除了压盘与摩擦片之间的压紧力,发动机只能带动主动部分旋转,无法将转矩传递给变速器(图3-2b)。当驾驶人松开离合器踏板,操纵部分将分离轴承拉回来,膜片弹簧下端压力解除,恢复原位,压盘在膜片弹簧压力下又向前移动并将摩擦片压紧,发动机又可将转矩传递至变速器。摩擦片上还均匀分布了若干只横置的螺旋弹簧,用于减少离合时的冲击和振动。

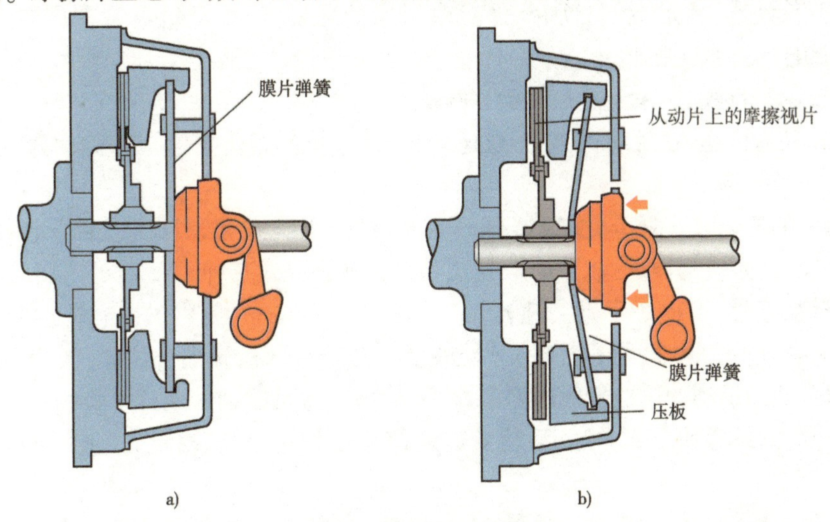

图3-2　离合器工作状态

a)接合状态;b)分离状态

目前,汽车离合器操纵形式有机械拉线和液压式两种(图3-3,图3-4),轿车多用液压操纵式,它具有噪声小、省力、平稳、布置方便的优点,由主缸、轮缸、软管、踏板等组成。当驾驶人踩下离合器踏板时,推杆推动主缸活塞使油压增高,通过软管进入工作缸,迫使轮缸拉杆推动分离叉,将分离轴承推向前;当驾驶人松开离合器踏板时,液压解除,分离叉在复位弹簧作用下逐渐退回原位,离合器又处在接合状态。

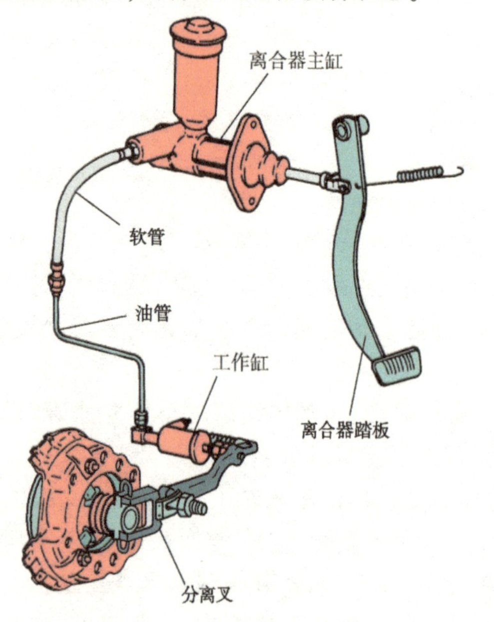

图3-3 离合器液压式操纵装置

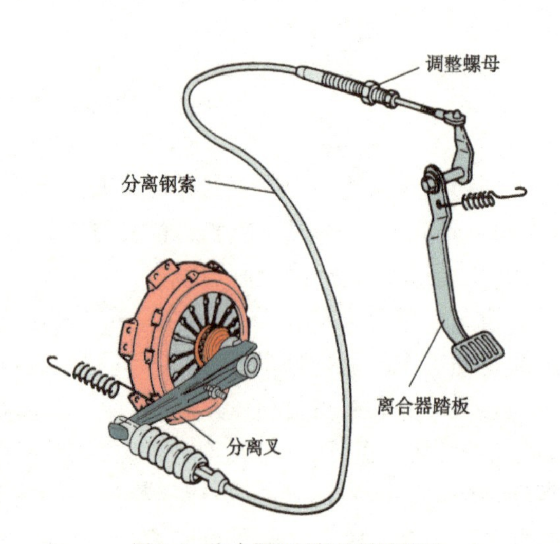

图3-4 离合器机械拉线操纵装置

1.2 变速器

变速器的主要功用表现在以下3个方面:

(1)改变传动比,满足不同行驶条件对牵引力的需要,使发动机尽量工作在有利的工况下,满足可能的行驶速度要求。

(2)实现倒车行驶,用来满足汽车倒退行驶的需要。

(3)中断动力传递,在发动机起动、怠速运转、汽车换挡或需要停车进行动力输出时,中断向驱动轮的动力传递。

按传动比的变化方式划分,变速器可分为有级式、无级式和综合式三种。按操纵方式划分,变速器可以分为强制操纵式,自动操纵式和半自动操纵式三种。

(1)手动变速器(MT)。手动变速器(Manual Transmission,简称MT)(图3-5),也叫手动挡,即必须用手拨动变速杆(俗称挡杆)才能改变变速器内的齿轮啮合位置,改变传动比,从而达到变速的目的。手动变速在操纵时必须踩下离合器,方可拨动变速杆。

一般来说,如果驾驶人技术好,手动变速的汽车在加速、超车时比自动变速汽车要快,也省油。

(2)自动变速器(AT)。自动变速器(Automatic Transmission,简称AT)(图3-6),通常利用行星齿轮机构进行变速,而驾驶人只需操纵加速踏板控制车速即可。虽说自动变速汽车没有

离合器,但自动变速器中有多片离合器、制动器和单向离合器等执行元件,能够根据车速和节气门开度的变化而自动分离或闭合,从而达到自动变速的目的。

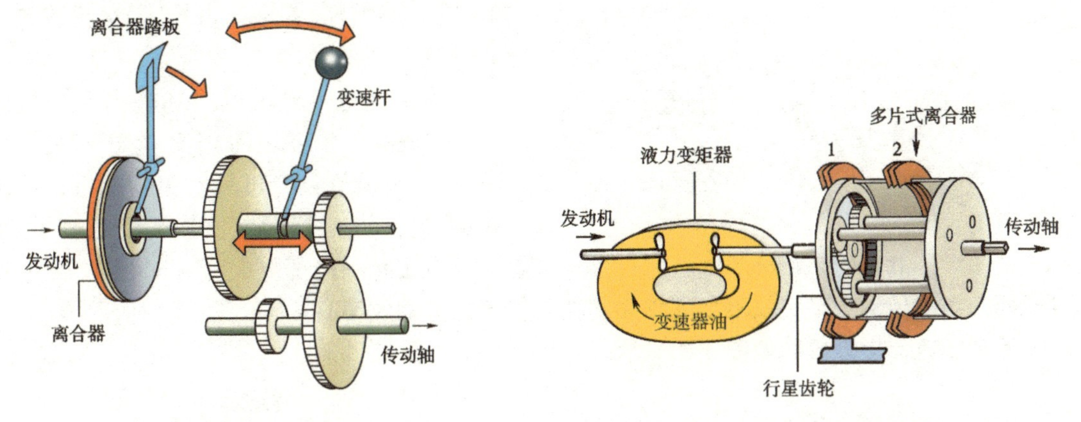

图 3-5　手动变速器示意图　　图 3-6　自动变速器示意图

(3)手动/自动变速器。手动/自动变速器由德国保时捷车厂在 911 车型上首先推出,称为 Tiptronic。它可使高性能跑车不必受限于传统的自动挡束缚,让驾驶人也能享受手动换挡种类的乐趣。此型车在其挡位上设有“+”、“-”选择挡位。在 D 挡时,可自由变换降挡(-)或加挡(+),如同手动挡一样。驾驶人可以在入弯前像手动挡般地强迫降挡减速,出弯时可以低中挡加油出弯。

现在的自动挡车的转向盘上又增加了“+”、“-”换挡按钮,驾驶人就能手不离开转向盘加减挡。

(4)无级变速器(CVT)。无级变速器(CVT)最早由荷兰人范·多尼斯(VanDoorne's)发明。无级变速系统(图 3-7)不像手动变速器或自动变速器那样用齿轮变速,而是用两个滑轮和一个钢带来变速,其传动比可以随意变化,没有换挡的突跳感觉。

普通齿轮变速器主要分为三轴变速器和两轴变速器两种。

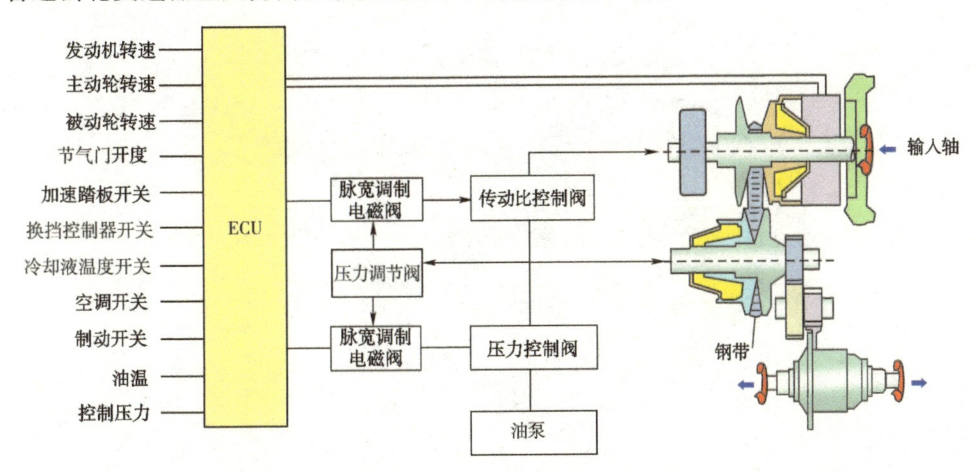

图 3-7　钢带式无级变速器示意图

三轴变速器这类变速器的前进挡主要由输入(第一)轴、中间轴和输出(第二)轴组成。两轴变速器这类变速器的前进挡主要由输入和输出两根轴组成(图 3-8)。

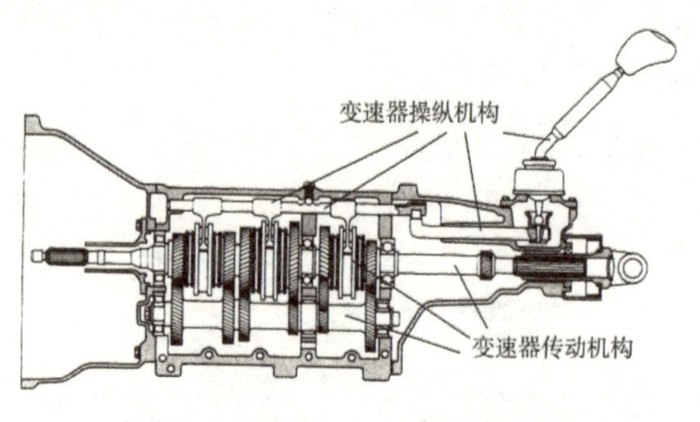

图 3-8　变速器的组成

三轴五挡变速器有五个前进挡和一个倒挡,由壳体、第一轴(输入轴)、中间轴、第二轴(输出轴)、倒挡轴、各轴上齿轮、操纵机构等几部分组成。

二轴变速器主要由输入和输出两根轴组成。与传统的三轴变速器相比,由于省去了中间轴,在一般挡位只经过一对齿轮就可以将输入轴的动力传至输出轴,所以传动效率要高。同样因为任何一挡都要经过一对齿轮传动,所以任何一挡的传动效率又都不如三轴变速器直接挡的传动效率高。

手动变速器操纵机构如图 3-9 所示。

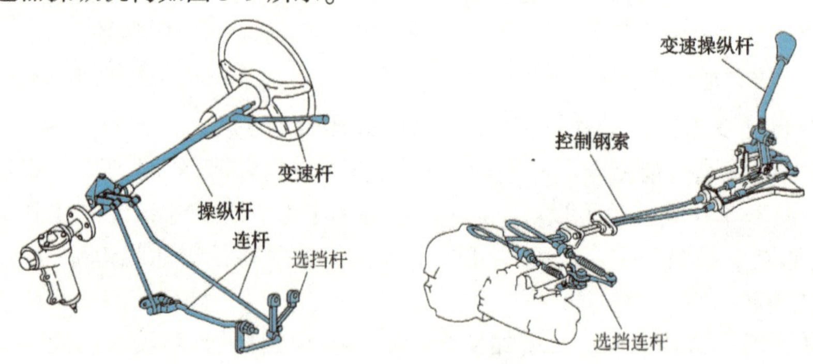

图 3-9　变速器操纵机构

1.3　自动变速器简介

液力自动变速器由变矩器、机械式变速器(一般多采用行星齿轮)和电子—液压控制系统三部分组成(图 3-10)。

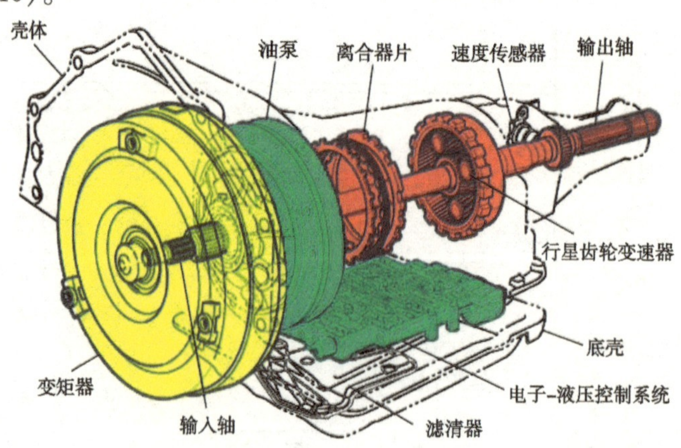

图 3-10　自动变速器的组成

1.3.1　变矩器

变矩器由泵轮、涡轮和导轮组成。

泵轮是主动部分,将发动机动力变成油液动能。涡轮是输出部分,将动力传至机械式变速

器的输入轴。导轮是反作用元件,它对液流起反作用,达到增扭作用(图3-11)。

导轮的增扭作用:当汽车行驶阻力大时涡轮转速低于泵轮转速,从涡轮流入导轮的油液方向与泵轮旋转方向相反,导轮对油流起反作用,达到增扭作用,克服增大的阻力(图3-12)。

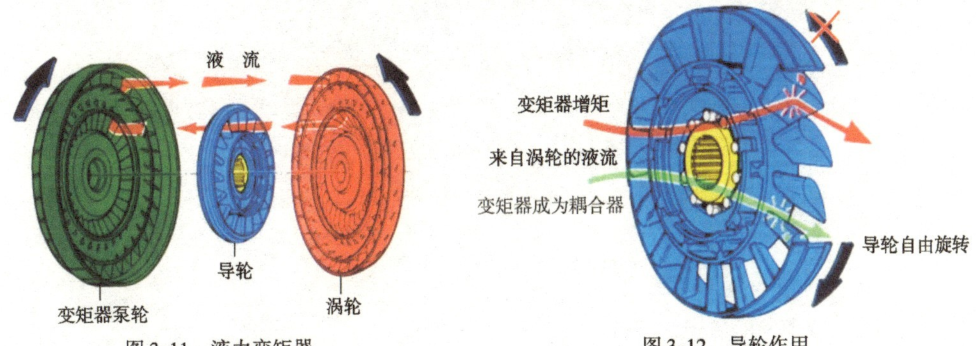

图3-11　液力变矩器　　　　图3-12　导轮作用

1.3.2　行星齿轮变速器

液力自动变速器多采用结构紧凑的行星齿轮变速器。它通常采用两排行星齿轮来实现各档变速比。行星齿轮组由齿圈、行星齿轮、太阳轮3个元件组成(图3-13)。任一元件固定,其余两个作输入或输出用多片离合器和制动器分别对这些元件进行接合制动来实现换挡。

1.3.3　电子—液压控制系统

电子—液压控制系统主要由传感器、电控单元、换挡电磁阀、油压调节电磁阀等组成。

液力自动变速器电子控制通过动力传动控制模块(PCM)接收来自汽车上各种传感器的电子信号输入,根据汽车的使用工况对这些信息处理来决定液力自动变速器运行工况。

按照这些工况,动力传动控制模块给执行机构发出指令控制下列功能:

(1)变速器的升挡和降挡,一般通过操纵一对电子换挡电磁阀在通/断两种状态中转换。通过电控压力控制电磁阀(PCS Pressure Control solenoid)用以调整管路油压。

(2)变矩器锁止离合器(TCC Torque Converter Clutch)接合和分离时,通过变矩器离合器控制电磁阀(按应用场合可能不止一个电磁阀)。变速器的这些工作特性的电子控制,能按照汽车的运行工况提供稳定和精确的换挡点(时间)和换挡品质。

1.4　传动轴总成

在汽车传动系统及其他系统中,为了实现一些轴线相交或相对位置经常变化的转轴之间的动力传递,必须采用万向传动装置。万向传动装置一般由万向节和传动轴组成,有时还要有中间支承。

万向节的分类:按万向节在扭转方向上是否有明显的弹性可分为刚性万向节和挠性万向节。刚性万向节又可分为不等速万向节(常用的为十字轴式)、准等速万向节(双联式万向节)和等速万向节(球叉式、球笼式万向节)三种。在汽车的传动系中使用十字轴式万向节,而在转向驱动桥中往往使用球叉式、球笼式等速万向节。

1.5　车轴总成

车轴主要包括前轴和后轴,驱动轴又称为驱动桥。普通车辆的驱动桥由主减速器、差速器、半轴和驱动桥壳组成。

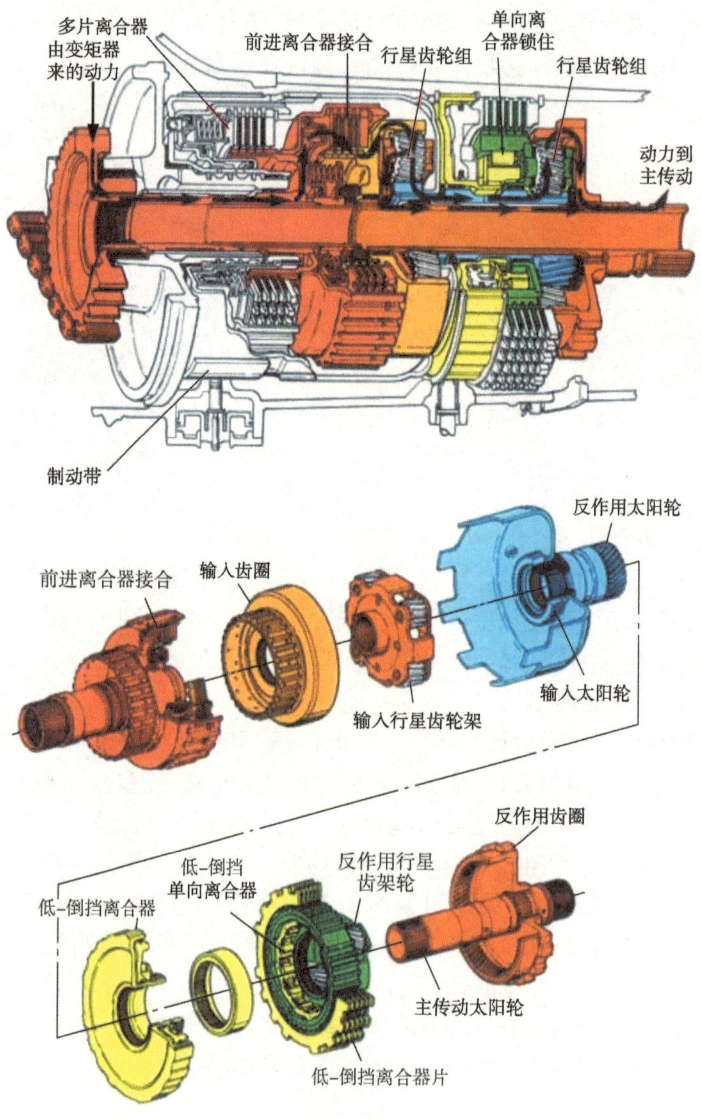

图3-13 行星齿轮和执行元件

1.5.1 主减速器

主减速器在传动系统中起降低转速,增大转矩作用,当发动机纵置时还具有改变转矩旋转方向的作用。它是依靠齿数少的齿轮带齿数多的齿轮来实现减速的,采用锥齿轮传动则可以改变转矩旋转方向。将主减速器布置在动力向驱动轮分流之前的位置,有利于减小其前面的传动部件(如离合器、变速器、传动轴等)所传递的转矩,从而减小这些部件的尺寸和质量。

为满足不同的使用要求,主减速器的结构形式也是不同的。按参加减速传动的齿轮副数目分,可分为单级式主减速器和双级式主减速器。除了一些要求大传动比的中、重型车采用双级主减速器外,一般微、轻、中型车基本采用单级主减速器。单级主减速器具有结构简单、体积小、质量轻和传动效率高等优点。

1.5.2 差速器

汽车差速器是一个差速传动机构,用来保证各驱动轮在各种运动条件下的动力传递,避免

轮胎与地面间打滑。

当汽车转弯行驶时,外侧车轮比内侧车轮所走过的路程长;汽车在不平路面上直线行驶时,两侧车轮走过的曲线长短也不相等;即使路面非常平直,但由于轮胎制造尺寸误差,磨损程度不同,承受的载荷不同或充气压力不等,各个轮胎的滚动半径实际上不可能相等,若两侧车轮都固定在同一刚性转轴上,两轮角速度相等,则车轮必然出现边滚动边滑动的现象。

车轮对路面的滑动不仅会加速轮胎磨损,增加汽车的动力消耗,而且可能导致转向和制动性能的恶化。若主减速器从动齿轮通过一根整轴同时带动两侧驱动轮,则两侧车轮只能以同样的转速转动。为了保证两侧驱动轮处于纯滚动状态,就必须改用两根半轴分别连接两侧车轮,而由主减速器从动齿轮通过差速器分别驱动两侧半轴和车轮,使它们可用不同角速度旋转。这种装在同一驱动桥两侧驱动轮之间的差速器称为轮间差速器(图 3-14)。

差速器如何操作

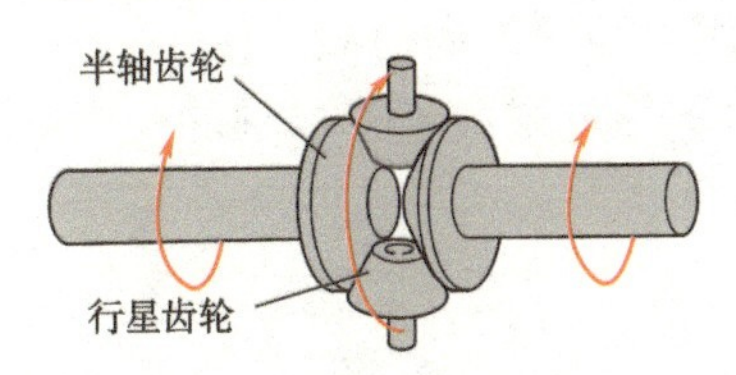

两支半轴等速旋转,行星齿轮随半轴末端的半轴齿轮运行,但并不自转。

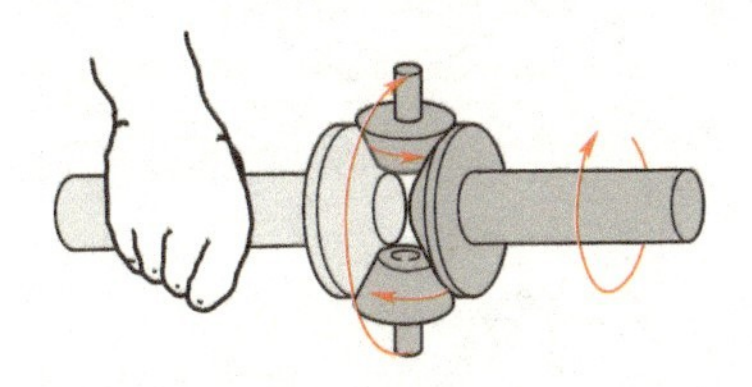

一支半轴如果停止不动,另一支仍然能继续转动,因为此时其半轴齿轮使行星齿轮自转,同时绕停止的齿轮运行

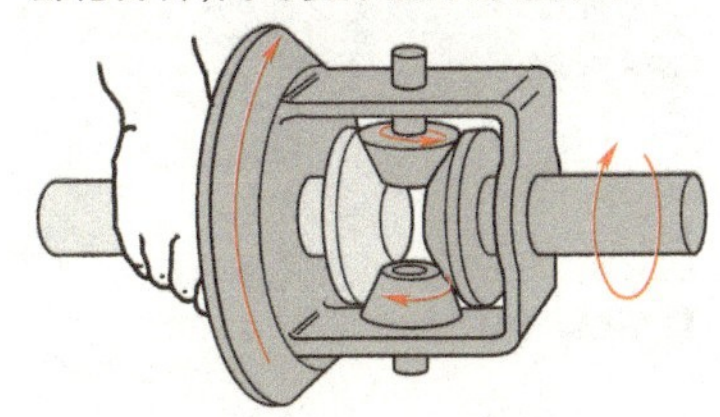

差速器装在保持架中,这个保持架与大齿轮嵌为一体,半轴则从这组合件中穿过。

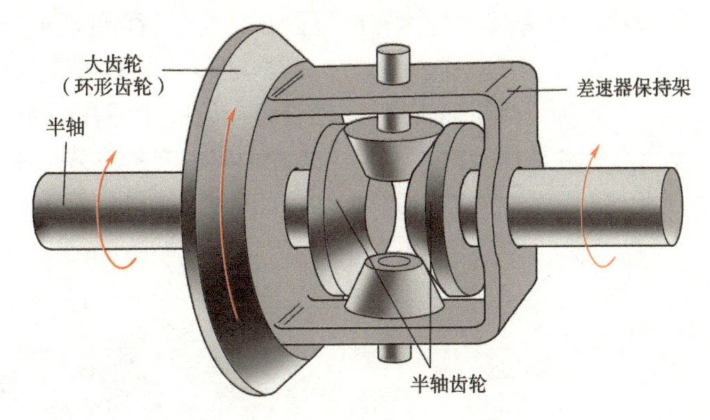

汽车直行　差速器保持架与大齿轮共转,行星齿轮受两支半轴把持而运行,并不自转,半轴齿轮便与左右两支半轴同转。

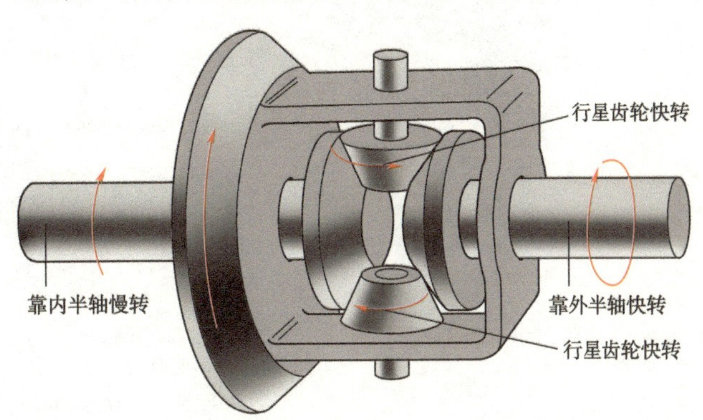

汽车转弯　靠内半轴末端的半轴齿轮比大齿轮转得慢,靠外的半轴则受行星齿轮驱动,相应地转得较快。

图 3-14　轮间差速器原理示意图

在多轴驱动汽车的各驱动桥之间,也存在类似问题。为了适应各驱动桥所处的不同路面情况,使各驱动桥有可能具有不同的输入角速度,可以在各驱动桥之间装设轴间差速器。差速器又可分为普通差速器和防滑差速器两大类。

1.5.3　半轴和桥壳

车桥通过悬架和车架(或车身)相连,两端连接车轮。车桥可以是整体式的,形似一个巨大的杠铃,两端通过悬架系统支撑着车身,因此整体式车桥通常与非独立悬架配合;车桥也可以是断开式的,像两把雨伞插在车身两侧,再各自通过悬架系统支撑车身,所以断开式车桥与独立悬架配用。

根据驱动方式的不同,车桥也分成转向桥、驱动桥、转向驱动桥和支持桥四种。其中转向桥和支持桥都属于从动桥。大多数汽车采用前置后驱动(FR),因此前桥作为转向桥,后桥作为驱动桥;而前置前驱动(FF)汽车则前桥成为转向驱动桥,后桥充当支持桥。

转向驱动桥与转向桥的区别就是一切都是空心的,横梁变成了桥壳,转向节变成了转向节壳体,因为里面多了根驱动轴。这根驱动轴因被位于桥壳中间的差速器一分为二,而变成了两根半轴。半轴在相关的位置也多了一个关节——万向节,因此半轴也变成了两部分,内半轴和外半轴。

半轴用来将差速器半轴齿轮的输出转矩传到驱动轮或轮边减速器上。在非断开式驱动桥内,半轴一般是实心的。在断开式驱动桥处,往往采用万向传动装置给驱动轮传递动力;在转向驱动桥内,半轴一般需要分为内半轴和外半轴两段,中间用等角速万向节相连接。

在非断开式驱动桥内,半轴与驱动轮的轮毂在桥壳上的支承形式决定了半轴的受力状况。现代汽车多采用全浮式和半浮式两种半轴支承形式(图3-15)。

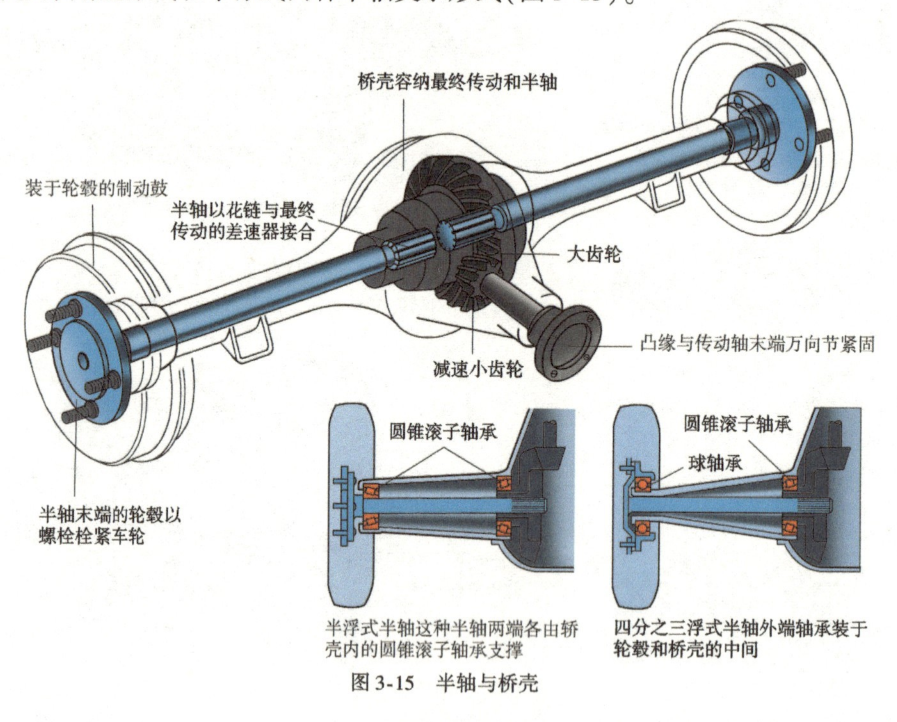

图3-15 半轴与桥壳

2 汽车行驶系统

2.1 汽车行驶系统概述

行驶系统主要有车轮、车桥、车架和悬架组成。

行驶系统的功用是接受传动系统的动力,通过驱动轮与路面的作用产生牵引力,使汽车正常行驶;承受汽车的总质量和地面的反力;缓和不平路面对车身造成的冲击,衰减汽车行驶中

的振动，保持行驶的平顺性；与转向系统配合，保证汽车操纵稳定性。

2.2　车架与车身

车架是汽车上各部件的安装基础。如发动机、变速器、车身或驾驶室通过弹性支撑安装于车架上；前、后桥通过悬架连接在汽车车架上；而转向器则直接安装在车架上。通常车架由纵梁和横梁组成。

在一些客车和轿车上，车身和车架制成一体，这样的车身称为半承载式车身，有的被加强了车身则能完全起到车架的作用，这样的车身称为承载式车身，不另设车架。随着节能技术的发展，为了减轻自重，越来越多的轿车都采用了承载式车身。

车架承受着全车的大部分质量，在汽车行驶时，它承受来自装配在其上的各部件传来的力及其相应的力矩的作用。当汽车行驶在崎岖不平的道路上时，车架在载荷作用下会产生扭转变形，使安装在其上的各部件相互位置发生变化。当车轮受到冲击时，车架也会相应受到冲击载荷。因而要求车架具有足够的强度，合适的刚度，同时尽量减轻质量。在良好路面行驶的汽车，车架应布置得离地面近一些，使汽车重心降低，有利于汽车稳定行驶，车架的形状尺寸还应保证前轮转向要求的空间。

目前，汽车车架按其结构形式主要可分为边梁式车架和中梁式车架两种。

2.2.1　边梁式车架

边梁式车架由位于左右两侧的两根纵梁和若干横梁构成，横梁和纵梁一般由16Mn合金钢板冲压而成，两者之间采用铆接或焊接连接。在横梁上往往要安装汽车上的一些主要部件和总成，所以横梁形状以及在纵梁上的位置应满足安装上的需要。

在车架的前后两端一般装有缓冲件——保险杠。载货汽车车架前端还装有挂钩，以便于在汽车发生故障时由别的汽车来拖带，其后横梁上装有拖带挂车用的拖钩，为了承受拖钩上传来的较大作用力，要以角支撑加强后横梁。

2.2.2　中梁式车架（脊梁式车架）

中梁式车架只有一根位于汽车中央的纵梁。纵梁断面为圆形或矩形，其上固定有横向的托架或连接梁，使车架成鱼骨状。

中梁式车架质量轻，重心低，行驶稳定性好，其结构使车轮跳动空间比较大，便于采用独立悬架系统。车架刚度和强度较大，中梁还能对传动轴有防尘作用。但这种车架制造工艺复杂，精度要求高，使维护不方便。另外横梁是悬臂梁，弯矩大，易在根部处损坏。

2.3　悬架系统组成与功能

汽车车架（或车身）若直接安装于车桥（或车轮）上，由于道路不平，由于地面冲击使货物和人会感到十分不舒服，这是因为没有悬架装置的原因。汽车悬架是车架（或车身）与车轴（或车轮）之间的弹性连接装置的统称。它的作用是弹性地连接车桥和车架（或车身），缓和行驶中车辆受到的冲击力。保证货物完好和人员舒适；衰减由于弹性系统引进的振动，使汽车行驶中保持稳定的姿势，改善操纵稳定性；同时悬架系统承担着传递垂直反力，纵向反力（牵引力和制动力）和侧向反力以及这些力所造成的力矩作用到车架（或车身）上，以保证汽车行驶平顺；并且当车轮相对车架跳动时，特别在转向时，车轮运动轨迹要符合一定的要求，因此悬架还起使车轮按一定轨迹相对车身跳动的导向作用。

一般悬架由弹性元件、导向机构、减振器和横向稳定杆组成。弹性元件用来承受并传递垂直载荷,缓和由于路面不平引起的对车身的冲击。弹性元件种类包括钢板弹簧、螺旋弹簧、扭杆弹簧、油气弹簧、空气弹簧和橡胶弹簧。减振器用来衰减由于弹性系统引起的振动,减振器的类型有筒式减振器、阻力可调式新式减振器、充气式减振器。导向机构用来传递车轮与车身间的力和力矩,同时保持车轮按一定运动轨迹相对车身跳动,通常导向机构由控制摆臂式杆件组成,种类有单杆式或多连杆式。钢板弹簧作为弹性元件时,可不另设导向机构,它本身兼起导向作用。有些轿车和客车上,为防止车身在转向等情况下发生过大的横向倾斜,在悬架系统中加设横向稳定杆,目的是提高横向刚度,使汽车具有不足转向特性,改善汽车的操纵稳定性和行驶平顺性。

2.4 悬架系统种类

现代的汽车越来越注重乘坐的舒适性,消费者往往将车的舒适性列为购买的一个重要衡量指标。事实上,汽车乘坐的舒适性除了座椅的柔软程度、支撑力等因素外,关系最大的就是汽车的悬架系统,同时它还是车架与车轴之间连接的传力机件,对其他性能诸如行驶的安全性、通过性、稳定性以及附着性能都有重大影响。

悬架系统的基本构成包括弹性元件、减振器和传力装置等三部分,分别起缓冲、减振和受力传递的作用。

对轿车而言,弹性元件多指螺旋弹簧,它只承受垂直载荷,缓和及抑制不平路面对车体的冲击,具有占用空间小、质量小、无需润滑的优点,但由于本身没有摩擦而没有减振作用。减振器的功能是加速衰减车身的振动,它也是悬架系统中最精密和复杂的机械件。传力装置则是指车架的上下摆臂等叉形钢架、转向节等元件,用来传递纵向力、侧向力及力矩,并保证车轮相对于车架有确定的相对运动规律。

2.4.1 悬架系统的两种分类

(1)非独立式悬架。将车轮装在一根整体车轴的两端,这样当一边车轮运转跳动时,就会影响另一侧车轮也做出相应的跳动,使整个车身振动或倾斜。采取这种悬架系统的汽车一般平稳性和舒适性较差,但由于其构造较简单,承载力大,该悬架多用于载货汽车、普通客车和一些其他特种车辆上。

(2)独立式悬架。独立悬架的车轴分成两段,每只车轮用螺旋弹簧独立地安装在车架下面,这样当一边车轮发生跳动时,另一边车轮不受波及,车身的振动大为减少,汽车舒适性也得以很大的提升,尤其在高速行驶时,它还可提高汽车的行驶稳定性。不过,这种悬架构造较复杂,承载力小,还会连带使汽车的驱动系统、转向系统变得复杂起来。目前大多数轿车的前后悬架都采用了独立悬架的形式(图3-16),并已成为一种发展趋势。

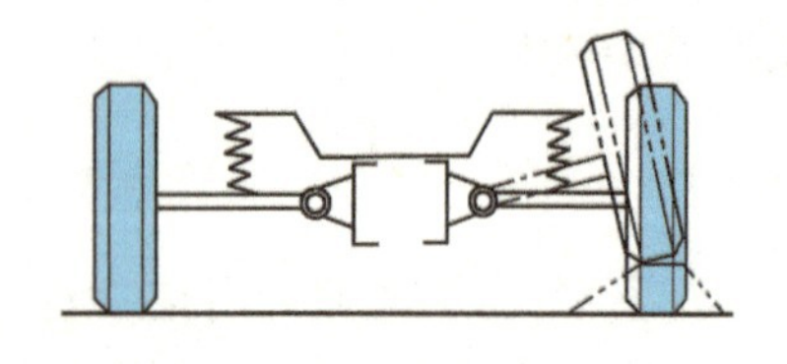

图3-16 独立悬架

2.4.2 钢板弹簧式非独立悬架

钢板弹簧被用做非独立悬架的弹性元件,由于它兼起导向机构的作用,使得悬架系统大为简化,被广泛用于小货车和客车的前后悬架(图3-17)。有的轿车的后悬架也采用此种非独立悬架。

2.4.3 独立悬架

独立悬架的结构分有烛式、麦弗逊式、连杆式等多种(图3-18),其中烛式和麦弗逊式形状

相似,两者都是将螺旋弹簧与减振器组合在一起,但因结构不同又有重大区别。烛式采用车轮沿主销轴方向移动的悬架形式,形状似烛形而得名,特点是主销位置和前轮定位角不随车轮的上下跳动而变化,有利于汽车的操控和稳定性。麦弗逊式是铰接式滑柱与下横臂组成的悬架形式,减振器可兼做转向主销,转向节可以绕着它转动,特点是主销位置和前轮定位角随车轮的上下跳动而变化,与烛式悬架正好相反。这种悬架构造简单、布置紧凑、前轮定位变化小,具有良好的行驶稳定性。所以,目前轿车使用最多的独立悬架是麦弗逊式悬架(图3-19)。

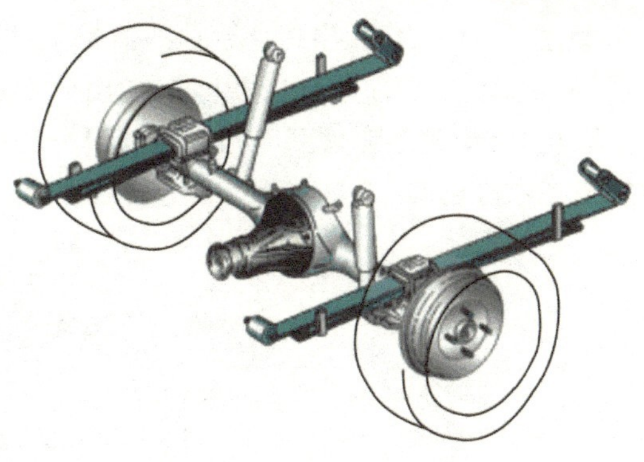

图3-17 钢板弹簧式非独立悬架

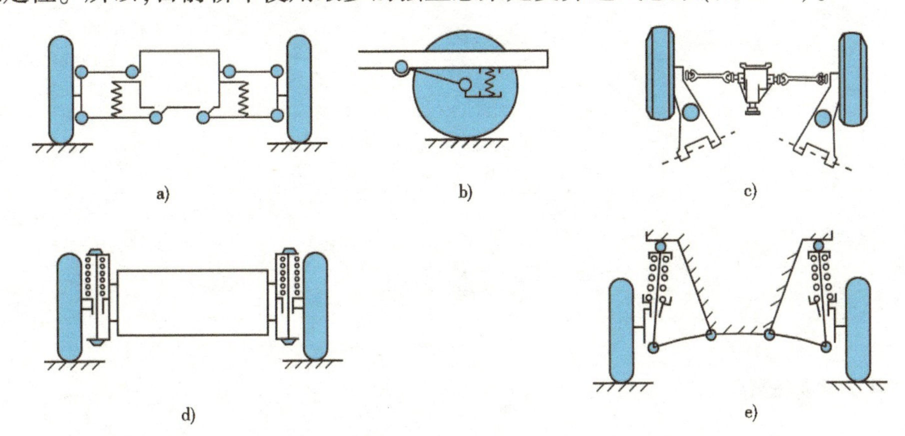

图3-18 独立悬架示意图

a)横臂式;b)纵臂式;c)单斜臂式;d)烛式;e)麦弗逊式

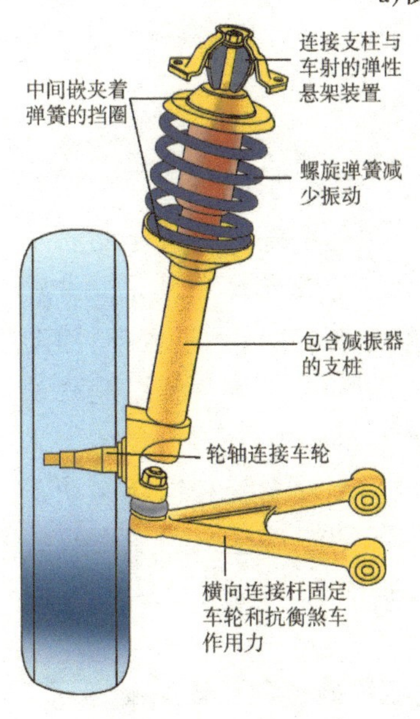

图3-19 麦弗逊式悬架

减振器上端与车身或者车架相连,下端与车桥相连。当轿车在不平坦路上行驶,车身会发生振动,减振器能迅速衰减车身振动,利用本身油液流动的阻力来消耗振动的能量。

现代轿车大多都是采用筒式减振器,当车架与车轴相对运动时,减振器内的油液与孔壁间的摩擦形成了对车身振动的阻力,这种阻力工程上称为阻尼力。阻尼力会将车身的振动能转化为热能,被油液和壳体所吸收。人们为了更好地实现轿车的行驶平稳性和安全性,将阻尼系数不固定在某一数值上,而是随轿车运行的状态而变化,使悬架性能总是处在最优的状态附近。因此,有些轿车的减振器是可调式的,可根据传感器信号自动选择。

传力装置必须另设独立悬架上的弹性元件,大多只能传递垂直载荷而不能传递纵向力和横向力,必须另设导向传力装置,如上、下摆臂和纵向、横向稳定器等。

2.4.4 主动悬架

一般由传感器检测系统运动的状态信号,反馈到电控单元

ECU,然后由 ECU 发出指令给执行机构主动力发生器,构成闭环控制(图3-20)。通常采用电液伺服液压缸作为主动力发生器,它由外部油源提供能量力发生器产生主动控制力作用于振动系统,自动改变弹簧刚度和减振器阻尼特性参数。主动悬架除了控制振动还可以控制汽车的姿态和高度。

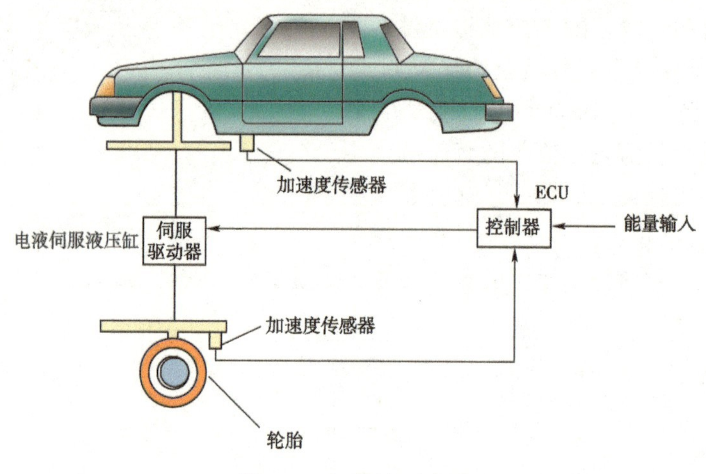

图3-20　主动悬架示意图

3　汽车制动系统

3.1　制动系统概述

汽车上用以使外界(主要是路面)在汽车某些部分(主要是车轮)施加一定的力,从而对其进行一定程度的强制制动的一系列专门装置统称为制动系统。其作用是使行驶中的汽车按照驾驶人的要求进行强制减速甚至停车;使已停驶的汽车在各种道路条件下(包括在坡道上)稳定驻车;使下坡行驶的汽车速度保持稳定等。

3.1.1　制动系统的分类

(1)按制动系统的作用划分。制动系统可分为行车制动系统、驻车制动系统、应急制动系统及辅助制动系统等。用以使行驶中的汽车降低速度甚至停车的制动系统称为行车制动系统;用以使已停驶的汽车驻留原地不动的制动系统则称为驻车制动系统;在行车制动系统失效的情况下,保证汽车仍能实现减速或停车的制动系统称为应急制动系统;在行车过程中,辅助行车制动系统降低车速或保持车速稳定,但不能将车辆紧急制停的制动系统称为辅助制动系统。上述各制动系统中,行车制动系统和驻车制动系统是每一辆汽车都必须具备的。

(2)按制动操纵能源划分。制动系统可分为人力制动系统、动力制动系统和伺服制动系统等。以驾驶人的肌体作为唯一制动能源的制动系统称为人力制动系统;完全靠由发动机的动力转化而成的气压或液压形式的势能进行制动的系统称为动力制动系统;兼用人力和发动机动力进行制动的制动系统称为伺服制动系统或助力制动系统。

(3)按制动能量的传输方式划分。制动系统可分为机械式、液压式、气压式、电磁式等。同时采用两种以上传能方式的制动系称为组合式制动系统。

3.1.2 制动系统的一般工作原理

制动系统的一般工作原理是利用与车身(或车架)相连的非旋转元件和与车轮(或传动轴)相连的旋转元件之间的相互摩擦来阻止车轮的转动或转动的趋势。

可用一种简单的液压制动系统来说明制动系统的工作原理。

一个以内圆面为工作表面的金属制动鼓固定在车轮轮毂上,随车轮一同旋转。在固定不动的制动底板上,有两个支撑销,支撑着两个弧形制动蹄的下端。制动蹄的外圆面上装有摩擦片。制动底板上还装有液压制动轮缸,用油管与装在车架上的液压制动主缸相连通。主缸中的活塞可由驾驶人通过制动踏板机构来操纵。

当驾驶人踩下制动踏板,使活塞压缩制动液时,轮缸活塞在液压的作用下将制动蹄片压向制动鼓,使制动鼓减小转动速度,或保持不动。

3.1.3 制动器概述

一般制动器都是通过其中的固定元件对旋转元件施加制动力矩,使后者的旋转角速度降低,同时依靠车轮与地面的附着作用,产生路面对车轮的制动力以使汽车减速。凡利用固定元件与旋转元件工作表面的摩擦而产生制动力矩的制动器都称为摩擦制动器。目前汽车所用的摩擦制动器可分为鼓式(图3-21)和盘式(图3-22)两大类。

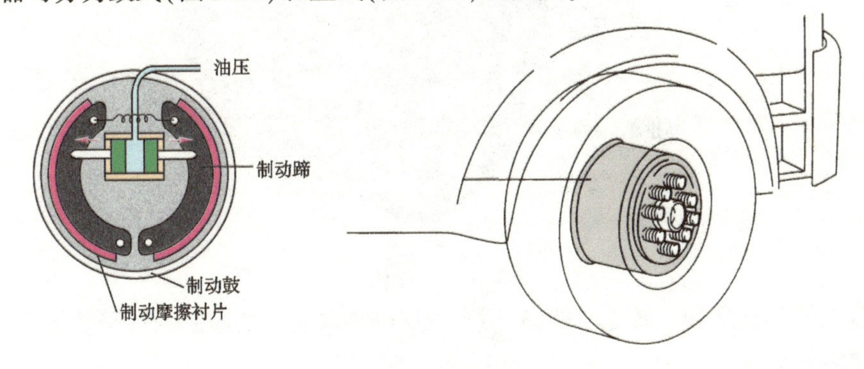

图3-21 鼓式制动器

旋转元件固装在车轮或半轴上,即制动力矩直接分别作用于两侧车轮上的制动器称为车轮制动器。旋转元件固装在传动系的传动轴上,其制动力矩经过驱动桥再分配到两侧车轮上的制动器称为中央制动器。

盘式制动器摩擦副中的旋转元件是以端面工作的金属圆盘,被称为制动盘。其固定元件则有着多种结构形式,大体上可分为两类。一类是工作面积不大的摩擦块与其金属背板组成的制动块,每个制动器中有2~4个。这些制动块及其促动装置都装在横跨制动盘两侧的夹钳形支架中,总称为制动钳。这种由制动盘和制动钳组成的制动器称为钳盘式制动器。另一类固定元件的金属背板和摩擦片也呈圆盘形,制动盘的全部工作面可同时与摩擦片接触,这种制动器称为全盘式制动器。

钳盘式制动器过去只用作中央制动器,但目前则愈来愈多地被各级轿车和货车用作车轮制动器。全盘式制动器只有少数汽车(主要是重型汽车)采用为车轮制动器。钳盘式制动器又可分为定钳盘式和浮钳盘式两类。

盘式制动器与鼓式制动器相比,有以下优点:一般无摩擦助势作用,因而制动器效能受摩擦系数的影响较小,即效能较稳定;浸水后效能降低较少,而且只需经一两次制动即可恢复正常;在输出制动力矩相同的情况下,尺寸和质量一般较小;制动盘沿厚度方向的热膨胀量极小,不会像制动鼓的热膨胀那样使制动器间隙明显增加而导致制动踏板行程过大;较容易实现间隙自动调整,其他维护修理作业也较简便。对于钳盘式制动器而言,因为制动盘外露,还有散热良好的优点。

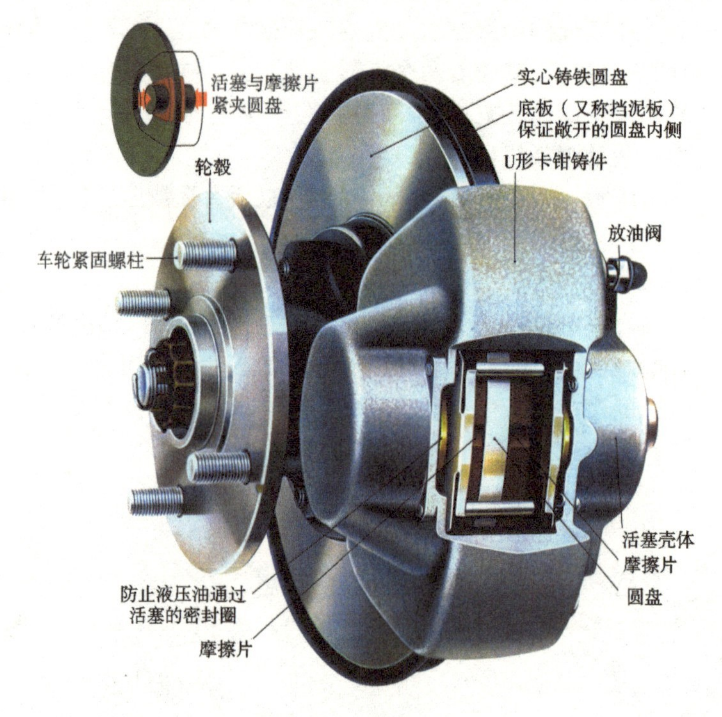

图 3-22 盘式制动器

盘式制动器不足之处是效能较低,故用于液压制动系统时所需制动促动管路压力较高,一般要用伺服装置。

目前,盘式制动器已广泛应用于轿车,在货车上,盘式制动器也有采用。

3.2 防抱死制动系统(ABS—Anti-Lock Brake System)

ABS 是 Anti-Lock Brake System 的英文缩写,翻译过来可以叫作防抱死制动系统。在没有 ABS 时,如果紧急制动一般会使轮胎抱死,由于抱死之后轮胎与地面是滑动摩擦,所以制动的距离会变长。如果前轮抱死,汽车失去侧向转向力,容易跑偏;如果后轮抱死,后轮将失去侧向抓地力,就易发生甩尾。特别是在积雪路面,当紧急制动时,就更容易发生上述的情况。

在 ABS 中,能够独立进行制动压力调节的制动管路称为控制通道。按照控制通道数目的不同,ABS 分为四通道、三通道、双通道和单通道四种形式,而其布置形式却多种多样。

四通道 ABS 有两种布置形式,对应于双制动管路的 H 型(前后)或 X 型(对角)两种布置形式,如图 3-23 所示。

ABS 是通过控制制动油压,来达到对车轮抱死的控制。其工作过程实际上是抱死—松开—抱死—松开的循环工作过程,使车辆始终处于临界抱死的间隙滚动状态。

但是在一些电影特技场景中,有的汽车是不装 ABS 的,所以我们才能看到它们侧滑、甩尾

等多种高难度的刺激场面。对于一些想追求驾驶刺激的高级赛车手,他们同样不喜欢给汽车装上 ABS。终究一点,ABS 不是给特级演员和高级赛车手设计的,而是针对一般驾驶人,以保证他们驾车的安全设计的。

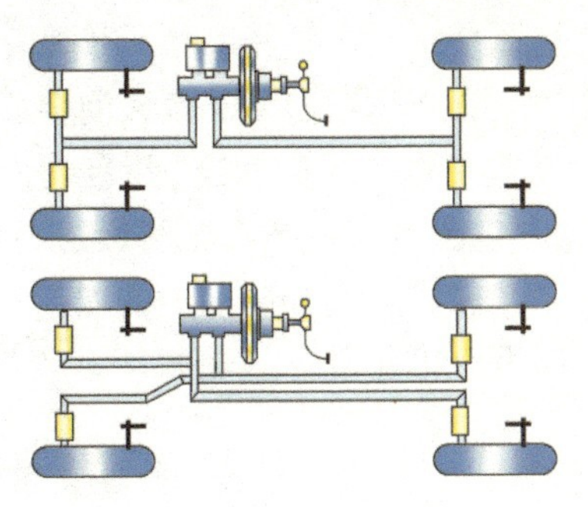

图 3-23 四通道 ABS 布置形式

3.3 ABS + EBD

近几年,汽车的装置里又多了 EBD。许多车型,如广本奥德赛、派力奥、西耶那等,都在制动中说明是"ABS + EBD"。那么 EBD 是 ABS 功能的扩充,还是 EBD 比 ABS 更先进。

EBD 的英文全称是 Electric Brakeforce Dis-tribution,中文直译就是"电子制动力分配"。汽车制动时,如果四只轮胎附着地面的条件不同,比如,左侧轮附着在湿滑路面,而右侧轮附着于干燥路面,四个轮子与地面的摩擦力不同,在制动时(四个轮子的制动力相同)就容易产生打滑、倾斜和侧翻等现象(图 3-24)。

图 3-24 制动时的车轮受力

EBD 的功能就是在汽车制动的瞬间,高速计算出四个轮胎由于附着不同而导致的摩擦力数值,然后调整制动装置,使其按照设定的程序在运动中高速调整,达到制动力与摩擦力(牵引力)的匹配,以保证车辆的平稳和安全。

当紧急制动车轮抱死的情况下,EBD 在 ABS 动作之前就已经平衡了每一个轮的有效地面抓地力,可以防止出现甩尾和侧移,并缩短汽车制动距离。

EBD 实际上是 ABS 的辅助功能,它可以改善提高 ABS 的功效。所以在安全装置上,汽车又多了"ABS + EBD"。

3.4 ESP

ESP 是英文 Electronic Stability Program 的缩写,中文译成"电子稳定程序"。这一组系统通常是支援 ABS 及 ASR(驱动防滑系统,又称牵引力控制系统)的功能。它通过对从各传感器传来的车辆行驶状态信息进行分析,然后向 ABS、ASR 发出纠偏指令,来帮助车辆维持动态平衡。ESP

可以使车辆在各种状况下保持最佳的稳定性,在转向过度或转向不足的情形下效果更加明显。

ESP 一般需要安装转向传感器、车轮传感器、侧滑传感器、横向加速度传感器等。ESP 可以监控汽车行驶状态,并自动向一个或多个车轮施加制动力,以保持汽车在正常的车道上运行,甚至在某些情况下可以进行每秒 150 次的制动(见图 3-25)。目前 ESP 有 3 种类型:能向 4 个车轮独立施加制动力的四通道或四轮系统;能对两个前轮独立施加制动力的双通道系统;能对两个前轮独立施加制动力和对后轮同时施加制动力的三通道系统。

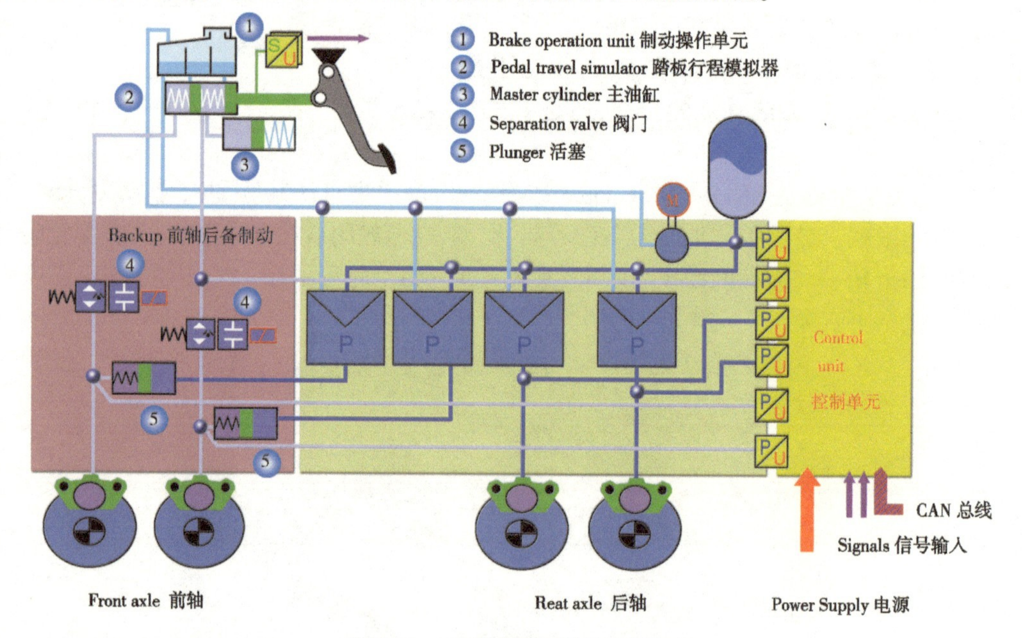

图 3-25 ESP 控制系统原理示意图

ESP 最重要的特点就是它的主动性,如果说 ABS 是被动地做出反应,那么 ESP 却可以做到防患于未然。

总之,不管是 ABS、EBD 还是 ESP 都是为了提高人们驾车的安全性。

4 汽车转向系统

汽车行驶时要经常改变行驶方向,这就需要有一套能够按照驾驶人意志使汽车转向的机构,它将驾驶人转动转向盘的动作转变为车轮(通常是前轮)的偏转动作。

按转向力能源的不同,可将转向系统分为机械转向系统和动力转向系统。

机械转向系统的能量来源是人力,所有传力件都是机械的,由转向操纵机构(转向盘)、转向器、转向传动机构三大部分组成。其中转向器是将操纵机构的旋转运动转变为传动机构的直线运动(严格讲是近似直线运动)的机构,是转向系统的核心部件(图 3-26)。

4.1 转向系统的功用与组成

4.1.1 转向系统概述

汽车上用来改变或恢复其行驶方向的专设机构称为汽车转向系统。

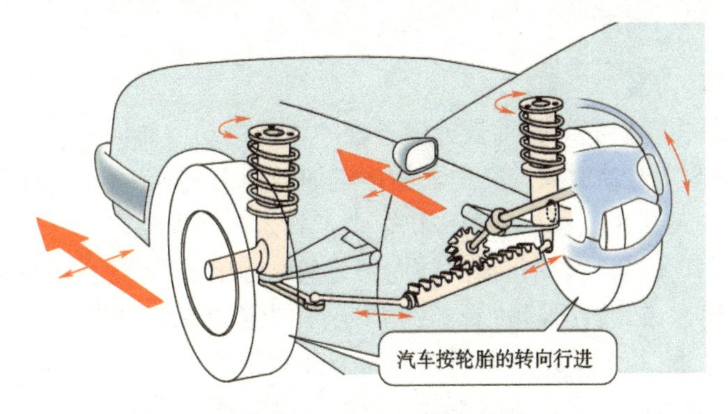

图 3-26　汽车转向原理示意图

(1)转向系统的基本组成。

①转向操纵机构。主要由转向盘、转向轴、转向管柱等组成。

②转向器。将转向盘的转动变为转向摇臂的摆动或齿条轴的直线往复运动,并对转向操纵力进行放大的机构。转向器一般固定在汽车车架或车身上,转向操纵力通过转向器后一般还会改变传动方向。

③转向传动机构。将转向器输出的力和运动传给车轮(转向节),并使左右车轮按一定关系进行偏转的机构。

(2)转向系统的类型及工作原理。按转向能源的不同,转向系统可分为机械转向系统和动力转向系统两大类。

①机械转向系统。以驾驶人的体力作为转向能源的转向系统,其中所有传力件都是机械的,是一种机械式转向系统。需要转向时,驾驶人对转向盘施加一个转向力矩。该力矩通过转向轴输入转向器。从转向盘到转向传动轴这一系列部件和零件即属于转向操纵机构。作为减速传动装置的转向器中有 1、2 级减速传动副经转向器放大后的力和减速后的运动传到转向横拉杆,再传给固定于转向节上的转向节臂,使转向节和它所支承的转向轮偏转,从而改变了汽车的行驶方向(图 3-27)。转向横拉杆和转向节臂属于转向传动机构。

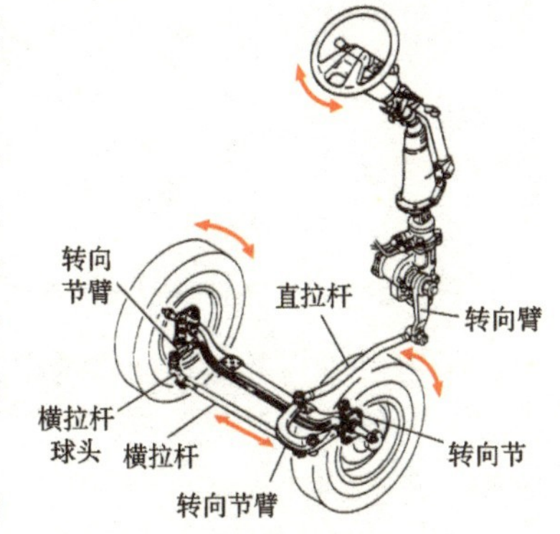

图 3-27　机械转向系统

②动力转向系统。兼用驾驶人体力和发动机(或电动机)的动力为转向能源的转向系统,它是在机械转向系统的基础上加设一套转向加力装置而形成的。

图 3-28 为一种液压式动力转向系统。其中属于转向加力装置的部件是:转向油泵、转向油管、转向油罐以及位于整体式转向器内部的转向控制阀及转向动力缸等。当驾驶人转动转向盘时,转向摇臂摆动,通过转向直拉杆、横拉杆、转向节臂,使转向轮偏转,从而改变汽车的行驶方向。与此同时,转向器输入轴还带动转向器内部的转向控制阀转动,使转向动力缸产生液压作用力,帮助驾驶人转向操纵。这样,为了克服地面作用于转向轮上的转向阻力矩,驾驶人需要加于转向盘上的转向力矩,比用机械转向系统时所需的转向力矩小得多。

4.1.2　转向操纵机构

转向操纵机构由转向盘、转向轴、转向管柱等组成,它的作用是将驾驶人转动转向盘的操纵力传给转向器。

4.1.3 机械式转向器

转向器的功能是将转向盘的转动变为齿条轴的直线运动或转向摇臂的摆动,降低运动速度,增大转向力矩并改变传动方向。转向器输出端的运动形式有两种,一种是线位移(如齿轮齿条式转向器),另一种是角位移(如循环球式、曲柄指销式转向器)。

(1)齿轮齿条式转向器。齿轮齿条式转向器分两端输出式和中间(或单端)输出式两种。

两端输出的齿轮齿条式转向器如图3-29所示,作为传动副主动件的转向齿轮轴通过轴承和安装在转向器壳体中,其上端通过花键与万向节叉和转向轴连接。与转向齿轮啮合的转向齿条水平布置,两端通过球头座与转向横拉杆相连。弹簧通过压块将齿条压靠在齿轮上,保证无间隙啮合。弹簧的预紧力可用调整螺塞调整。当转动转向盘时,转向器齿轮转动,使与之啮合的齿条沿轴向移动,从而使左右横拉杆带动转向节左右转动,使转向车轮偏转,从而实现汽车转向。

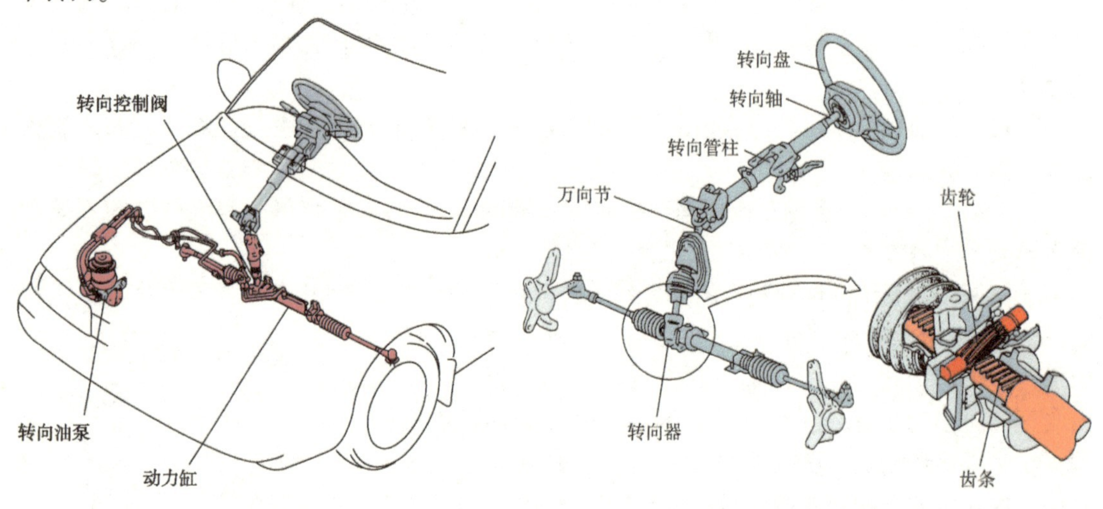

图3-28 液压式动力转向系统　　图3-29 齿轮齿条式转向器

采用齿轮齿条式转向器可以使转向传动机构简化(不需转向摇臂和转向直拉杆等),齿轮齿条无间隙啮合无须调整,而且逆传动效率很高。故多用于前轮为独立悬架的轻型及微型轿车和货车上。

(2)循环球式转向器。循环球式转向器是目前国内外应用最广泛的结构形式之一,一般有两级传动副,第一级是螺杆螺母传动副,第二级是齿条齿扇传动副。

(3)蜗杆曲柄指销式转向器。蜗杆曲柄指销式转向器的传动副,以转向蜗杆为主动件,其从动件是装在摇臂轴曲柄端部的指销。转向蜗杆转动时,与之啮合的指销即绕摇臂轴轴线沿圆弧运动,并带动摇臂轴转动。

4.2 动力转向系统

动力转向机是利用外部动力协助驾驶人轻便操作转向盘的装置。随着最近汽车发动机功率的增大和扁平轮胎的普遍使用,使车重和转向阻力都加大了,因此动力转向机构越来越普及。值得注意的是,转向助力不应是不变的,因为在高速行驶时,轮胎的横向阻力小,转向盘变

得轻飘，很难捕捉路面的感觉，也容易造成转向过于灵敏而使汽车不易控制。所以在高速时要适当减低动力，但这种变化必须平顺过渡。

4.2.1　液压式动力转向装置

液压式动力转向装置质量轻，结构紧凑，利于改善转向操作感觉，但液体流量的增加会加重泵的负荷，需要保持怠速旋转的机构。

4.2.2　电动式动力转向装置

电动式动力转向装置是最新形式的转向装置，由于它节能，故受到人们的重视。它是利用蓄电池转动电动机产生推力。由于不直接使用发动机的动力，所以大大降低了发动机的功率损失，且不需要液压管路，便于安装。尤其有利于中置发动机后轮驱动的汽车。但目前电动式动力转向装置所得动力还比不上液压式，所以只限用于前轮轴颈的中置发动机后驱动的汽车上。

4.2.3　电动液压式动力转向装置

即由电机驱动转向助力泵并由计算机控制的方式，它集液压式和电动式的优点于一体。因为是计算机控制，所以转向助力泵不必经常工作，节省了发动机的功率。这种方式结构紧凑，便于安装布置，但液压产生的动力不能太大，所以适用排量小的汽车。

4.3　四轮转向系统

四轮转向系统(4WS)的后轮与前轮一起参与转向，是一种提高车辆反应性和稳定性的关键技术。把后轮与前轮同相位转向，可以减小车辆转向时的旋转运动(横摆)，改善高速行驶的稳定性。把后轮与前轮逆相位转向，能够改善车辆中低速行驶的操纵性，提高快速转向性。

4.4　车轮与车轮定位

4.4.1　轮胎

汽车上目前最常用的无内胎轮胎，即通常所谓的真空胎。轮胎的结构分为三部分：胎体、帘布、外胎面。胎体较柔软，外胎面刚性较大，中间的帘线起到加强胎体强度和定型的作用，多加以金属丝提高轮胎的弹力性能。

轿车轮胎大致分为子午线轮胎和斜线轮胎，如图3-30所示。斜线轮胎的帘线按斜线交叉排列，故而得名。胎体构成了轮胎的基本骨架，从外胎面到胎侧的柔软度是一致的。虽然斜线轮胎的噪声小，外胎面柔软，低速行驶时乘坐舒适性好，且价格便宜，但其综合性能不如子午线轮胎，汽车厂家都是以子午线轮胎为前提研制新车的，随着子午线轮胎的不断改进，斜线轮胎将基本上被淘汰。

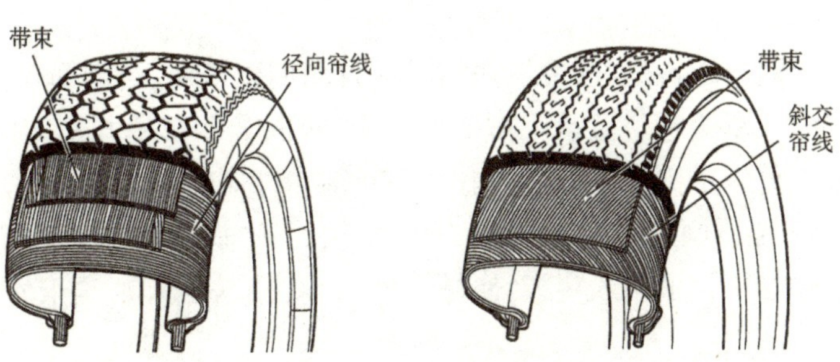

图3-30　子午线及斜线轮胎的结构

子午线轮胎的帘布层相当于轮胎的基本骨架,其排列方向与轮胎子午断面一致,由于行驶时轮胎要承受较大的切向作用力,为保证帘线的稳固,在其外部又有若干层由高强度、不易拉伸的材料制成的带束层(又称箍紧层),其帘线方向与子午断面呈较大的交角(70°~75°),材料多选用玻璃纤维、聚酰胺纤维或钢丝等高强度材料,既起到固定帘线的作用,同时利用束带来提高胎面的刚性。轮胎侧面的刚性小于胎面的刚性,所以在转弯时轮胎侧面因受地面横向力作用发生变形(图3-31),从而保证了外胎面的触地面积基本保持不变。

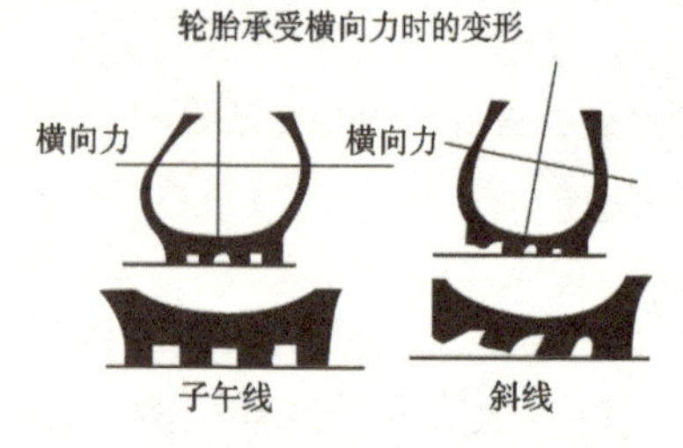

图3-31 轮胎的横向受力

子午线轮胎与普通斜线胎相比,弹性大,耐磨性好,滚动阻力小,附着性能好,缓冲性能好,承载能力大,不易刺穿;缺点是胎侧易裂口,由于侧向变形大,导致汽车侧向稳定性稍差,制造技术要求高,成本高。

斜线轮胎与子午线轮胎的规格及其标识(图3-32)。

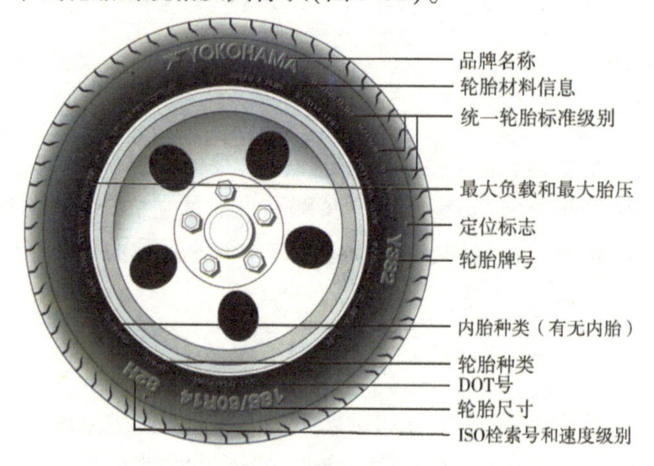

图3-32 轮胎的外部标识

斜线轮胎:5.60—13 4PR。5.60:轮胎宽(5.6英寸);13:适合轮辋直径(13英寸);4PR:轮胎强度(相当于四层帘布)。

子午线轮胎:195/60R 14 85 H。195:轮胎宽(195mm);60:扁平率(轮胎断面高宽比)(60%);R:轮胎结构子午线(Radial);14:适合的轮辋直径(14英寸);85:允许载荷代码;H:极限速度符号(H=210km/h)。

4.4.2 车轮定位

为保证汽车稳定的直线行驶,应使转向轮具有自动回正作用,自动回正作用是由转向轮定位参数来保证实现的。车轮定位就是汽车每个车轮、转向节和车桥与车架的安装应该保持一定位置。车轮定位参数有主销后倾角、主销内倾角、前轮外倾角和前轮前束。

(1)车轮外倾角(也称倾角)。这个角度要从车轮的正前方量度,指车轮纵轴与路面垂直线间的夹角。如果左右车轮呈正八字脚,便是负外倾角,倒八字脚则是正外倾角,即向外倾斜(图3-33)。

应该使用正外倾角还是负外倾角,除了考虑悬架特性,还要兼顾汽车的用途。以房车赛的

赛车为例,在多弯场地便往往使用正八字脚设定(后轮的外倾角尤其明显),令车轮处于随时入弯的准备状态。相反,沙滩车之类的双轮单座车便往往在后轮采用倒八字脚,确保车轮腾空落地的一下,悬架一缩便刚好令车轮垂直于路面,从而获得最大的车轮接地面积。但不管是正八还是倒八,在直路多过弯的日常驾驶环境下均容易导致胎面不平均磨损,所以一般汽车的车轮外倾角只会介乎0.5°~2°之间。

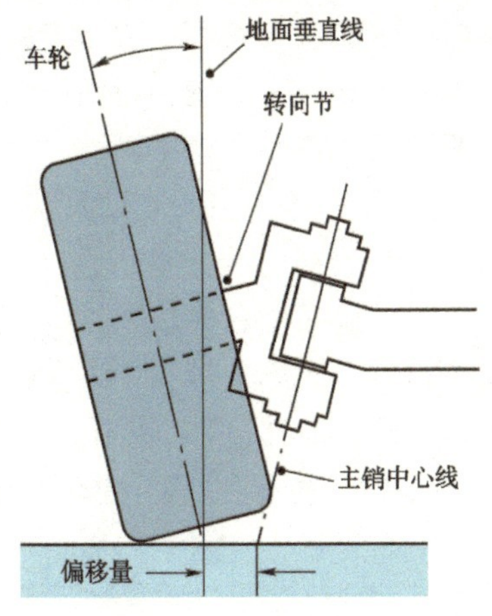

图3-33　车轮外倾角

(2)前束(也称束角)。有正前束(内束)与负前束(外束)之分,但许多人惯以束角统称之。如图3-34前轮的*A*比*B*短,即车轮前端偏向车体的中心线,这种设定便称为前束(也称内束)。若*A*比*B*长,便是负前束(称为外束)。

车轮需要束角主要是为了配合正或负外倾角。车轮向横倾斜会增加不平均磨损的机会,束角则可以消除车轮外倾角出现变化时所产生的额外压力,从而抑制偏向磨损。一般而言正外倾角的汽车较常使用内束,负外倾角则呈外束。但由于现代汽车的车轮外倾角相当较小,束角也不会有多大。

(3)主销内倾角。也称为主销侧倾角。主销原指锁定转向节的固定栓,在乘用车上今天已很少见,但现代汽车仍有转向节,其固定栓(主销)的侧倾角度仍相当于主销内倾角。如图3-35,双摆臂式和麦弗逊式悬架虽没有主销,但转向节的摆动角度仍受制于悬架的连接点。这个连接点的转动轴心线,与地面垂直线之间的夹角便是主销内倾角。主销内倾角会对车轮产生有趣的影响。图3-35中可知,当转向轮转动时,轮毂在这个角度下会推压车轮,产生一股推升车身的力量。即只要你转动转向盘,轮毂的摆动会将车轮向下推,但地面可不会随之降低,由此便形成反作用力使车体向上升。不过车体也会反抗,利用它的重量予以抗衡,结果车轮又出现一种返回原位的倾向,即扭回直线行驶的一方。换句话说主销内倾角度具有转向轮自动回正的作用。

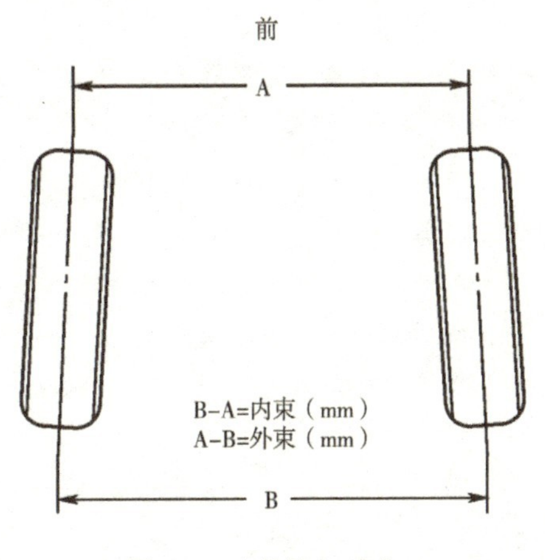

图3-34　车轮前束(束角)

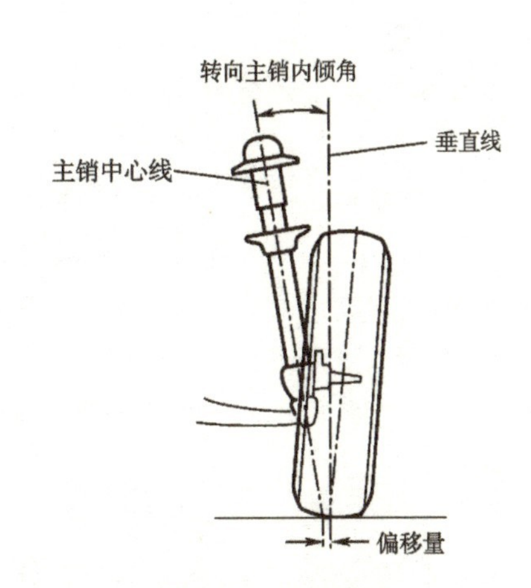

图3-35　主销内倾角

这个角度的第二个功用,要配合车轮外倾角来说明。在图3-35中,可见主销角度的接地一点,与车轮外倾角的接地点之间有一段距离。这段差距通常称作偏移量(Camber Offset)。

偏移幅度愈小,转动转向盘所需的力度便随之降低。以前汽车多数用正外倾角原因之一便是有助缩短车轮距,配合主销内倾角来减低转动转向盘的吃力程度,负外倾角则有相反效果。

(4)主销后倾角。主销后倾角容易与主销内倾角混淆,其实两个角度不难区分。主销内倾角度是从车头那一方量度的,主销后倾角则是从车轮侧面量度的,虽然是同一件东西,但是主销的两面。如图3-36所示,主销后倾角向后倾斜为正。正倾角的作用是尽量使前轮更接近驱动力的作用方向平面。

图3-37是自行车前叉两个夸张的例子。其中之一的前叉呈水平状态,这时前轮的支撑方向会与驱动力的方向重叠,在一致的发力角度下碾过路面凹凸便不容易左右摆动。另外一种垂直的前叉便较为敏感,搞不好更会变得神经质,小小凹凸便左右狂摆。杂技中的独轮车就是个很好的实例。但为了平衡转向敏捷和直线稳定性,汽车前轮通常不会出现零值的主销后倾角。既然如此,应该使用正倾角还是负倾角呢,大部分汽车都会用正倾角(即主销后倾),因为这样会产生回正力矩,使车轮自动回正。

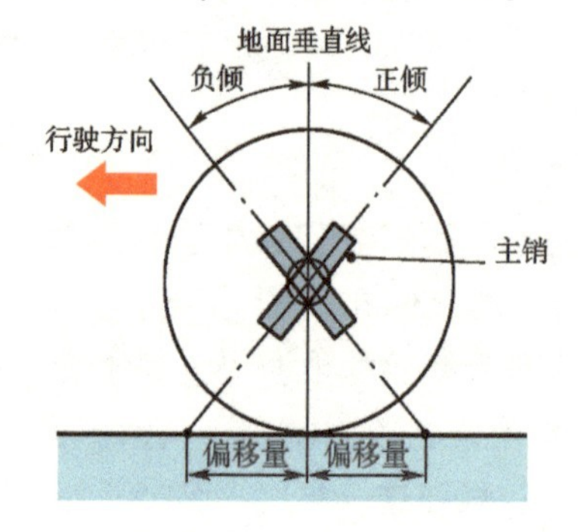

图3-36 主销后倾角

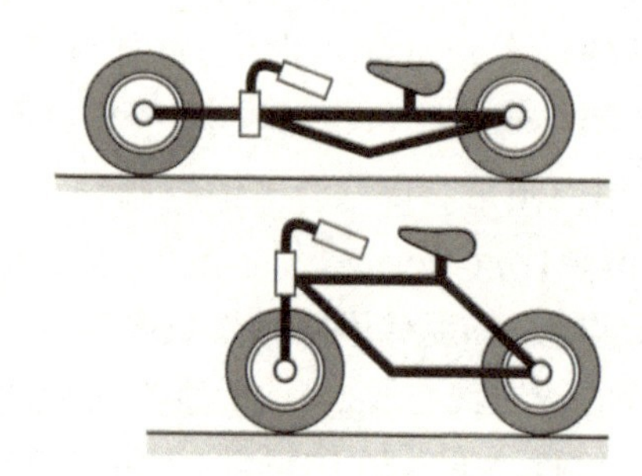

图3-37 自行车前叉两个夸张的例子

思考、练习与动手

一、选择题

1. 轿车采用膜片离合器,它由________(由壳体、膜片弹簧、压盘等组成的整体并用螺钉固定在发动机飞轮上),被动部分(由摩擦片与从动盘组成)和操纵部分组成。

A. 主动部分　　B. 从动部分　　C. 曲轴　　D. 发动机

2. 自动变速器由变矩器、机械式变速器(一般多采用________齿轮)和电子—液压控制系统三部分组成。

A. 定轴　　B. 行星　　C. 渐开线　　D. 双曲线

3. 自动变速器中电子-液压控制系统主要由传感器、电控单元、________、油压调节电磁阀等组成。

A. 换挡电磁阀　　B. 换挡阀　　C. 节气门阀　　D. 速度控制阀

4. 变速器传动机构,三轴变速器的前进挡主要由输入(第一)轴、中间轴和________组成。

A. 输出轴　　B. 倒挡轴　　C. 过渡轴　　D. 第三轴

5. 目前,汽车离合器操纵形式有拉线和液压式两种,轿车多用________。

A. 电子控制式　　B. 机械式　　C. 组合式　　D. 液压操纵式

6. 奥迪、桑塔纳、夏利等轿车，以及南京依维柯轻型货车等都采用了________转向器。

A. 齿轮齿条　　　　B. 循环球

C. 蜗杆曲柄指销式　　　　D. 齿条齿扇式

二、判断题

1. (　　)汽车发动机所发出的动力靠传动系统传递到所有车轮。传动系统具有减速、变速、倒车、中断动力、轮间差速和轴间差速等功能。

2. (　　)在行星齿轮组中任一元件固定，其余两个作输入或输出用多片离合器和制动器分别对这些元件进行接合制动来实现挡位变换。

3. (　　)汽车差速器是一个差速传动机构，用来保证各驱动轮在各种运动条件下的动力传递，充分利用轮胎与地面间打滑。

4. (　　)行驶系统只能保证汽车操纵稳定性，而不可以缓和不平路面对车身造成的冲击，保持行驶的平顺性。

5. (　　)车架是汽车上各部件的安装基础。发动机、变速器、车身或驾驶室通过弹性支承安装于车架上。

6. (　　)按万向节在扭转方向上是否有明显的弹性可分为刚性万向节和挠性万向节。

7. (　　)自动变速器的升挡和降挡，一般通过直接操纵一对电子换挡电磁阀在通/断两种状态中转换来进行。

8. (　　)液力变矩器中导轮是反作用元件，它只对油流起反作用，不能改变扭矩大小。

9. (　　)液力变矩器中导轮是反作用元件，它只对油流起反作用，有时不能改变扭矩大小。

10. (　　)手动/自动变速器实际上是自动变速器。

11. (　　)无级变速系统不像手动变速器或自动变速器那样用齿轮变速，而是用两个滑轮和一个钢带来变速，其传动比不可以随意变化，没有换挡的突跳感觉。

12. (　　)自动变速器就是无级变速器。

13. (　　)传动轴实现等速传动的条件是：①传动轴两端万向节叉处于同一平面内；②第一万向节两轴间夹角 α_1 与第二万向节两轴间夹角 α_2 相等。

14. (　　)手动变速在操纵时必须踩下离合器踏板，方可拨得动变速杆。

15. (　　)一般来说，如果驾驶人技术好，手动变速的汽车在加速、超车时比自动变速车快，也省油。

16. (　　)自动变速器(AT)利用行星齿轮机构进行变速，它能根据加速踏板程度和车速变化，任何挡位都能自动地进行变速。

17. (　　)EBD 实际上是 ABS 的辅助功能，它不可以改善提高 ABS 的功效。所以在安全指标上，汽车的性能又多了“ABS + EBD”。

18. (　　)在车轮定位中，回正力矩越大越好。

三、填空题

1. 机械传动系统一般由________、________、万向传动装置、主减速器、差速器和半轴等组成。

2. 汽车行驶系统主要有四大主要部分：__________、________、________和悬架组成。

3. 根据驱动方式的不同,车桥也分成________、驱动桥、________和支持桥四种。

4. 现代汽车多采用________和________两种半轴支撑形式。

5. 普通车辆的驱动桥由________、________、________和驱动桥壳组成。

6. 行星齿轮组由________、________、________3个元件组成。

7. 汽车上目前最常用的________和________轮胎。

8. 汽车悬架包括________、________和传力装置等三部分,分别起缓冲、减振和受力传递的作用。

9. 汽车前轮定位的四个参数是________、________、________、________。

10. 制动系统可分为________、________、应急制动系统及辅助制动系统等。

四、思考与动手

1. 购买奥迪双钻四驱车并进行组装,进行动力性比赛绘并制动力传递路线。

2. 制作一份汽车变速器发展趋势的报告。

3. 制作一份汽车制动系统发展趋势的报告。

参考答案

一、选择题

1. A　2. B　3. A　4. A　5. D　6. A

二、判断题

1. ×　2. √　3. √　4. ×　5. ×　6. √　7. √　8. √　9. ×　10. √

11. ×　12. ×　13. √　14. √　15. √　16. ×　17. √　18. ×

三、填空题

1. 离合器　变速器

2. 车轮　车桥　车架

3. 转向桥　转向驱动桥

4. 全浮式　半浮式

5. 主减速器　差速器　半轴

6. 齿圈　行星齿轮　太阳轮

7. 子午线轮胎　斜线轮胎

8. 弹性元件　减振器

9. 主销内倾角　主销后倾角　前轮外倾角　前轮前束

10. 行车制动系统　驻车制动系统

四、思考与动手

答案省略

单元四　汽车与环境保护

学习目标

知识目标

1. 正确描述汽车外形变化与空气动力性的关系，简单描述典型的汽车外形；

2. 正确描述汽车未来的发展方向，简单描述电动汽车、混合动力汽车的基本构造与原理；

3. 正确描述汽车排放污染物生成和危害，简单描述汽车噪声与危害；

4. 正确描述汽车排放与噪声的控制。

能力目标

1. 会制作安全环保、节能的新型“概念车”模型；

2. 会获取汽车环保、节能的感性认识。

1　汽车的外形

行驶在道路上的汽车外形各有不同，而确定汽车外形有三个因素，即机械工程学、人体工程学和空气动力学。机械工程学要求动力性好、操纵稳定性好等；人体工程学要求驾乘人员有足够的活动空间，舒适性好；空气动力学要求汽车行驶时空气阻力小，流线型是指空气流过不产生旋涡的理想形状，流线型应用的最高境界是飞机的机翼。但是作为汽车绝对的流线型是不现实的，目前汽车的外形均是流线型的变化型。早期汽车外形如图 4-1 所示。

图 4-1　早期汽车外形

1885 年，德国工程师卡尔·本茨（1844～1929）在曼海姆制造成一辆装有 0.85 马力汽油机的三轮车，拉开了汽车现代史的帷幕。在此后的 100 多年内，汽车无论是从车身造型还是从动力源或底盘、电气设备来讲，都有了很大的变化。其中最富特色、最具直观感的当数车身外形的演变。

1.1　马车型车身

1885 年，德国的两位工程师戴姆勒和本茨分别试制出1.5马力和 0.85 马力单缸汽油发动机并成功地试制出第一台汽车。但当时的汽车车身基本还是沿用马车型（图 4-2）。

当时的马车型车身与我国古时的兵车车身并无本质上的区别。不过是一种箱形加上座椅，车身上部或为敞篷或为活动篷布用来避雨挡光。这样的车身难以抵挡较强烈的风雨侵袭，给乘坐者带来了极大的不便。

1.2 箱型汽车

由于马车型汽车很难抵挡风雨的侵袭,美国福特汽车公司在1915年生产出一种新型的福特T型车,它很像一个大箱子,箱子上部装有门窗,实际上只是在原来的马车车身上做了局部的改进,人们把装有这类车身的汽车称为箱型汽车(图4-3)。

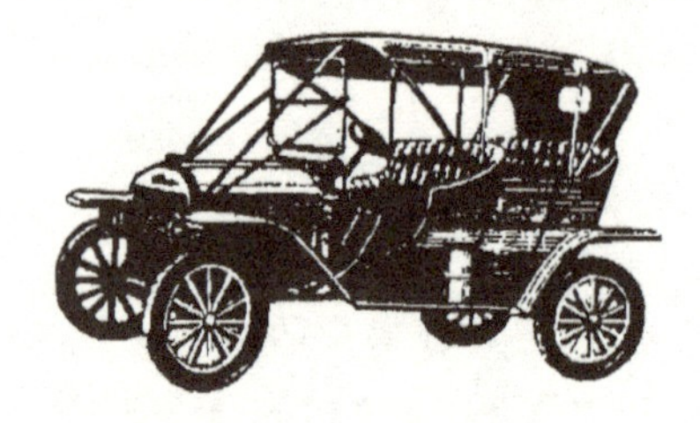

图4-2 马车型汽车

图4-3 箱型汽车外形

说起箱型车身不由让人想到我们现在乘坐的客车,现在的客车车身不论是豪华型还是普通型,也不论车身内饰和外形如何变化,供乘客使用的空间不过是一个长方体的箱型空间,也就是说,箱型车身延续至今仍然有着不可替代的生命力。

要想高速行驶,箱型汽车并不够理想,因为它的阻力大大妨碍了汽车前进的速度,所以人们又开始研究一种新的车型——流线型。

1.3 甲壳虫型汽车

1934年美国的克莱斯勒公司生产的气流牌小客车(图4-4),首先采用了流线型的车身外形。1936年福特公司在“气流”的基础上,研制成功林肯和风牌流线型小客车。此车散热器罩很精炼,颇具动感,俯视整个车身呈纺锤形,很有特色。流线型车身的大量生产从德国“大众”开始。1933年德国的波尔舍博士设计了一种类似甲壳虫外形的汽车(图4-5)。

图4-4 气流牌轿车

图4-5 甲壳虫型汽车

波尔舍博士把甲壳虫的自然美如实地、天才地运用到车身造型上,甲壳虫型车身迎风阻力很小,空气动力学的原理在这种车身上得到了很好的应用,也为以后在车身外形设计上运用“仿生学”开创了先河。波尔舍最大限度地发挥了甲壳虫外形的长处,使其成为同类车中之王,“甲壳虫”也成为该车的代名词。由于第二次世界大战的原因,甲壳虫型汽车直到1949年才真正大批量生产,并以一种车型累计生产超过2000万辆的记录畅销世界各地。目前,大众公司仍在生产以这种车身形状为主要外形的乘用车。

1.4 船型汽车

美国福特公司经过几年的努力,于1949年推出具有历史意义的新型福特V8型汽车。这

种车型改变了以往汽车造型的模式,使前翼子板和发动机盖,后翼子板和行李舱盖融于一体,前照灯和散热器罩也形成一个平滑的面,车室位于车的中部,整个车身造型仿如几个长方体的几何形体拼成一个船型,所以人们把这类车称为船型汽车(图 4-6)。

图 4-6 船型汽车外形

福特 V8 型汽车的成功,不仅在外形上有所突破,还首先把人体工程学应用在汽车的设计上,强调以人为主体来设计便于操纵、乘坐舒服的汽车。由于船型车身使发动机前置,从而使汽车重心相对前移,而且加大了行李舱,使风压中心位于汽车重心之后,从而避免了甲壳虫型车身对横风不稳定的问题。

从 20 世纪 50 年代至今,现在的轿车无论为流线型还是在前翼子板与发动机罩之间大圆角过渡或者在轿车尾部做变动,都能看到船型车身的影子。

1.5 鱼形汽车

图 4-7 鱼形汽车外形

船型汽车尾部过分向后伸出,形成阶梯状,在高速时会产生较强的空气涡流。为了克服这一缺陷,人们把船型车的后窗玻璃逐渐倾斜,倾斜的极限即成为斜背式。这类车被称为鱼形汽车(图 4-7)。

与甲壳虫型汽车相比,鱼形汽车的背部和地面的角度较小,尾部较长,围绕车身的气流也比较平顺,涡流阻力较小。另外鱼形汽车基本上保留了船型汽车的长处,车室宽大,视野开阔,舒适性也好,并增大了行李舱的容积。

最初的鱼形车是美国 1952 年生产的别克牌小客车。1964 年美国的克莱斯勒顺风牌和 1965 年的福特野马牌都采用了鱼形造型。自顺风牌以后,世界各国逐渐生产鱼形汽车。

鱼形汽车由于鱼形车后窗玻璃倾斜太甚,面积增加 2 倍,强度下降,产生结构上的缺陷。此外还有一个潜在的重大缺点,就是对横风的不稳定性。

鱼形车的这一缺点,人们想了许多方法加以克服,例如在鱼形车的尾部安上一只翘翘的"鸭尾",以克服一部分升力,这便是"鱼形鸭尾"式车型。汽车背部的演变如图 4-8 所示。

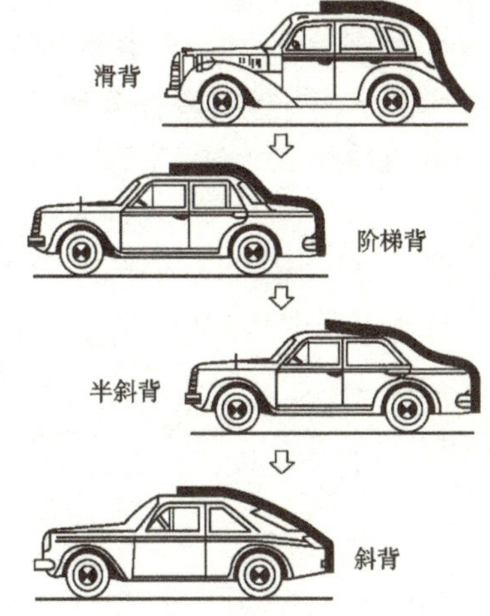

图 4-8 汽车背部的演变

1.6 楔形汽车

为了从根本上解决鱼形汽车的升力问题,人们设想了种种方案,最后终于找到了"楔形"(图 4-9)。就是将车身整体向前下方倾斜,车身后部像刀切一样平直,这种造型能有效地克服升力。1963 年司蒂倍克公司第一次设计了楔形的阿本提小客车。

楔形对于目前所考虑到的高速汽车,已接近理想造型。现在世界各大汽车生产国都已生产出带有楔形效果的乘用车。汽车发展到鱼形,关于空气阻力的问题已经基本解决,楔形继承了这一成果,并有效地克服了鱼形车的升力问题,使汽车的行驶稳定性有了显著的提高,当之

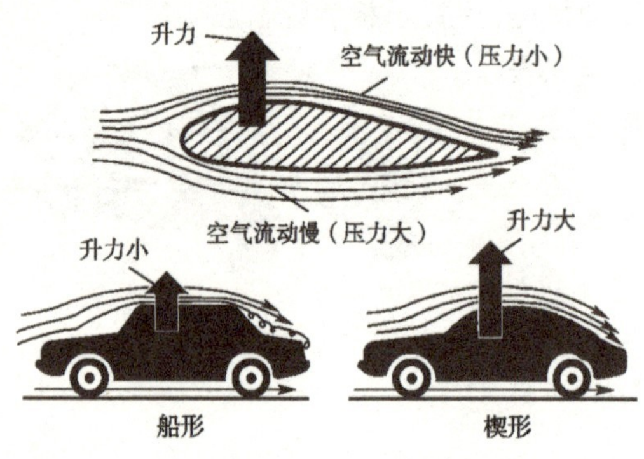

图 4-9　汽车外形升力

无愧为目前最为理想的车身造型。从外表看,这种车身造型清爽利落,简洁大方,非常具有时代气息,让人看了确实有一种美的享受。

车身外形从马车形、箱形、甲壳虫形、船形、鱼形到楔形的演变经历了漫长的过程。虽然这里包含了无数设计者的心血和匠心,但和发动机、底盘、电气技术的发展比起来还相差甚远。这足以说明车身设计在很长一段时期内没有得到重视,车身设计在相当长时期内尚未形成一套完整、成熟的理论。各汽车制造厂家把大部分精力放到完善汽车工程机械的设计上,以提高汽车的动力性、经济性、制动可靠性、操纵稳定性等问题为主要设计方向。随着时代发展,人们文化生活水平提高,用户对汽车这个运动的物体已不单单满足于它的力学性能,对汽车车身的审美意识已提到一个很高的层次。近年来,在国内外举办的车展上,多种多样的车身外形在人们面前展示了一个五彩缤纷的艺术世界。不难看出,车身设计已经作为一个单独的学科,需要更多的人去开拓。

趣味链接

著名的跑车公司

布加迪:是法国最具有特色的超级跑车车厂之一。布加迪以生产世界上最好的及最快的车闻名于世。最原始的布加迪品牌已经在第二次世界大战后消失。不过战后此品牌曾经有两度中兴,目前它是大众集团旗下的一个品牌。

阿斯顿·马丁(AstonMartin):公司设在英国新港市,生产敞篷旅行车、赛车和限量生产的跑车。建于 1913 年,创始人是莱昂内尔·马丁和罗伯特·班。

玛莎拉蒂(Maserati):一家意大利豪华汽车制造商,1914 年 12 月 1 日成立于博洛尼亚(Bologna),公司总部现设于摩德纳(Modena),品牌的标志为一支三叉戟。1993 年菲亚特(Fiat S. p. A.)收购玛莎拉蒂,但品牌得以保留。而今的玛莎拉蒂全新轿跑系列是意大利顶尖轿跑车制作技术的体现,也是意大利设计美学以及优质工匠设计思维的完美结合。

帕加尼(Huayra):是一款中置发动机超级跑车,由来自意大利的跑车制造商帕加尼(Pagani)在 2011 年的日内瓦车展上推出,将替代帕加尼 Zonda 成为帕加尼公司的主力车型。Huayra 搭载 AMG 专门为 Pagani 打造的 6. 0L 双增压 V12 发动机,最大功率超过 700 马力,峰值转矩约 1000N · m。鸥翼车门设计、楔形的车鼻、水滴状的玻璃车厢,羊驼色的真皮座椅和大量碳纤维材质以及铝合金材质的混合搭配,整合影音系统以及行车通信系统等各种多功能配置,使 Huayra 在奢华的同时科技感十足。

RUF 如虎:位于德国境内 Allgau 区 Pfaffenhausen 镇 Mindelheimer 街上的 RUF 工厂,不仅陪伴德国走过二次世界大战、两德分裂直到统一,以一家超级跑车改装厂来说,RUF 因它的历史而价值非凡。一间以打造高品质与技术的汽车工业改装厂“Auto RUF”,最早是 1939 年时一位名叫 Alois Ruf,Senior 所创立,起初规模只是一家大众服务的汽车维修厂,同样

名字到了今日却成为诞生重装超跑的代名词！

SRT：全称为“Street Racing Technology”，是克莱斯勒旗下一个高性能部门，专门改装现有的车系。SRT起步于道奇Viper的开发，后来又开发出了普利茅斯Prowler。当时它被称为“SVE”，之后改为“PVO”，直到2004年才被正式命名为SRT。SRT不仅针对克莱斯勒旗下车型进行强化，同时还兼顾了道奇和JEEP品牌。SRT的车都配备了大排量，大马力，大转矩的“HEMI”发动机，每台发动机都经过专业的调校，再配上SRT精心调整过的底盘，使得SRT车辆的性能超群。

2　汽车的未来

现今的汽车，已非简单的代步工具，已成为集无线电科技、多媒体、电脑、GPS全球定位系统等多种新技术于一身的结合体。

未来数十年，电池电动车、混合电动车和燃料电池电动车市场份额将以稳定的速度增长，而燃油汽车的市场份额将会逐渐减少，各汽车厂商不得不去追赶“绿色汽车”的时髦，未来的汽车时代将是属于绿色环保汽车的时代。

据美国《汽车新闻》等杂志对目前每年生产5000万辆左右汽车的统计，预测国际市场汽车结构将出现以下十大特点：

(1)柴油机被更多的轿车所采用，欧洲装备柴油机的轿车已越来越多。柴油机技术的发展，特别是小型高速直喷式柴油机技术日趋完善，使这种较汽油机更为经济、排放更低的轿车受到更多人的喜爱。

(2)汽油机技术发展标志之一是电控燃油喷射发动机将取代化油器发动机。欧共体已明确规定：以后生产的汽油机汽车必须装备电控燃油喷射系统。

(3)电动汽车将进入实用阶段。随着低价格、高能量和长寿命新型电池的研究发展以及人们对环保的强烈呼声，电动汽车将在各大城市成为一种代步工具。

(4)汽车安全标准将会更加严格。为保证汽车可靠性和稳定性，ABS + EBD也将逐渐成为一些车型的标准装备；安装保障乘客安全的气囊装置的数量将逐渐增加，一些车型甚至装备侧面气囊，以保证侧翻时乘客头部的安全；三点自动上肩式安全带、防侧撞杆等都将装备到各种类型的汽车上。

(5)使用更多替代钢的轻质材料，以降低车重。美国轿车自重由目前的1100kg降低到1000kg以下。铝合金、镁合金及碳素纤维等轻质材料在汽车制造上的应用将增多。

(6)各种电子装置将在汽车上更多地应用，如电子发动机锁，它使偷车贼无法下手；全球卫星定位系统使驾驶人员无论身处何处，都不会迷路。

(7)载货汽车将改进现有的动力装置。使用一种更加有效的动力装置，可以使目前的载货汽车拉得更多，跑得更快。

(8)前轮驱动汽车将有所增加，发动机横置技术进一步发展，将使汽车更省油，更为经济；一些大型汽车也将采用前轮驱动方式，如新奥迪A8等。

(9)大量减少汽车污染,如用三元催化转化器对尾气进行处理。

(10)提高经济性,降低油耗,这也是各大制造厂商为之努力的。估计在采取各种措施后,轿车的油耗能从目前6L/100km降到4.2L/100km。

2.1 国际环保车三大派

目前,国际上汽车在环保汽车方面有三大派。一是降低汽油发动机产生的公害,此类车型被视为“改进派”——汽车控制电子化与智能化,三菱公司是其中的佼佼者。二是改进燃料混合驱动,此类车型被称为“改革派”——电、油混合驱动或油、汽混合驱动。即变传统的汽油驱动为电、油混合驱动,并在尾气排放最严重的起步阶段利用电动发动机起动,在发动机达到一定转速后再使用汽油发动机驱动。由于发动机在高速运转时燃料得以充分燃烧,尾气排放很少,从而在一定程度上减少了尾气的排放。以丰田和通用为代表的汽车厂商主张改进燃料混合驱动。三是以无公害燃料电池取代了汽油燃料,此类车型被称为“取代派”——电动汽车。燃料电池车是电动汽车的一种,它利用燃料箱中氢、氧燃烧产生的能量发电驱动汽车,因而它的燃烧废物只有水,被认为是“新一代环境技术车的代表”,以戴姆勒—克莱斯勒为代表。

2.2 我国新能源汽车产业化发展技术路线

对于中国汽车行业,发展新能源汽车的意义更为重大。新能源汽车代表未来汽车发展方向,已成为市场新的经济增长点和战略调整的制高点。不仅有利于促进节能减排,保障能源安全,推动城市生态文明建设,也有利于促进汽车产业结构调整,促进我国汽车产业跨越式发展。同时,对于扩大国内需求,促进我国汽车产业加快结构调整、增强经济长远竞争力和发展后劲具有十分重要的意义。

我国早在“八五”期间就启动了电动汽车的研究和开发工作,在“九五”期间又进而启动了“空气净化工程”,到了“十五”,科技部提出了我国发展新能源汽车的实施方案,电动汽车重大专项被国家科教工作领导小组批准为国家“十五”期间重点组织实施的12个重大科技专项之一。国家“863”计划电动汽车重大专项,从国家汽车产业发展战略的高度出发,选择新一代电动汽车技术作为国内汽车科技创新的主攻方向,组织企业、高等院校和科研机构,以官产学研四位一体的方式,联合进行攻关。

2006年,在国家节能减排的宏观政策指导下,科技部在“十一五”启动了“863”计划新能源汽车重大项目。在“十一五”新能源汽车重大项目研发布局中,要在掌握整车动力系统技术平台后向整车产品开发转型;同时,驱动电动机、动力蓄电池等关键零部件也在向解决配套材料配件体系,建立产业化技术配套体系转变;另外,继续保持并加大了“十五”对电动汽车相关检测试验、技术标准、政策法规、示范运营、知识产权等产业技术创新环境类课题的支持。该项目将在“十五”电动汽车重大科技专项和“十五”清洁汽车行动研发成果的基础上,通过继承发展,自主创新,优化管理,重点跨越,以市场为导向,重点突破关键瓶颈技术,推动节能与新能源汽车整车和关键零部件的研发和产业化。通过该项目的实施,到2010年,燃料电池汽车将实现综合技术的跨越,燃料电池汽车将有一定规模的示范运行;混合动力汽车将在掌握产品开发技术的基础上实现产业规模的突破;纯电动汽车技术满足产业化需求,并将实现商业应用的市场开拓;代用燃料汽车将实现技术的综合提升,进一步完善基础设施,并实现大规模推广应用。

在新能源汽车重大项目的不断推动下,在汽车行业及相关产学研单位共同努力下,我国建立起了电动汽车“三纵三横”研发布局(图4-10)(燃料电池汽车、混合动力汽车、纯电动车三种整车技术为“三纵”,多能源动力总成系统、驱动电动机、动力电池三种关键技术为“三横”)的研发布局,采取了整车企业牵头、关键零部件配合、第三方监理、产学研结合、政策法规技术标准同步研究、基础设施协调发展的创新研发体制。全国共有200多家大型汽车企业和相关零部件企业、高等院校和科研院所,以及3000多名中高级科技人员直接参加了电动汽车专项研发。在国家“863”连续两个五年计划的引导支持下,我国新能源汽车技术研发取得重大进展,基本掌握了新能源汽车的核心技术,建立了具有自主知识产权的新能源汽车技术平台、构成了比较完整的关键零部件体系,各大汽车企业相继开发出了具有自主知识产权的新能源汽车产品。实现了小批量的整车生产能力和局部区域的商业化示范运行。

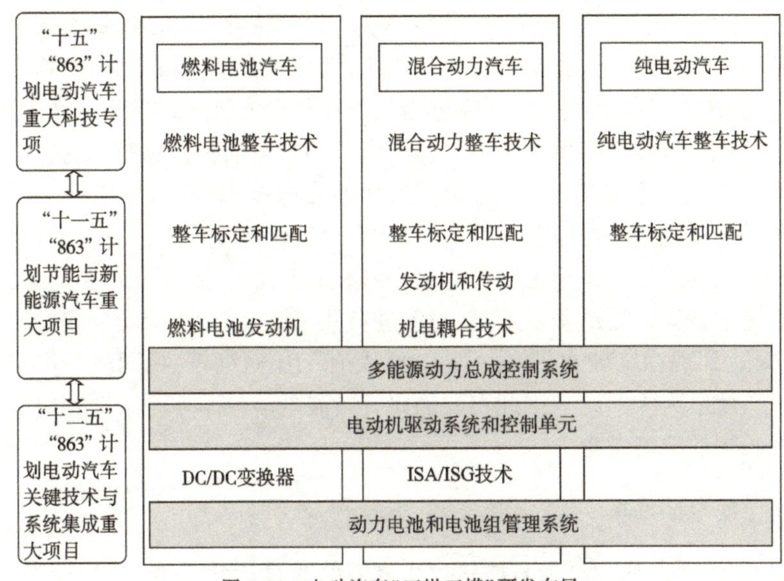

图4-10 电动汽车“三纵三横”研发布局

2009年国家正式公布了《汽车产业调整和振兴规划》,其规划新能源汽车发展的短期目标为电动汽车产销形成规模,目标包括:建立电动汽车基础设施配套体系;到2011年,形成50万辆纯电动车、充电式混合动力和普通型混合动力等新能源汽车产能。

2012年国务院办公厅发布《节能与新能源汽车产业发展规划(2012~2020年)》其中明确指出新能源汽车是指新型动力系统,完全或主要依靠新能源驱动的汽车,主要包括纯电动汽车、插电式混合动力汽车及燃料电池汽车。

2.3 电动汽车

电动汽车是指以车载电源为动力,用电动机驱动车轮行驶,符合道路交通、安全法规各项要求的车辆。电动汽车的优点是:它本身不排放污染大气的有害气体,即使按所耗电量换算为发电厂的排放,除硫和微粒外,其他污染物也显著减少;电厂大多建于远离人口密集的城市,对人类伤害较少,而且电厂是固定不动的,集中的排放,清除各种有害排放物较容易,也已有了相关成熟技术;电力可以从多种一次能源获得,如煤、核能、水力等,解除人们对石油资源日见枯竭的担心。电动汽车还可以充分利用晚间用电低谷时富余的电力充电,使发电设备日夜都能充分利用,大大提高其经济效益。有些研究表明,同样的原油经过粗炼,送至电厂发电,经充入电池,再由电池驱动汽车,其能量利用效率比经过精炼变为汽油,再经汽油机驱动汽车要高,因此有利于节约能源和减少二氧化碳的排量。正是这些优点,使电动汽车的研究和应用成为汽车工业的一个“热点”。

电动汽车的困难是目前蓄电池单位质量储存的能量太少,还因电动车的电池较贵,又没形成经济规模,故购买价格较贵。至于使用成本,有些试用结果比汽车贵,有些结果仅为汽车的1/3,这主要取决于电池的寿命及当地的油、电价格。

电池是电动汽车发展的首要关键,要想在较大范围内应用电动汽车,首先需要依靠先进的蓄电池。经过10多年的筛选,现在普遍看好的有氢镍电池、锂离子和锂聚合物电池。氢镍电池单位质量储存能量比铅酸电池多一倍,其他性能也都优于铅酸电池。但目前价格为铅酸电池的4~5倍,正在大力攻关让它降下来。锂是最轻、化学特性十分活泼的金属,锂离子电池单位质量储能为铅酸电池的3倍,锂聚合物电池为4倍,而且锂资源较丰富,价格也不很贵,是很有希望的电池。我国在镍氢电池和锂离子电池的产业化开发方面均取得了快速的发展。电动汽车其他有关的技术,近年都有巨大的进步,如:交流感应电动机及其控制,稀土永磁无刷电动机及其控制,电池和整车能量管理系统,智能及快速充电技术,低阻力轮胎,轻量和低风阻车身,制动能量回收等,这些技术的进步使电动汽车日见完善和走向实用化。我国大城市的大气污染已不能忽视,汽车排放是主要污染源之一,我国已有10个城市被列入全球大气污染最严重的20个城市之中。我国石油资源不足,每年进口几千万吨石油,随着经济的发展,假如我国人均汽车持有量达到现在全球水平——每1000人有110辆汽车,我国汽车保有量将成10倍地增加,石油进口就成为大问题。因此在我国研究发展电动汽车不是一个临时的短期措施,而是意义重大的、长远的战略考虑。

2.4 燃料电池电动汽车

燃料电池是把燃料中的化学能直接转化为电能的能量转化装置,它从外表上看有正负极和电解质等,像一个蓄电池,但实质上它不能“储电”而是一个“发电厂”。燃料电池也有多种类型,经过多年的探索,最有望用于汽车的是质子交换膜燃料电池。它的工作原理是:将氢气送到负极,经过催化剂(铂)的作用,氢原子中两个电子被分离出来,这两个电子在正极的吸引下,经外部电路产生电流,失去电子的氢离子(质子)可穿过质子交换膜(即固体电解质),在正极与氧原子和电子重新结合为水。由于氧可以从空气中获得,只要不断给负极供应氢,并及时把水(蒸汽)带走,燃料电池就可以不断地提供电能。

燃料电池的优点是:能量转化效率高。燃料电池的能量转换效率可高达60%~80%,为内燃机的2~3倍;不污染环境。燃料电池的燃料是氢和氧,生成物是清洁的水,它本身工作不产生CO和CO_2,也没有硫和微粒排出,没有高温反应,也不产生NO_X。如果使用车载的甲醇重整催化器供给氢气,仅会产生微量的CO和较少的CO_2。燃料电池本身工作没有噪声,没有运动性,没有振动,其电极仅作为化学反应的场所和导电的通道,本身不参与化学反应,没有损耗,寿命长。

经20世纪90年代的研究,燃料电池在汽车上的应用已取得重大进展质子交换膜电池(简称PEM燃料电池)功率密度已大大提高。1990年时每升体积可产生140W电力,1995年提高

至1000W。每千克质量也从100多瓦提高到几百瓦最高可达700W。2001年每千克质量已提高到2200W。质子交换膜的价格下降到540美元/cm^2,工作寿命可长达57000h。质子交换膜燃料电池工作温度为80℃。用于催化的铂的用量大大下降,过去用量是5mg/cm^2,一辆汽车燃料电池光铂就要3万美元,比整个汽车还贵,现在已下降到0.4mg/cm^2,近日报道已有做到0.25mg/cm^2,甚至0.10mg/cm^2。燃料电池的核心部件反应堆的能量转换效率,加拿大巴拉德公司已达到全速时为60%,满负荷时为40%。德国在额定负荷时为59%,20%额定负荷时为69%。各种供给氢气的方法:高压储氢瓶、液化氢储存器、金属储氢技术都有明显进步,从甲醇和汽油经重整器获得高密度氢气的技术有很大进步,为利用现有加油站"加油"而保持汽车长距离行驶提供可能,尤其是从甲醇获取氢得到更多的重视,因为它的重整工作温度较低,耗能较少,伴生的CO等副产品较少。PEM燃料电池要在性能及价格方面达到与内燃机汽车有竞争力的水平还有大量的工作要做,特别是价格方面,20世纪80年代时燃料电池每千瓦功率的价格为1500~2000美元,预计21世纪末,可达到500~600美元,也就是说一辆功率为50kW的汽车,光燃料电池的价格仍需2500~3000美元,为了降低价格,正在大力研究新材料(如新的质子交换膜,新的催化材料及技术等)、新结构、新工艺和新技术。2000年巴拉德公司开发出最新一代燃料电池MK900,2001年MK902,并已建成年产1万个电池的生产线。

2.5 混合动力电动汽车

混合动力汽车是一种折衷产品,目的在于显著提高汽车的燃油效率,同时减少传统燃油汽车的尾气排放,克服纯电动汽车的缺点。对混合动力汽车概念的理解应该更广泛,任何拥有两种或以上动力源的汽车都是混合动力汽车。混合动力电动汽车是指车上装有两个以上动力源,包括有电动机驱动,符合汽车道路交通、安全法规的汽车,车载动力源有蓄电池、燃料电池、太阳能电池、内燃机车的发电机组等多种。当前混合动力电动汽车一般是指内燃机,再加上蓄电池的电动汽车。

2.5.1 混合动力电动汽车的特点

采用混合动力后可按平均需用的功率来确定内燃机的最大功率,此时处于油耗低、污染少的最优工况下工作。需要大功率内燃机功率不足时,由电池来补充;负荷小时,富余的功率可发电给电池充电。由于内燃机可持续工作,电池又可以不断得到充电,故其行程和普通汽车一样。因为有了电池,可以十分方便地回收制动、下坡、怠速时的能量。在繁华市区,可关停内燃机,由电池单独驱动,实现"零"排放。有了内燃机可以十分方便地解决耗能大的空调、取暖、除霜等纯电动汽车遇到的难题。可以利用现有的加油站加油,不必再投资。可让电池保持在良好的工作状态,不发生过充、过放电,延长其使用寿命,降低成本。

混合动力电动汽车有以下几种基本的工作方式,即串联式、并联式和串并联(或称混联)式。混合动力驱动汽车的缺点是有两套动力,再加上两套动力的管理控制系统,结构复杂,技术较难,价格较高。由于"新一代汽车伙伴合作"(PNGV)计划的推动美国三大汽车公司对各种单元技术及其不同组织进行成百种方案的筛选、比较,认为采用混合动力是实现中级轿车百公里3L油耗的可行方案因此而受到更大的关注。经过多年研究,混合动力电动汽车已开发出一些成功的例子。日本丰田汽车公司1997年12月宣布将混合动力电动轿车PRIUS投入小批量商业化生产,该车自重1515kg,装用顶置凸轮轴四缸,1500cc排量汽油机,最大功率

42.6kW，转速为4600r/min，带永磁无刷发电机，驱动电动机亦为永磁无刷的额定功率30kW，采用氢镍电池，实现串并联控制方式，百公里油耗为3.4L，比原汽油车减少了一半，CO_2排量也相应减少了一半，CO、HC、NO_X仅为现行法规允许值的10%，售价每辆216万日元（约15000美元）。美国克莱斯勒汽车公司1998年2月在底特律展出第二代道奇无畏E SX2型混合动力电动轿车，该车装用1500cc排量直喷柴油机带发电机，采用铅酸电池，交流感应电动机驱动，铝车架，混合材料车身，自重1022kg，百公里油耗降至3.4L。2000年通用、福特、戴姆勒·克莱斯勒已开发出100公里油耗已达到3L汽油或接近3L汽车的样车，只是价格仍较贵。

2.5.2 混合动力汽车原理

(1)混合动力汽车的组成。尽管混合动力汽车有并联与串联之分，但其主要组成部分却相差不大，主要有以下几部分（图4-11）。

①燃油发动机：混合动力汽车都装有一个燃油发动机，这与你平日里所见到的普通汽车发动机基本类似，但是其体积更小，并且采用了更新的技术以减少排放和提高燃油效率。

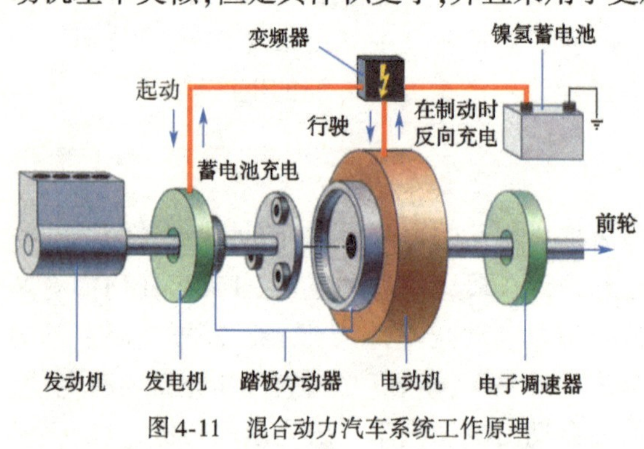

图4-11 混合动力汽车系统工作原理

②油箱：混合动力汽车上的油箱是燃油发动机的能量储存设备，汽油的能量密度要远远超过电池的能量密度。比如1000磅的电池所储存的能量仅仅相当于一加仑（约7磅）汽油所蕴涵的能量。

③电动机：混合动力汽车上的电动机是十分精密的。先进的电子技术使其既是发动机，又是发电机。比如，需要时电动机就可以从电池组获取能量，加速汽车的前进，但是作为发电机的时候，它又可以帮助汽车减速，并同时将能量输入到电池当中。

④发电机：混合动力汽车上的发电机类似电动机，但是它只能产生电能，并主要安装在采用串联方式的汽车上，也就是说它是串联和并联混合动力汽车的主要区别之一。

⑤电池组：混合动力汽车上的电池组是汽车电动机的能量储备装置。与汽油只能为燃油发动机提供动力不同，汽车上的电动机可以根据不同情况，或电池组内输送能量，或从电池组内获取工作的动力。

⑥传动装置：混合动力汽车上的传动装置所执行的功能，与传统汽车上传动装置的基本功能是一样的。一些混合动力汽车甚至拥有跟普通汽车一样的传动装置，比如本田的INSIGHT；当然有些混合动力汽车的传统装置与普通汽车的不太一样，比如丰田的PRIUS。

(2)工作原理。

①起步与小负荷时。车辆起步或极低速运行并在下陡坡时，发动机将在低效率区域中工作，此时控制系统将切断燃油，使发动机停止。车辆低速行驶时，特别是在下坡道路上行驶时，发动机效率下降。故可以根据发动机发生空转信号、进行燃油切断，利用电动机向车辆提供输出动力（图4-12）。电动机驱动车辆的路径如图中路径A所示。

②正常行驶时。在正常行驶时发动机的动力通过动力分配机构分为两条输出通路，其中之一为驱动发电机使之发电，并用所发电能驱动电动机，从而增加车轮的驱动力（路径B）；另

一方面是直接驱动车轮(路径C)。这两条动力输出路径的关系,是由计算机进行控制,使之达到最优效率(图4-13)。

图4-12　起步与小负荷时　　　　图4-13　正常行驶时

③全开加速时。全开加速时,除了上述正常行驶工况中所需的动力外,还要从蓄电池中输出电流,增加车轮的驱动力(图4-14)。车辆的动力来自图中的路径A、B、C三条。

④减速与制动时。在减速与制动时,车轮驱动电动机(马达),图中的路径D。这时,电动机变成了发电机,利用减速或制动的能量进行再生发电。利用这一工作过程,把回收的能量存储在蓄电池中(图4-15)。

⑤蓄电池充电。对蓄电池进行控制,使之保持一定的充电状态。所以,当蓄电池的充电量减少时,通过发动机驱动发电机进行充电,使之一直达到规定的充电状态(图4-16)。蓄电池被控制在规定的充电状态,当充电量降低时,则驱动发电机,开始充电,如图中路径E。

图4-14　全开加速时　　　　图4-15　减速与制动时　　　　图4-16　蓄电池充电

⑥停车时。车辆停止时,发动机也自动停止。没有常规发动机那样的怠速,无有害物和CO_2排放,同时也节约了能源。当蓄电池没达到规定的充电状态时,即使停车,发动机也会驱动发电机,通过路径E给蓄电池充电。当汽车起步时,接通点火电源,发动机达到规定的热状态后会自动停止运转。如果和空调开关联动的话,停车后发动机也会运转。

2.5.3　节能原理

除了采用体积小,效率高的发动机外,今天的混合动力汽车还采用了很多其他方法来帮助提高燃油效率。这些方法有的也适用传统汽车,有些则只适合于混合动力汽车。混合动力汽车提高燃油效率的方法主要有:

(1)恢复和向电池储存能量。无论什么时候踩制动踏板,你都有可能从汽车的减速当中获得能量。车速越快,汽车拥有的动能越大。而制动会减少汽车的动能,并以热量的方式散发。混合动力汽车能够获取其中的一部分能量并将其存储到电池当中以备将来使用。这种能量的获取主要通过“再生性制动”来实现。这就是说,制动的作用不仅仅是将车速降下来,还有一个重要作用就是通过车速的降低,让汽车的动能通过电动机转化成电能输入电池当中。这一过程当中,电动机扮演的是发电机的角色,为电池充电。

(2)适时关闭发动机。因为拥有替代性的动力来源——电动机和电池组,所以混合动力汽车并不时时刻刻都依赖发动机工作。因此汽车就可以在不需要发动机工作的时候将发动机停下来,比如说遇到红灯时,汽车就可以暂时将发动机关闭,从而达到节油的目的。

(3)利用空气动力学原理减少空气阻力。当汽车在高速公路上行驶的时候,汽车发动机所做的大部分工作主要是克服汽车穿越空气时遇到的巨大阻力。减小空气阻力有很多方法,一种可靠的办法是尽量减小汽车迎风面的车身面积。车身大的汽车,行驶时遇到的空气阻力就大,而迎风面小的汽车,遇到的空气阻力就小。如果理解了这一点,你就很容易理解为什么车身迎风面积大的SUV比小型运动型轿车更耗油了。

另外减少汽车行驶时遇到的空气湍流,也是一种很好降低空气阻力的方法。比如,将车身做的更加光滑,减少车身上突出部分的数量,因为这些突出部分很容易在汽车快速行驶时产生强烈的空气湍流,给汽车造成阻力。

(4)使用低阻力轮胎。传统汽车轮胎的设计主要是保持汽车运行平稳,降低噪声,并适应不同的天气状况,但是它们的设计很少考虑效率问题。实际上,轮胎在汽车行驶过程中产生的摩擦阻力相当巨大,而混合动力汽车使用了很特别的轮胎,更坚硬且更饱满。其结果是汽车行驶时的轮胎摩擦阻力比普通汽车轮胎减少一半左右。

(5)使用轻质材料。降低汽车自重是节油的主要方法之一。自重较轻的汽车在加速或者爬坡的时候所需要的能量比自重较重的汽车做同样的工作的能量需求要少许多。因此,混合动力汽车往往采用很多合成材料,比如碳化纤维、轻质的金属如铝、镁等,以减轻车身自重。

3 汽车公害

3.1 汽车排放与大气污染

目前,大气污染已逐渐发展成为世界性的问题,尤其是在一些大中城市,随着汽车保有量的增加,汽车的生产、销售、使用、报废还带来了环境大气危害和城市的空气污染(图4-17)。如汽车排放的二氧化碳CO_2、硫化物(指一氧化硫SO和二氧化硫SO_2)、氮氧化物NO_X(指一氧化氮NO和二氧化氮NO_2)、氟氯烃等使温室效应、臭氧层破坏和酸雨等大气环境问题变得更为严重;汽车排出的CO、NO_X、SO_X、未燃碳氢化合物HC、颗粒物PM和臭味气体等污染了空气,对人类和动、植物危害甚大;汽车行驶过程产生的噪声和新近的驻车用防盗器的误鸣不仅能引起人体的生理改变和损伤,导致对心理、生活和工作的不利影响,还会使人的听力减弱、视觉功能下降、神经衰弱、血压变化和胃肠道出现消化功能障碍,影响人的睡眠、谈话、学习、工作和情绪等。又如报废汽车对环境的污染,报废汽车在发达国家已成为重要的垃圾源,并影响市容环境;残留在报废汽车中的燃油、润滑剂、空调制冷剂和铅等有害金属,一旦进入水系和土壤,其

危害不堪设想。汽车排气污染物造成的环境污染情况将日趋严重。所以对汽车排气污染物的监控与防治,已处于刻不容缓的地步。

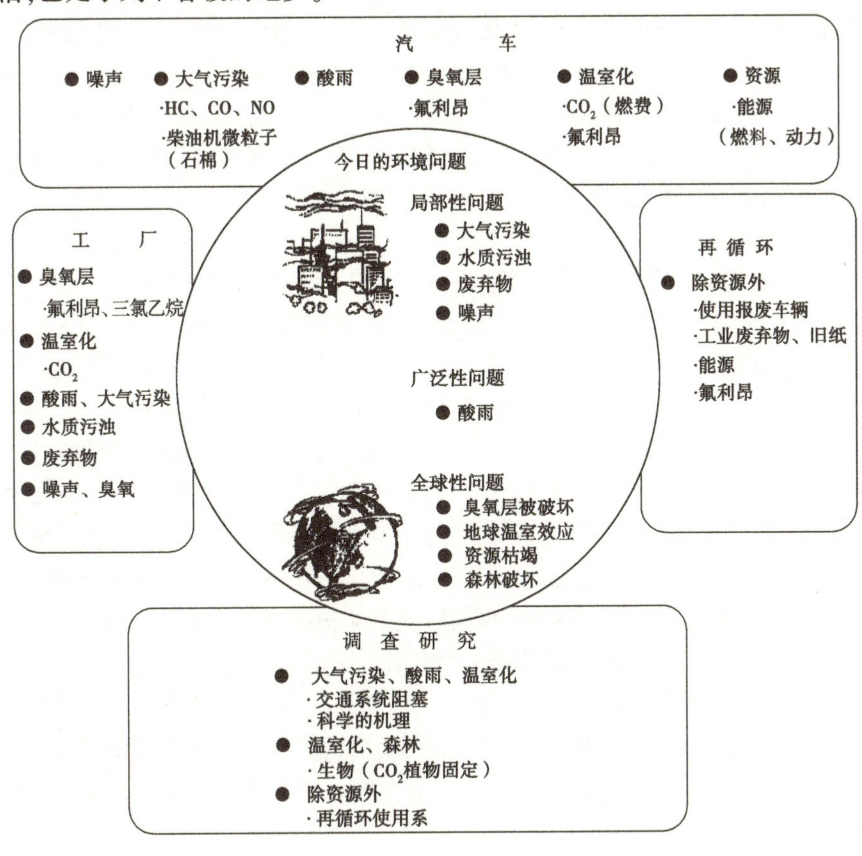

图4-17 汽车与环境

3.2 排气污染物的主要成分与危害

汽车排放的主要污染物有一氧化碳(CO)、碳氢化合物(HC)、氮氧化合物(NO_X)、二氧化碳(CO_2)和微粒物(PM)等。

3.2.1 一氧化碳(CO)

在内燃发动机中,CO是空气不足或其他原因造成不完全燃烧时,所产生的一种无色、无味的气体。CO吸入人体后,非常容易和血液中的血红蛋白结合,它的亲和力是氧的300倍。因此,肺里的血红蛋白不与氧结合而与CO结合,致使人体缺氧,抑制思考,使人反应迟钝,引起头痛、头晕、呕吐等中毒症状,严重时可能导致死亡。

3.2.2 碳氢化合物(HC)

HC是指发动机废气中的未燃部分,还包括供油系中燃料的蒸发和滴漏。单独的HC只有在含量相当高的情况下才会对人体产生影响,一般情况下作用不大,但它却是产生光化学烟雾的重要成分。

3.2.3 氮氧化合物(NO_X)

NO_X是发动机有一定负荷时大量产生的一种褐色的有臭味的废气。发动机废气刚一排出时,气体内存在的NO毒性较小,但NO很快氧化成毒性较大的NO_2等其他氮氧化合物。这些氮氧化合物,我们统称为NO_X。NO_X进入肺泡后能形成亚硝酸和硝酸,对肺组织产生剧烈的刺激作用。亚硝酸盐则能与人体内的血红蛋白结合,形成变性血红蛋白,可在一定程度上导致组织缺氧。

NO_X与HC受阳光中紫外线照射后发生化学反应,形成有毒的光化学烟雾。当光化学烟雾中的光化学氧化剂超过一定浓度时,具有明显的刺激性。它能刺激眼结膜,引起流泪并导致红眼症,同时对鼻、咽、喉等器官均有刺激作用,能引起急性喘息症,可以使人呼吸困难、眼红喉痛、头脑晕沉,造成中毒。光化学烟雾还具有损害植物、降低大气能见度、损坏橡胶制品等危害。1943年美国发生的洛杉矶烟雾事件,1952年伦敦的烟雾事件,以及1970年日本的四日市事件,都是最有代表性的光化学烟雾事件。在这些大气污染事件中,受害和死亡的人竟数以千计。1995年,我国的成都、上海发生了光化学烟雾,北京和南宁分别于1998年和2001年也产生过光化学烟雾事件。

3.2.4 NMHC:非甲烷烃 non-methane hydrocarbon

是指除甲烷以外的所有碳氢化合物(烃类)。因为与甲烷不同,有较大的光化学活性,是形成光化学烟雾的前体物。其种类很多,其中排放量最大的是由自然界植物释放的萜烯类化合物,约占NMHC总量的65%,而其中最主要的是异戊二烯和单萜烯,它们会在城市和乡村大气中因光化学反应而形成光化学氧化剂和气溶胶粒子。NHMC的人为源主要有汽油燃烧、焚烧、溶剂蒸发、石油蒸发和运输损耗及废物提炼,这五类占碳氢化合物人为排放量的约96%。

3.2.5 THC:TOTAL HYDROCARBONS 的简称

指排放的气体中含有碳氢化合物的总量。又称总烃,一般指含有1~8个碳原子的烃类物质。目前对光化学烟雾生成机理的研究表明,总碳氢化合物中的烯烃是引起光化学烟雾的重要因素。因此,常用气相色谱法分别测定总碳氢化合物和甲烷烃,然后求得两者之差,作为烯烃的含量。

3.2.6 颗粒物(PM)

由燃烧室排放出的颗粒物(Particulate Matter)有三个来源,其一是不可燃物质,其二是可燃的但未进行燃烧的物质,其三是燃烧生成物。燃烧过程排出的颗粒物质的组成中大部分是固态炭,火焰中形成的固体炭粒子称为炭黑。炭黑可以在燃烧纯气体燃料时形成,但更多的则是在燃烧液体燃料燃烧时形成。颗粒物质的组成中除炭黑外还有碳氢化合物、硫化物和含金属成分的灰分等。含金属成分的颗粒物主要来自于燃料中的抗爆剂、润滑油添加剂以及运动产生的磨屑等。

柴油发动机燃料燃烧不完全时,其内含有大量的黑色炭颗粒。形成的炭烟能影响道路上的能见度,并因含有少量的带有特殊臭味的乙醛,往往引起人们恶心和头晕。炭烟不仅本身对人的呼吸系统有害,而且炭烟粒的孔隙中往往吸附着二氧化硫及有致癌作用的多环芳香烃等。

PM10和PM2.5分别指的是空气动力学直径小于等于10μm和2.5μm的颗粒物(人类纤细头发的直径大约是50~70μm)。PM10又称为可吸入颗粒物,PM2.5又称为可入肺颗粒物,或细颗粒物,是表征环境空气质量的两个主要污染物指标。

3.2.7 二氧化碳(CO_2)

世界工业化进程引起的能源大量消耗,导致大气CO_2的剧增。其中30%约来自汽车排气。CO_2为无色无毒气体,对人体无直接危害,但大气中的CO_2大幅度增加,因其对红外热辐射的吸收而形成的温室效应,会使全球气温上升,南北极冰层溶化,海平面上升,大陆腹地沙漠

趋势加剧，是人类和动植物赖以生存的生态环境遭到破坏。因此，近年来对 CO_2 的控制也已上升为汽车排放研究的重要课题，提高汽车的经济性和使用低排量汽车是减少 CO_2 排放的重要措施。

3.2.8 温室效应

汽车污染已成为世界性公害，其对于温室气体浓度增加的"贡献"不容忽视。汽车的内燃机实际上是一座小型化工厂，消耗大量石油资源。汽油燃爆后产生驱车动力，同时也产生了许多复杂的化学反应，排放出大量温室气体，加剧了温室效应。

汽车每燃烧 1kg 汽油排出 3.08kg 的二氧化碳。当二氧化碳含量升高时，会增强大气对太阳光中红外线辐射的吸收，阻止地球表面的热量向外散发，使地球表面的平均气温上升。这就是所谓的温室效应。

地球上接连出现的"厄尔尼诺"和"拉尼娜"现象都与温室效应加剧有关。城市因人口密集、高楼密集、公路密集，导致"城市热岛效应"更为严重。温室气体像毯子一样把热束缚在低层大气里，城市年平均气温比郊区高 1°，甚至更多。城市热岛效应已经改变了地方天气形势，特别是雨量分布形势已经发生改变。这是全球变暖在城市的反应。

汽车排放造成的大气污染还会破坏臭氧层，而臭氧损耗与气候变化通过某些机制相互联系。一些专家认为，臭氧层的破坏造成太阳辐射过强，也会导致高温天气。

大气环境是人类赖以生存的可贵资源，因此，减少温室气体排放、防止全球气候变暖是世界各国共同关注的问题。为了 21 世纪的地球免受气候变暖的威胁，1997 年 12 月，149 个国家和地区的代表在日本东京召开《联合国气候变化框架公约》缔约方第三次会议，会议通过了旨在限制发达国家温室气体排放量以抑制全球变暖的《京都议定书》。该议定书规定，在 2008 ~ 2012 年期间，发达国家的二氧化碳等 6 种温室气体排放量要在 1990 年的基础上平均削减 5.2%，其中美国削减 7%，欧盟 8%，日本 6%、加拿大 6%、东欧各国 5% ~8%。

3.3 减少汽车排放的措施

减少汽车大气环境公害的基本方法可以归纳为两类。一是从源头着手的降低技术，称之为源头法。二是采取一些措施减少已产生的汽车环境公害，通常把与此相关的技术称之为后治理法。

3.3.1 源头控制法

源头控制法是把燃烧污染物消灭在燃料化学能转化为机械能的过程之中的有关技术，因为发生在发动机的汽缸之内，故这种方法以前被称之为机内净化。源头控制法主要包括四个方面的内容。其一是对现有的车用发动机进行改造，如丰田公司的 1 ~4 缸内直喷发动机的根据负荷的不同而采用"分层燃烧、弱分层燃烧、均质燃烧"、三菱汽车公司采用的"两段燃烧法"、五十铃公司的"一个循环五次喷射"等技术，这些都使污染物的排放得到了大幅度降低。由于这些技术仍然赶不上法规的加严速度，因而人们还在不断地寻求降低排放的新技术，如被各个厂家和研究人员看好的集压燃式发动机和点燃式发动机优点集于一身的 HCCI 技术等。其二是设法使发动机始终工作在低排放工况，各种混合动力车的上市即为这种方法的成功范例。其三是电动汽车技术，包括燃料电池和各种电动汽车。其四是在汽车使用中控制污染的排出法，主要有使汽车保持良好技术状况和采用合理的驾驶方法，采用"自动停止怠速和起动”技术等。

3.3.2　后治理法

由于源头控制的效果是有限的、并不是所有的问题都可以在源头解决。后治理法降低发动机排出的有害物的技术主要有各种催化净化器和过滤器等。汽油车使用最多的是三效催化净化器和吸附还原(NO)催化净化器。柴油车使用最多的是颗粒捕捉器DPF(Diesel Particulate Filter)等,其原理是把排出的颗粒物PM(Particulate Matter)过滤捕捉起来,使其燃烧变成CO_2排出。此外,还有利用氧化催化剂使CO、HC和PM变为H_2O和CO_2排出的氧化催化法等。

在实际的汽车排放控制措施中,都是源头控制和后治理并用的。

3.3.3　使用中减少排放的措施

生产出的汽车在使用中减少排放,有时更加重要,具体措施如下:

①汽车渗漏的润滑剂和其他渗漏的液体对空气的污染极大,因此,应每天进行检查,及时发现汽车的渗漏现象并立即修复故障。

②每年应对车内空调进行一次彻底的检查,这是预防制冷剂渗漏的最好方法。在不使用空调的季节,也应偶尔打开空调,这样有利于更好地密封和防止渗漏。

③经常检查阻风门。阻风门安装得太松,会导致发动机缺油,从而使汽车起动非常困难;阻风门装得太紧,则使大量汽油涌入发动机,使大量没有充分燃烧的碳氢化合物从尾气管中排放出去,从而造成对空气的污染。

④避免燃烧机油,如果从排气管中排出的是蓝色或蓝白色的烟,则表明汽车是在燃烧机油,这样对空气的污染很大,应立即检修发动机。

⑤检查空气管道最常忽略的是化油器和喷油器的空气通道,要经常对这两个通道进行检查。如果松动了,紧一下;如果破损了,应立即更换。

⑥使用清洁的滤清器,污染的滤清器将迫使发动机燃烧更多的油料,从而造成污染。因此,应该按照汽车生产厂家的要求,按使用里程进行更换。

⑦按期更换机油,磨合前期,汽车行驶500km,应换一次机油。当汽车正常使用后,按使用里程(或期限)更换机油。

⑧不要冷起动就开动汽车,在发动机冷却时开动汽车,不仅对汽车本身毫无益处,而且还会增加汽车对空气的污染和燃油消耗。因此,在发动机尚未预热完毕时,千万不要开动汽车。

⑨尽量减少发动机空转,汽车停止运动,产生更多的污染气体。因此,不要空转发动机。

⑩加速要谨慎,有关试验表明,快速加速所消耗的燃料是通常情况下的1.5倍,从而产生过多的废气。因此每次踩加速踏板时,都应控制踏板的开度(70%~80%),轻轻地、慢慢地踩下加速踏板。同样,突然制动也会造成过多的废气排放。

⑪装油不能太满,加油次数越少,汽油挥发对空气产生的污染就越小。但油加得不能太满,一般要比满箱少几升,这样不至于在汽车开动时有油溢出。

3.4　汽车噪声与危害

声是一种普遍的物理现象。自然界中充满了各种各样的声音,有了声音,人们才能用语言交流思想感情,开展娱乐等各种活动。但是另一方面,有些声音却影响人们的工作、学习、休息和身体健康。例如,汽车、内燃机、拖拉机、发电机组运转时发出的声音,使人烦躁、讨厌,久而

久之甚至引起耳聋和其他疾病。可见在日常生活中,有的声音是我们所需要的,而另一些声音则是我们不需要的,甚至是厌恶的。从生理学和心理声学的观点,把这些不需要的声音,不论是什么样的声音,统称为噪声。

噪声污染与大气污染、水源污染不同,噪声污染是局部的、多发性的,除飞机噪声等特殊情况外,其特点是从声源到受害者的距离很近。以汽车噪声污染来看,以城市街道和公路干线两侧最为严重。

汽车噪声是汽车的第二公害,它随着汽车发动机功率、汽车速度及汽车流量的增加而增大,约占城市噪声的75%。噪声对人的影响是一个很复杂的问题,不仅与噪声的性质有关,而且还与每个人的心理、生理状态以及社会生活等多方面的因素有关。经过长期的研究表明噪声确实会危害人的健康,噪声级越高,危害性越大。即便噪声级较低,如小于80dB(A)的噪声,虽然不致直接危害人的健康,但同样会影响和干扰人们的正常活动。

汽车噪声一方面对环境产生噪声污染,使人心情不安、烦躁、疲倦、工作效率下降;干扰语言交流和通信联络,影响人们的工作和生活;会降低人的听力,严重时可致人耳聋,另一方面使驾驶员反应时间加长,从而影响行车安全。

3.5　噪声的控制

汽车的噪声源有多种,例如发动机、变速器、驱动桥、传动轴、车厢、玻璃窗、轮胎、继电器、喇叭、音响等都会产生噪声。这些噪声有些是被动产生的,有些是主动发生的(如人为按动喇叭)。但是主要来源只有两个方面,一个是发动机,另一个是轮胎,它们都是被动发生的,只要汽车行驶就会产生噪声。

在发动机各种噪声中,发动机表面辐射噪声是主要的。发动机表面辐射噪声由燃烧噪声和机械噪声两大类构成,是发动机内部的燃烧及机械振动所产生的噪声。燃烧噪声是指汽缸燃烧压力通过活塞、连杆、曲轴、缸体等途径向外辐射产生的噪声。机械噪声是指活塞、齿轮、配气机构等运动件之间机械撞击产生的振动噪声。一般情况下,低转速时燃烧噪声占主导地位,高转速时机械噪声占主导地位。两者是密切相关,相互影响的。实践表明,减少振动是降低噪声的根本措施。增加发动机结构的刚度和阻尼,是减少表面振动的方法,从而达到降低噪声的目的。

轮胎在路面滚动产生的噪声也是很大的。有关研究表明,在干燥路面上,当汽车时速达到100km/h,轮胎噪声成为整车噪声的重要噪声源。而在湿路面上,即使车速低,轮胎噪声也会盖过其他噪声成为最主要的噪声源。轮胎噪声来自泵气效应和轮胎振动。所谓泵气效应是指,轮胎高速滚动时引起轮胎变形,使得轻胎花纹与路面之间的空气受压挤,随着轮胎滚动,空气又在轮胎离开接触面时被释放,这样连续的“压挤释放”,空气就迸发出噪声,而且车速越快噪声越大,车辆越重噪声越大。轮胎振动与轮胎的刚度和阻尼有关,刚度增大(例如轮胎帘布层数目增加),阻尼减少,轮胎的振动就会增大,噪声也就大了。要降低轮胎的噪声,胎面可采用多种花纹节距,采用高阻尼橡胶材料,调整好轮胎的负载平衡以减少自激振动等。

为了防止发动机噪声和轮胎噪声窜入乘员厢,工程师除了尽量减少噪声源外,也在车厢的密封结构上下功夫,尤其是前围板和地板的密封隔音性能。

解决汽车的噪声是一项涉及整车方方面面的技术问题,包括发动机的结构、材料质量分布、工艺水平、装配密封性等。实际上,汽车噪声的大小能够反映出整车的质量和技术性能的高低。汽车噪声的大小是衡量汽车质量水平的重要指标,因此,降低汽车噪声也是世界汽车工业的一个重要课题。

相关链接

设想一种安全环保、节能的新型"概念车"。

设想的内容:

1. 绘制汽车三维外形图或内部视图;
2. 说明其安全环保、节能的功用;
3. 说明其原理实现的可行性;
4. 写出其设想的科学依据;
5. 本人参与的内容和自我评价。

具体内容:

1. 制作安全环保、节能的新型"概念车"模型;
2. 写出相关报告。

思考、练习与动手

一、选择题

1. 确定汽车外形需要考虑三个因素,即机械工程学、人体工程学和________。

A. 运动学　　B. 地面力学　　C. 仿生学　　D. 空气动力学

2. 高速行驶,箱型汽车并不够理想,因为它的阻力大大妨碍了汽车前进的速度,所以人们又开始研究一种新的车型________。

A. 流线型　　B. 子弹头　　C. 滴水性　　D. 甲壳虫

3. 国际上汽车在环保汽车方面有三大派,一是降低汽油发动机产生的公害,此类车型被视为"________"。

A. 发展派　　B. 改进派　　C. 改革派　　D. 取代派

4. 混合动力汽车是一种________,目的在于显著提高汽车的燃油效率,同时减少传统燃油汽车的尾气排放,和克服纯电动汽车的缺点。

A. 成型产品　　B. 过渡产品　　C. 折中产品　　D. 替代产品

5. 炭烟是柴油发动机燃料燃烧________,其内含有大量的黑色炭颗粒。

A. 不完全的炭　　B. 不完全的产物　　C. 完全的产物　　D. 完全的炭

6. 汽车排放造成的大气污染还会破坏________,而臭氧损耗与气候变化通过某些机制相互联系。________的破坏造成太阳辐射过强,也会导致高温天气。

A. 臭氧层　　B. 对流层　　C. 电离层　　D. 大气层

7. 经过10多年来实践努力,我国已经提出"________"的减少二氧化碳排放的技术路线。

A. 发展CNG汽车　　B. 三纵,三横　　C. 国V排放标准　　D. 发展电动汽车

8. PM10和PM2.5分别指的是空气动力学直径小于等于10μm和2.5μm的颗粒物。

PM2.5 又称为________。

A. 2.5mm 颗粒物 B. 2.5cm 颗粒物 C. 可吸入颗粒物 D. 可入肺颗粒物

二、判断题

1.( )汽车的外形很多，目前汽车的外形均是流线型。

2.( )甲壳虫形车身迎风阻力最小，空气动力学的原理在这种车身上得到了很好的应用，也为以后在车身外形设计上运用“仿生学”开了先河。

3.( )楔形对于目前所考虑到的高速汽车，已接近理想造型。现在世界各大汽车生产国都已生产出带有楔形效果的乘用车。

4.( )交通领域的二氧化碳排放约占全球排放总量的27%，而随着汽车生产量和保有量的急剧增加，大气中有12%的二氧化碳来自汽车的尾气排放。

5.( )燃料电池能量转化效率高，燃料电池的燃料是氢和氧，由于利用化学反应同样对环境有污染，但不大。

6.( )汽车排放造成的大气污染还会破坏臭氧层，而臭氧损耗与气候变化通过某些机制相互联系。臭氧层的破坏造成太阳辐射过强，也会导致高温天气。

7.( )中国将于2015年实施新的油耗法规，相应折算的二氧化碳排放为161 g/km，争取2020年，我国汽车排放和能耗进入国际先进水平。

8.( )美国福特汽车公司在1915年生产出一种新型的福特T型车，也称为“箱型汽车”。

9.( )“鱼型汽车”是船型汽车的变形，其尾部过分向后伸出，形成阶梯状，减少在高速时会产生较强的空气涡流。

10.( )国际上汽车在环保汽车方面有一种是改进燃料混合驱动，此类车型被称为“改革派”——电、汽混合驱动；汽、油混合驱动。

11.( )环保汽车中的“取代派”是以无公害燃料电池取代了汽油燃料，最为成功地是电动汽车。

12.( )CO_2为无色无毒气体，对人体无直接危害，但大气中的CO_2大幅度增加，因其对红外热辐射的吸收而形成的温室效应，会使全球气温上升，南北极冰层溶化，海平面上升，大陆腹地沙漠趋势加剧，是人类和动植物赖以生存的生态环境遭到破坏。

13.( )汽车的噪声源有多种，但是主要来源只有两个方面，一个是发动机，另一个是喇叭。

14.( )减少汽车大气环境公害的基本方法可以归纳为两类：一是从源头着手的降低技术，二是经常采取一些措施减少已产生的汽车环境公害。

三、填空题

1. 空气动力学要求汽车行驶时空气阻力小，流线型是指空气流过________的理想形状，流线型应用的最高境界是________。

2. 未来数十年，________、________和燃料电池电动车市场份额将以稳定的速度增长，而燃油汽车的市场份额将会逐渐减少，未来的汽车时代将属于绿色环保汽车的时代。

3. 电动汽车是指以________为动力，用________驱动车轮行驶，符合道路交通、安全法规各项要求的车辆。

4. 混合动力电动汽车是指车上装有________以上动力源，包括有电动机驱动，符合汽车道路交通、安全法规的汽车。

5. 混合动力电动汽车有两种基本的工作方式,即________、________和________式。

6. 汽车每燃烧1kg汽油排出3.08kg的二氧化碳。当二氧化碳含量升高时,会增强大气对太阳光中________的吸收,阻止地球表面的热量向外散发,使地球表面的平均气温________。这就是所谓的温室效应。

7. 汽车的噪声源有多种,多数噪声是被动产生的,有些是主动发生的如:________。

8. 混合动力汽车,在减速与制动时,此时,车轮驱动电动机(马达),________变成了发电机,利用减速或制动的能量进行再生发电。

9. "三纵"是纯电动汽车、混合动力汽车、________。

四、思考与动手

1. 了解纯电动汽车或混合动力汽车使用注意事项。

2. 做一份雾霾天气影响因素的调查报告。

参考答案

一、选择题

1. D　2. A　3. B　4. C　5. B　6. A　7. B　8. D

二、判断题

1. ×　2. ✓　3. ✓　4. ✓　5. ×　6. ✓　7. ✓　8. ✓　9. ✓　10. ×
11. ✓　12. ✓　13. ×　14. ✓

三、填空题

1. 不产生漩涡　飞机的机翼
2. 电池电动汽车　混合电动汽车
3. 车载电源　电动机
4. 两个
5. 串联式　并联式　串并联式
6. 红外线辐射　上升
7. 按动喇叭
8. 电动机
9. 燃料电池汽车

四、思考与动手

答案省略

单元五　汽 车 娱 乐

学习目标

知识目标

1. 简单描述赛车的种类，正确叙述 F1 方程式赛车；
2. 简单描述汽车的名称来历；
3. 正确描述常见汽车商标及其来历；
4. 正确描述汽车俱乐部。

能力目标

1. 会欣赏赛车运动；
2. 会欣赏汽车品牌。

1　赛 车 风 云

汽车运动是指汽车在封闭场地内、道路上或野外，比赛速度、驾驶技术和车辆性能的一种运动。汽车运动是集人、车为一体的综合较量，不仅是车手个人技艺、意志和胆量的竞争，而且是汽车设计、产品质量的角逐，体现了人与科技最完美的结合，体现了人类对自然的征服能力。

1.1　赛车运动的起源

"赛车"一词来自法文(Grand Prix)，汽车比赛几乎与汽车具有同样长的历史。今天，各式各样的汽车比赛被统称为现代汽车运动，它是世界范围内一项影响较大的体育运动。多姿多彩的汽车运动使汽车这一冷冰冰的钢铁机器充满了柔情蜜意，同时，汽车运动的激烈、惊险、浪漫、刺激，不仅使成千上万的观众为之痴迷，还使汽车技术的发展日新月异。

世界上最早的车赛是在 1887 年 4 月 20 日由法国的《汽车》杂志社主办的，参赛的只有乔乐基·布顿 1 个人，他驾驶四人座的蒸汽机汽车从巴黎沿塞纳河畔跑到了努伊伊。1888 年，法国《汽车》杂志社再次举办了车赛，路程为努伊伊到贝尔塞，全长 20km，结果驾驶迪温牌三轮汽车的布顿获得冠军，第二名也就是最后一名为驾驶塞尔波罗蒸汽汽车的车手。世界上最早使用汽油汽车进行的长距离汽车公路车赛是在 1895 年 6 月 11 日由法国汽车俱乐部和《鲁·普奇·杰鲁瓦尔》报社联合举办的，路程为从巴黎到波尔多的往返，全程达 732 英里。获得此次比赛第一名的埃末尔·鲁瓦索尔共用时 48 小时 45 分，平均车速为 24.55km/h。由于比赛规定车上只许乘坐一人，而他的车上却乘坐了两人而被取消了获奖资格，结果落后很远的凯弗林获得了冠军。此次参加比赛的总共有 23 辆车，跑完全程的有 8 辆汽油车，1 辆蒸汽机车。

在以后的车赛中,为避免汽车在野外比赛时扬起漫天尘土而影响后面车手的视线,造成伤亡事件,车赛逐渐改为在封闭的道路赛场和跑道上进行,这就是汽车场地赛的雏形。

最早的汽车跑道赛于1896年在美国的普罗维登斯举行。为了吸引更多的人参加汽车比赛,使比赛更富刺激和挑战性,法国的勒芒市在1905年举行了第一次真正意义上的场地汽车大奖赛。从此,汽车大奖赛成为世界体育舞台上一项非常重要的赛事,小城市勒芒也因此闻名于世。

每一次车赛都是速度的追求,都是高科技在汽车上的体现,都是人类对自身的挑战和超越,从下面所列举的历史上汽车比赛的速度记录我们可以清楚地明白这一点。

1894年7月,法国:巴黎—鲁昂,狄安伯爵驾驶蒸汽汽车获得第一名,参赛的汽油机汽车均名落孙山,榜上无名。

1895年6月,法国:巴黎—波尔多,全程长1178km,这是一次真正意义上的汽车比赛。结果第一名至第七名全被汽油机汽车垄断。鲁瓦索尔创下平均速度24.55km/h的记录。

1903年,美国的福特汽车公司制造了一辆装有4缸60kW汽油机的“999”号赛车,在汽车比赛中一举夺魁,创下146.9km/h的时速。

1909年,汽车速度突破200km/h大关,德国的奔驰车创下了202.7km/h的记录。20世纪30年代,汽车的最高速度达到了500km/h。

1964年,美国人创造性地将一台喷气发动机装在一辆后轮驱动的“蓝鸟二号”赛车上,车速达到了令人难以置信的“危险速度”648.6km/h。次年的11月13日,在美国的犹他州,这一记录被改写成658.53km/h。以后至今再也没有人用汽油发动机、后轮驱动的汽车将此记录改写。

1970年10月23日,一辆用喷气发动机推进的“蓝焰”号特别车在美国犹他州的盐湖跑道上,创下了历史性的1001.63km/h的速度记录,首次突破了1000km/h大关。

1983年,还是在犹他州的盐湖跑道上,用喷气发动机推动的英国“推力2号”特制车速度达到了1018.5km/h,这是至今世界上得到正式认可的最高车速记录。

法国对赛车运动的产生及发展做出了极大的贡献,因此国际性车赛法文就叫“Grand Prix”(简称GP),音译为“格兰披治”,意思就是大奖赛。1904年6月10日,在赛车运动兴盛的法国成立了国际汽车联合会(法文缩写为FIA,当时不是用此名,1946年改为现称),由它负责管理全世界汽车俱乐部和各种汽车协会的活动。国际汽车联合会有一个下层机构叫国际汽车运动联合会(缩写为FISA)成立于1922年,其任务主要是制定有关参赛的车辆、车手、路线和比赛方法等相应规则,对比赛记录进行认可,并在各地举行汽车赛时作必要的调整或协调。中国汽车运动联合会(FASC)于1975年在北京成立,1983年加入国际汽车联合会。

今天,各式各样的汽车比赛已成为世界范围内一项影响较大的体育运动。多姿多彩的汽车运动使这一冷冰冰的钢铁机器充满了柔情蜜意,同时,汽车运动的激烈、惊险、浪漫、刺激,不仅使成千上万的观众为之痴迷,还使世界汽车技术的发展日新月异。

1.2 赛车运动的类型

汽车运动的类型很多,按照比赛路线划分主要类别有:长距离比赛、环形场地赛和无道路比赛。

锦标赛通常是在世界各地确定若干站,最后一站比赛结束后,根据车手和车队各站比赛的总积分,排定年度的世界冠军车手和冠军车。

越野赛是在人工修建道路的条件下进行的比赛。其中比赛距离超过 1 万千米的又称马拉松汽车越野赛。越野赛的比赛形式与拉力赛大致相同,不同的是越野赛是在荒山野岭、沙漠戈壁等条件艰苦的地域展开,增加了比赛的难度;越野赛虽规定了比赛路线,但参赛需根据确定的方向自己择路而行。

迄今为止最有名的拉力赛莫过于达喀尔拉力赛 Le Dakar 和世界汽车拉力锦标赛了,这两大赛事赛制不同,各有其特色。

赛车运动按照场地分为两大类,场地赛车和非场地赛车。场地赛车顾名思义,就是指赛车在规定的封闭场地中进行比赛。它又可分为方程式赛、轿车赛、运动汽车赛、GT 耐力赛、短道拉力赛、场地越野赛、直线竞速赛等。非场地赛车基本上的比赛场地不是封闭的,主要分拉力赛、越野赛及登山赛、沙滩赛、泥地赛等。

1.2.1 长距离比赛

长距离比赛是指从一地到另一地的长距离比赛,包括拉力赛和越野赛。

汽车拉力赛的"拉力"来自英语 Rally,意思是集合。即拉力赛是将参赛的汽车集合在一起进行比赛,反复进行,最后根据每辆赛车的总成绩排出名次,世界汽车拉力赛通常在世界各地确定若干站,最后一站比赛结束后,根据车手和车队各站比赛的总积分,排定年度冠军手和冠军车。正式的汽车拉力赛是在 1911 年举行的。

巴黎—达喀尔汽车拉力赛是世界行程最长的汽车拉力赛。由法国巴黎出发,乘船过地中海在利比亚登路,在非洲干旱的沙漠、潮湿的热带雨林和各种崎岖的路段比赛,途经 10 个国家,最后迂回到塞纳加尔的达喀尔,行程 13000km 左右,历时近 20 天。这一比赛行驶路线长,且选择路段比赛条件苛刻。如 1994 年,在 13319km 的赛程中,有 21 个特殊赛段共 4684km,比赛非常艰苦,淘汰率超过一半,出发时 124 辆赛车,而到达终点的只有 58 辆。雪铁龙车队获得该届冠军。从 1995 年后,巴黎—达喀尔汽车拉力赛改为格拉纳达—达喀尔汽车拉力赛。

越野赛是在一个国家的公路和自然道路上举行的允许对该国进行考察的汽车比赛。经过几个国家的领土、总长度超过 10000km 或跨洲的比赛称马拉松越野赛。越野赛的比赛形式与拉力赛大致相同,不同的是越野赛是在荒山野岭、沙漠戈壁等条件艰苦的地域展开,增加了比赛的难度。

除国际汽联特别批准外,越野赛的赛程不得超过 15 天,比赛必须在白天进行,采用单车发车方式,比赛每经过 10 个阶段后至少休息 18 个小时。每阶段的行驶距离自定,但每个赛段的最大长度,越野赛规定不超过 350km,马拉松越野赛规定不超过 800km,必须使用在国际汽联注册的全轮驱动汽车参赛。

1996 年国际汽联首次对越野赛实行世界杯赛制,其中较著名的比赛有:巴黎—达喀尔越野赛、突尼斯国际汽车赛、巴黎至莫斯科至北京马拉松汽车越野赛、阿拉伯联合酋长国沙漠挑战赛等。

1.2.2 环形场地赛

环形场地赛是指起点和终点都在同一地点的环形场地赛,主要是公路赛。公路赛分为方程式汽车赛、运动原型车赛等。

方程式汽车赛是指参加该类比赛所使用的赛车必须依照国际汽车联合会制定颁发的车辆技术规则规定的方程式制造,包括赛车的车体结构、长度、宽度、最低质量、发动机工作容积、汽缸数量、油箱容量、电子设备、轮胎的大小等。方程式赛车不注重汽车的舒适、经济、外观或费用,注重的只是性能。方程式汽车赛项目有 F1、F3、亚洲方程式、卡丁车方程式等。

运动原型车赛使用的汽车与通常的汽车外观相似。它是在规定的时间内看谁完成的路程长或看哪辆车行驶的圈数多来决定名次。运动原型车赛中最著名的是勒芒 24 小时世界汽车耐力锦标赛。勒芒位于法国巴黎西南约 200km 处,每年 6 月份都要举行世界 24 小时汽车耐力锦标赛。参加世界汽车耐力锦标赛的车型主要是 C 组运动原型车。此种车可乘 2 人,轮番驾驶。汽车耐力赛对汽车的性能和车手的耐力都是极大的考验,这是一项艰苦的比赛。汽车制造商不惜耗资数百万美元,参加勒芒汽车大赛,利用这项大赛来提高公司的声誉。

1.2.3 无道路比赛

无道路比赛是指在泥土场地进行的比赛。这种比赛需在场地内设置一些障碍,使得场地内崎岖起伏,参赛车辆间隔出发,最后根据每辆赛车的成绩排出比赛名次。

趣味链接

赛车游戏与汽车知识

狂野飙车 8:极速凌云:《狂野飙车 8 极速凌云》是 Gameloft 开发的狂野飙车系列第 8 部作品,该系列从 2004 年起开始狂野飙车系列,因为赛道地图均以世界各地不同都市为蓝本打造,如:阿尔卑斯山脉、伦敦、巴塞罗那、摩洛哥、威尼斯、冰岛、内华达。最新版中添加了中国元素长城、张家界和寺庙等。今年的《Asphalt 8》将有全新 8 幅地图,新场景中将含有逼真的雪、灰尘和雨水等天气变化系统,画面效果超乎想象。

赛车中包括:Mini Cooper S Roadster、奥迪 R8、奔驰、道奇、特斯拉、凯迪拉克、帕加尼 Huayra、柯尼赛格、布加迪、法拉利、RUF 如虎、兰博基尼、迈凯轮等超级跑车。

真实赛车 3(Real Racing 3):真实赛车 3 为移动平台赛车游戏树立了新的标杆,真实就在真实的赛道场景、赛车和赛事。创新特性包括官方授权的三维真实赛道、扩张后的 22 车道,以及超过 88 辆描绘细致的赛车,分别来自宝马、日产、雷克萨斯、奔驰、现代、福特、道奇(Dodge)、保时捷(Porsche)、阿斯特马丁(Aston Martin)、宾利(Bentley)、布加迪(Bugatti)、兰博基尼(Lamborghini)、迈凯

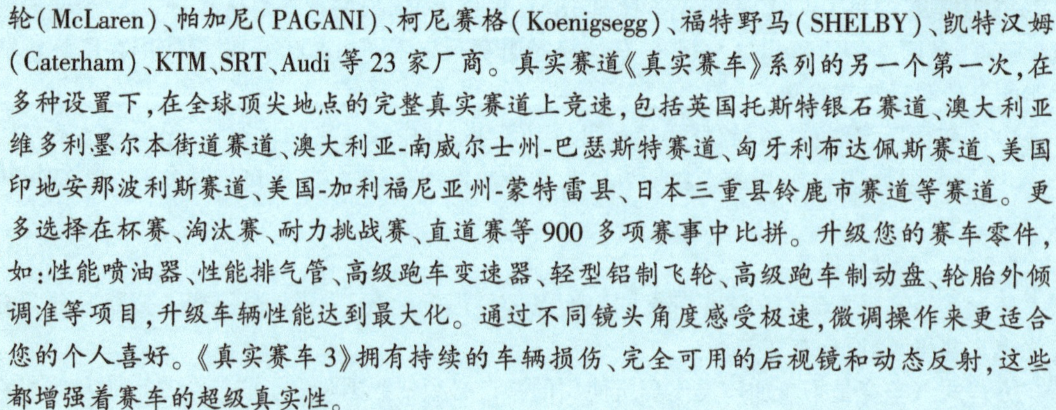

轮(McLaren)、帕加尼(PAGANI)、柯尼赛格(Koenigsegg)、福特野马(SHELBY)、凯特汉姆(Caterham)、KTM、SRT、Audi 等 23 家厂商。真实赛道《真实赛车》系列的另一个第一次,在多种设置下,在全球顶尖地点的完整真实赛道上竞速,包括英国托斯特银石赛道、澳大利亚维多利墨尔本街道赛道、澳大利亚-南威尔士州-巴瑟斯特赛道、匈牙利布达佩斯赛道、美国印地安那波利斯赛道、美国-加利福尼亚州-蒙特雷县、日本三重县铃鹿市赛道等赛道。更多选择在杯赛、淘汰赛、耐力挑战赛、直道赛等 900 多项赛事中比拼。升级您的赛车零件,如:性能喷油器、性能排气管、高级跑车变速器、轻型铝制飞轮、高级跑车制动盘、轮胎外倾调准等项目,升级车辆性能达到最大化。通过不同镜头角度感受极速,微调操作来更适合您的个人喜好。《真实赛车 3》拥有持续的车辆损伤、完全可用的后视镜和动态反射,这些都增强着赛车的超级真实性。

1.3 F1方程式赛车

一级方程式汽车大赛(Formula One Grand Prix Auto Racing)是方程式汽车赛的最高级别,也是所有汽车比赛中最精彩、最刺激的,也称为F1方程式赛车(见图5-1)。

图5-1 F1方程式赛车

首届世界一级方程式汽车大赛于1950年5月13日在英国的银石赛车场举行,只有7场比赛,后来场次逐渐增加,后来被限制为16场。1996年重新规定最多为17场,现在一般为16场,所有比赛均由国际汽车联合会(FIA)安排,赛场遍布全球。一级方程式赛车的车队由三部分组成。一是赛车,均由著名汽车制造厂家研制,一般每个车队有一至两辆参赛车辆。二是拥有FIA颁发的"超级驾驶员驾驶执照"的车手,全世界拥有这种执照的不到100人。三是维修人员,一流的汽车维修人员,负责赛车的维修。

1.3.1 2013年F1赛程安排

每年F1赛事由FIA安排,2013年赛程安排见表5-1。2013年F1参赛车队为:红牛、法拉利、迈凯轮、路特斯、梅赛德斯AMG、索伯、印度力量、威廉姆斯、红牛二队、卡特汉姆、玛鲁西亚等十一车队。北京时间11月25日,2013年F1收官战在巴西英特拉格斯赛道结束,前十位车手积分榜见表5-2。

2013年F1赛程 表5-1

比赛日期	赛事	赛道	圈数	杆位	冠军
3月15日~17日	澳大利亚大奖赛	阿尔伯特公园赛道	58圈	维特尔	莱科宁
3月22日~24日	马来西亚大奖赛	雪邦赛道	56圈	维特尔	维特尔
4月12日~14日	中国大奖赛	上海国际赛道	56圈	汉密尔顿	阿隆索
4月19日~21日	巴林大奖赛	巴林国际赛道	57圈	罗斯伯格	维特尔
5月10日~12日	西班牙大奖赛	加泰罗尼亚赛道	66圈	罗斯伯格	阿隆索
5月23日~26日	摩纳哥大奖赛	蒙特卡罗赛道	78圈	罗斯伯格	罗斯伯格
6月7日~9日	加拿大大奖赛	吉尔—维伦纽夫赛道	70圈	维特尔	维特尔
6月28日~30日	英国大奖赛	银石赛道	52圈	汉密尔顿	罗斯伯格
7月5日~7日	德国大奖赛	纽博格林赛道	60圈	汉密尔顿	维特尔

续上表

比赛日期	赛事	赛道	圈数	杆位	冠军
7月26日~28日	匈牙利大奖赛	布达佩斯赛道	70圈	汉密尔顿	汉密尔顿
8月23日~25日	比利时大奖赛	斯帕赛道	44圈	汉密尔顿	维特尔
9月6日~8日	意大利大奖赛	蒙扎赛道	53圈	维特尔	维特尔
9月20日~22日	新加坡大奖赛	新加坡街道赛道	61圈	维特尔	维特尔
10月4日~6日	韩国大奖赛	全罗南道灵岩赛道	55圈	维特尔	维特尔
10月11日~13日	日本大奖赛	铃鹿赛道	53圈	维特尔	维特尔
10月25日~27日	印度大奖赛	佛陀国际赛道	60圈	维特尔	维特尔
11月01日~03日	阿布扎比大奖赛	亚斯码头赛道	55圈	韦伯	维特尔
11月15日~17日	美国大奖赛	奥斯汀赛道	56圈	维特尔	维特尔
11月22日~24日	巴西大奖赛	英特拉格斯赛道	71圈	维特尔	维特尔

2013年F1车手积分排行榜

表5-2

排名	车手	车队	积分
1	维特尔	英菲尼迪—红牛车队	397
2	阿隆索	法拉利车队	242
3	韦伯	英菲尼迪—红牛车队	199
4	汉密尔顿	梅赛德斯车队	189
5	莱科宁	路特斯F1车队	183
6	罗斯伯格	梅赛德斯车队	171
7	格罗斯让	路特斯F1车队	132
8	马萨	法拉利车队	112
9	巴顿	迈凯轮车队	73
10	胡肯伯格	索伯车队	51
11	佩雷兹	迈凯轮车队	49

1.3.2 F1赛车——高科技的结晶

根据FIA规则,F1赛车被定义为:一种至少有四个不在一条线上的轮子的车辆,其中至少有两个车轮用于转向,至少有两个车轮用于驱动。

F1赛车主要出自德国保时捷和宝马公司、意大利法拉利公司、美国福特公司和日本丰田公司等几家大公司。目前,由车队制作车架、车壳,由车厂制作发动机已成为赛车制造的主流,只有法拉利是一家既生产发动机又生产车架、车壳的公司。F1方程式赛车是生产厂家创造力、想象力、技术水平和经济实力的结晶,价值不亚于一架小型飞机。

发动机是汽车的心脏,F1赛车的发动机是车赛取胜的最关键因素。F1赛车走过了几十年的历程,变化最大的也是发动机的技术。在20世纪50年代,F1赛车曾采用过增压发动机,1977~1989年间,则流行涡轮增压发动机。从1989年起,FIA规定禁止使用涡轮增压器,一律使用排量不大于3.5L(1995年又限定为3.0L)、汽缸数目不超过12个的自然吸气式发动机(禁止使用转子发动机),并且限制进排气门的尺寸。发动机采用高标号汽油作燃料,并且采

用非常先进的计算机控制点火装置。机油和水的冷却均靠行驶时产生的气流进行“空冷”。在某些赛车的发动机上，为防止受热后尺寸变化影响进、排气量，每缸均采用了3个进气门、2个排气门。目前，雷诺V10、法拉利V12、奔驰V10、标致V10、雅马哈V10、福特V8、本田V10等都是著名的赛车发动机。

F1赛车外形是综合考虑减小车身迎风面积和增加与地面附着力以及赛车运动规则而成型的。车身酷似火箭倒放于四个轮子之上，发动机位于中后部。底盘材料采用航空航天设备用的碳素纤维板，内夹铝制蜂窝状结构板，比传统铝板质量轻一倍而强度高一倍。赛车疾驶时，迎面会遇到极大的空气阻力，为了减小空气阻力，赛车外形要尽可能呈流线型，以获得较小的迎风面积。通过减小迎风面积并采用扰流装置，借以减小空气阻力，提高速度。另外，当赛车高速前进时会产生向上的升力，使车轮与地面之间的附着力减小，导致赛车“发飘”，影响加速和制动。在赛车尾部安装后翼板后，可以增加向下的压力，使赛车行驶时的附着力增大。

轮胎也是赛车的关键技术。为了使发动机的动力能可靠地传递到路面，轮胎制作得相当宽大(前轮约为290mm，后轮约为380mm)，用以增加与地面的接触面积。根据天气的不同，赛车选用不同的轮胎：干地胎或湿地胎。在无雨时选用干地胎，这种胎表面光滑，无任何坑纹，以利于与地面良好贴合；在湿滑条件下则要选用湿地胎，这种胎具有明显的坑纹，以利于排出轮胎与地面之间的积水，保持必要附着力。比赛前，地面工作人员还要用特制的轮胎毯套对其进行加热或保温，使橡胶具有黏性和韧性，以获得较大的附着力，避免起动或转弯时打滑。比赛中的高速行驶及频繁的强力转向和急制动使轮胎磨损极快，经常需要在中途换胎。车赛就是时间的比赛，因此，赛车轮胎只有一个紧固螺栓，便于迅速拆装。

正是因为F1赛车具有如此先进的结构和装备，才使它具有了普通汽车所难以达到的良好性能。

1.3.3 F1赛车手

据国际汽车联合会(FIA)规定，参加F1比赛的选手，必须持有“超级驾驶执照”。而每年，全世界有资格驾驶F1赛车的车手不能超过100名。因此，为了跻身F1赛场，每名车手必须过五关斩六将，先是小型车赛，然后是三级方程式，接着是二级方程式，这一切都通过了，才能获得“超级驾驶执照”，成为F1车手。

F1车赛不仅是车速的比试，同时也是车手体能和意志的较量，所以F1车手必须集身体素质、车技、经验和斗志于一身。比赛中，高速行驶的赛车在转弯时产生巨大的离心力，这种离心力使人感到非常非常恶心，感觉五脏六腑都与身体骨架脱节。车手首先就必须适应这种难受的反应。为了减少离心力对颈部造成的高血压，车手们在比赛时都戴着护脖套以防头部前冲撞在转向盘上。车手们的肌肉应该是细腻而有耐力，特别是上体颈部和肩部的肌肉要格外强壮，才能承受高速比赛时所产生的离心力和惯性力的巨大作用。

F1大赛在某种意义上说是对车手身体的摧残。由于车手一直处于神经高度紧张的状态，且赛车内温度极高，所以车手的水分、盐分和矿物质消耗得都极快。据统计，在比赛过程中，车手的脉搏达140~160次/min，并且持续5小时左右，在比赛高潮中，脉搏甚至高达200次/min。虽然F1大赛非常消耗体力，但车手们却不能随意补充营养、增加体重，原因在于过多的肌肉会消耗体内的能量，比赛时易感到疲劳。

在F1大赛中要取得好成绩必须具有娴熟的驾驶技术和丰富的赛车经验。掌握拐弯时的各种战术可以说是车手取胜的法宝。在赛车拐弯前,各车手都会做好超前的准备,比较常用的方法是掌握赛车的制动以超过对方。由于F1赛车的车速极高,拐弯时,转向最容易出现危险。车坛王子塞纳就是在弯道处转向器转向不足,赛车以极高速度撞上水泥防护墙而车毁人亡的。

F1赛事已走过了半个世纪的历程,涌现出了众多的著名车手,其中以巴西车手埃尔顿·赛纳(Aryton Senna)(图5-2)和德国车手迈克尔·舒马赫(Michael Schumacher)(图5-3)尤为出色。

图5-2 埃尔顿·赛纳

图5-3 迈克尔·舒马赫

埃尔顿·赛纳以其勇敢、智慧,奔驰在赛场上10年,创造出了不平凡的成绩,成为当时世界最优秀的赛车手,被誉为"赛车王子"。1960年3月21日,塞纳出生于巴西的圣保罗市。1973年,年满13岁的塞纳首次参加在家乡举行的小型赛车比赛,初战告捷,从此节节胜利,17岁时便夺得了南美冠军。20世纪80年代末至90年代初是塞纳赛车生涯的辉煌时期,他每站比赛排位几乎总是最前,最先冲刺的也几乎总是他。他三次夺得了世界一级方程式车赛年度总冠军,成为年薪最高的车手,塞纳一时间几乎成了F1赛事的代名词。1994年5月1日,在意大利的伊莫拉赛道开始了第三站的比赛,塞纳还是排位第一。当赛车行至第7圈时悲剧发生了,在坦布雷罗弯道上,塞纳驾驶的2号赛车以约300km/h的高速撞上了水泥防护墙。塞纳之死震撼了全世界,许多国家的新闻媒介都进行了大量报道。在巴西,塞纳不仅仅是一名超级车手,他还是国家的象征,民族的骄傲。

当今世界F1车坛最负盛名的要数德国车手迈克尔·舒马赫(Michael Schumacher)。舒马赫1969年1月3日出生于德国(赫尔斯—赫尔姆海姆),他的父亲将一台小发动机装在一辆废弃的卡丁车上给儿子玩,他4岁就开始参加卡丁车比赛。1991年他在乔丹车队首次参加了F1大奖赛,1992年他在比利时获得了第一个分站冠军,并在那个赛季获得了总成绩第三名。1994年他第一次夺得世界冠军,并于次年卫冕成功。1996年他加盟法拉利车队,虽然赛车问题不断,但他还是获得了第三名。1999赛季对于舒马赫来说是令人失望的。在积分第二,力争为法拉利车队赢得20年来第一个车手总冠军的舒马赫却在英国银石赛道撞断了腿,他也因此休息了三个月。2000年,舒马赫为法拉利车队夺得车队与车手双料冠军,成为三届世界一级方程式冠军车手,也是法拉利车队21年来的首个冠军车手。2001年,舒马赫再为法拉利车队夺得车队与车手双料冠军。到2005年初舒马赫共参加了211场F1比赛,获得83个分站冠军,137次登上颁奖台,他的F1总积分高达1186,并创纪录地获得七次年度车手冠军(1994年、1995年、2000年、2001年、2002年、2003年、2004年)。

1.3.4 F1大赛规则简介

(1)F1赛道。F1大赛的准备工作由FIA安排。近年来,随着赛车运动的风靡,申请主办

F1 大赛的国家越来越多。FIA 规定：F1 专用赛道均为环形，每圈长度为 3～8km，每场比赛距离为 300～320km。为安全起见，赛道两旁一般铺设宽阔的草地或沙地，以便将赛道与观众隔开，同时也可作为赛车出道之后的缓冲区。FIA 规定赛场不允许有过多过长的直道，目的在于限制高速，以免发生危险。这些赛场地理环境迥然相异：有的建在高原上，那里空气稀薄，用以考验车手的身体素质；有的则是街道串成的赛场，路面相对狭窄曲折；有的赛车场显得路面宽阔，但有上下坡考验车手的技术；还有的赛场建在树木葱郁的树林中，那里跑道起伏大，车手很难控制赛车。FIA 要求各赛场的救护人员必须分布在全场的每个角落，争取在出事后尽快跑进现场，进行抢救。英国银石赛道如图 5-4 所示。

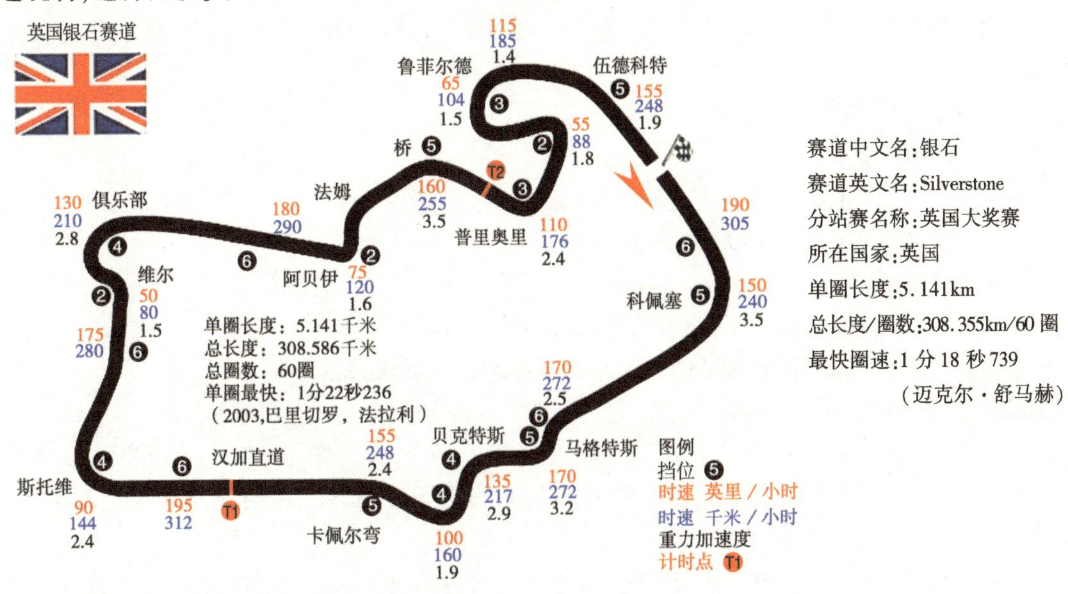

图 5-4　F1 著名赛道——英国银石赛道

（2）F1 赛程。F1 的比赛赛程分为 3 天，一般第一天是自由练习（不计成绩），第二天是自由练习（不计成绩）和测时排位赛，第三天是正式比赛。

第三天的正式比赛当然是最刺激的部分，比赛之前，在现场仍有其他的活动，像开幕仪式、车手绕场，还有一些附属赛事，但那部分是电视机前的观众看不到的。

正式比赛前有一圈的暖胎。然后在起跑前有 30s 的倒数，由 5 个一组的灯号所控制，5 个红灯同时熄灭时，比赛开始。正式比赛距离约为 300km，差不多需要一个半小时，如有状况必须延误，也不得超过 2h。比赛结束后随即进行颁奖。正式比赛过程中，选手必须视轮胎的磨耗及油耗的状态进入维修站（Pit）换胎及加油，这称为 Pit Stop。F1 赛车使用的是特殊设计的加油系统，平均每场比赛大约加油两次，每次约加油 60L。通常花 6～12S 来为赛车加油及换胎。

想要在正式比赛当天的起跑线上占有一席之地，必须经过测时排位赛的考验，在为时 1h 的测时赛内，每位车手以其中最快的一圈成绩来比较作为决定决赛的出发排位顺序。单圈成绩最快的车手可排头位，又称为“杆位”。

为安全起见，每辆赛车的尾部必须安装一只红色信号灯，而且在整个比赛过程中一直开着。在赛程之中赛车可以更换轮胎，出了故障也可修理，但需占用比赛时间，所以车手在赛车发生故障时要用无线电话通知维修站事先做好准备。FIA 规定每辆 F1 参赛车最少在每次比赛中,更换四次轮胎。如果赛车因故障而停下来了,将会被赛场工作人员(不是车队维修人员)推走,并失去比赛资格。

FIA 允许赛车在比赛期间加油。为了清洁赛场的大气环境,FIA 规定所有赛车只准使用无毒无铅汽油,以取代过去所使用的含铅高辛烷值汽油。

1994 年在 F1 赛场所发生的几起恶性事故,促使国际汽车联合国开始重新审议 F1 安全规则,并于 1994 年下半年实施改良措施,主要改动有如下十项:

①赛车进出维修站时车速应小于 80km/h。

②除了为赛车在比赛中更换轮胎及加油的必要工作人员外,所有其他人员不得进入维修站。

③车身底部定风翼全部除去。

④后定风翼的底部需要缩小。

⑤改造前轮及其附属结构以防止前轮因意外而撞到车手头部。

⑥全车总质量(包括车手在内)升至 515kg。

⑦采用普通燃料。

⑧把因发动机及排挡系统而产生的撞击力效果消除。

⑨一般早上练习赛,在进入维修站时车速也不能超过 80km/h。

⑩发动机最大功率降至 600 马力。

(3)F1 比赛花色旗帜的含义。在精彩刺激的 F1 比赛中,红、黄、白、黑、蓝各色旗帜飘舞在赛场上,担当信息传递的工具。车手和裁判之间的信息通过不同颜色的旗帜来表达和传递。五颜六色的旗帜表达的具体含义如下:

红旗:表示比赛开始或是赛段提前终止,当车手看到红旗出现,必须在完成当圈后进入修理站,等待命令看比赛是否要重新开始或终止。

白旗:表示前方赛道有慢车,可能是救护车、吊车。当白旗出现时,车手必须小心,并且准备放慢速度。

黑旗:表示被警告的车手在赛道上的行为不规范,必须在当圈完成之后马上回到维修站,黑旗将伴随着车号在起终点处出现,被警告车手将可能受到加时处罚,严重者要取消比赛资格。

黑底红圈旗:此旗常伴随一个号码牌。警告该车手赛车有机械故障(有时车手不知情),可能会造成危险,车手必须在当圈完成后立刻进入修理站。这面旗将会伴随车号在起终点处出现,除非将车辆修复,否则被警告车手将不得回到场上。

蓝旗:表示后方有较快的车辆接近,并且准备超越。假如看到是摇动的蓝旗,前方的车手必须让路给后方较快车手超越。假如不理会蓝旗的警告达三次,不让路的车手将会被判以进站罚停 10s 的处分。蓝旗在修理站出口摆动,告诉自修理站回到跑道的车手,出口处有车接近,小心驶出。

黄底红条旗:表示前方赛道表面滑溜,路上可能有油,当这面旗出现时,车手必须小心通过。

黄旗:是 F1 比赛中经常出现的旗帜,意为赛道外有事故或危险。黄旗摆动时,告诫车手赛

道上有事故或危险应放慢速度,禁止超车,小心行驶。若是车手遇到黄旗摆动时,有意超车,将立即被判黑旗。

双黄旗摆动时,除告诫车手前方赛道有事故或危险外,还意味着赛道因事故被部分或全部阻挡。双黄旗摆动时,通常会伴有安全车或红旗出现。

绿旗:绿旗出现时,表示黄旗摆动时存在的潜在危险已解除,车手可以回复正常速度及赛道。

黑白相间旗:挥动的方格旗表示比赛或赛段终结,这面旗一挥,车手必须随即返回维修区,并且进入围场。这面旗将对冠军车手挥舞,对其他通过终点的车手固定不动。

(4)F1 成绩计算。整场 F1 车赛决赛时间不能超过 2h,进入前 6 名的车手可得分,计分方法如下表 5-3。

F1 成绩计算 表 5-3

名次	1	2	3	4	5	6
得分	9	6	4	3	2	1

F1 大赛通常每年举行 15 ~ 16 场比赛,通过各赛站积累计分,方可决出本年度的世界冠军。FIA 规定,如某站比赛发生意外,未完成 75% 的赛程即告终止,则各车手得分减半,如第一名只得 4.5 分,而第六名只得 0.5 分。

1.4 卡丁车运动

卡丁车(图 5-5)运动兴起于 20 世纪 50 ~ 60 年代的欧美国家。由于卡丁车具有尺寸小,安全性强、易于操作、价格便宜的自身特点,又兼有大型赛车速度快、惊险刺激的特点,既可以从事竞技比赛,又可作为娱乐活动,因而现已成为全世界参与人数最多的汽车运动项目。

近年来,中国的卡丁车运动得到了较大发展,全国可供比赛的场地有 10 处,仅北京地区已有符合比赛要求的赛道 5 条。中国汽联十分重视卡丁车运动的发展,1997 年举办了首届中国卡丁车锦标赛,1998 年举办的卡丁车赛由 4 站发展到 6 站,使我国卡丁车运动从车手培养选拔,到运动的组织管理都趋于正规化。

图 5-5 卡丁车

参加比赛的卡丁车须是经国际汽联卡丁车委员会(CIK)认证的标准卡丁车,目前国内尚无法生产,一律使用欧洲的标准车型。卡丁车的车身是统一的,发动机可根据需要选择不同的发动机,如 100cc 二冲程发动机,390cc 四冲程发动机等。

按照国际汽联卡丁车委员会和全国卡丁车锦标赛设置的级别,卡丁车比赛组别分为 11 类:超 A 级方程式(FSA)、A 级方程式(FA)、C 级方程式(FC)、E 级方程式(FE)、国际 A 级(ICA)、国际 A 级少年组(ICA/JUN-IOR)、国际 C 级(ICC)、国际 E 级(ICCE)、国家甲级(NCA)、国家乙级(NCB)、国家少年组(NCJ)。适用于方程式比赛的卡丁车 A 级和 B 级执照由中汽联呈报国际汽联卡丁车委员会颁发,适用于其他级别比赛的卡丁车 C、D、E 级执照由中汽联颁发。

2 汽车品牌名称和商标

2.1 汽车品牌名称

给汽车命名是一项“画龙点睛”的智慧性劳动,它不仅关系到汽车形象的塑造,而且意味着商业利润滚滚而来。

2.1.1 汽车命名原则

在德国,有一家专门为汽车起名字的“专业户”——德国国际汽车命名咨询公司。他们在为各种新车型命名时,积累了丰富的经验和诀窍,并形成了自己特有的汽车命名风格而蜚声世界。

(1)数字字母,陈旧而缺少时代感。该公司首先认为,在汽车产品型号标志中,只用数字和字母组合的方法和形式显得过于陈旧,而缺少时代感。汽车命名应充满生活情趣,反映时代潮流;车型的名字能使某一车型的所有用户,无论其具有何种肤色、使用何种语言的人都能产生一种共同相似的联想。比如该公司曾给欧宝公司一种车型命名为“虎”,这个名字就很能让人自然地联想到,它不仅具有运动员的体魄和风度,生机勃勃的生命力,而且蕴藏着狂飙似的推进力量。

(2)抓住特性,反映生活情趣。该公司在给新车命名时,努力捕捉它的各种与众不同的特性,并要反映出其丰富多彩的生活情趣。奔驰公司在过去相当长一段时间里只满足于数字和字母作为车型的代号,但后来的车型发展到190多个系列品种时,就出现了明显的不同与缺陷:因为用户无法从数字中区别各类车型及特点。于是该咨询公司决定将所有轿车分成运动型、机智风趣型和优美型三大类,并以此作为命名的基础。凡是一种新的特殊车型或经过较大改进后的老车型,都保留其原来的名字。之后,许多生产厂也仿效这种用固定的概念给新车取名的方法,这就是所谓第四代汽车名称汇编法。诸如戴姆勒—奔驰、欧宝、标致、雪铁龙、法拉利、波尔舍等都是按上述三大类而命名的,然后再标上相应的数字,就代表不同特性的汽车。

(3)显示等级,体现其价值。车名应充分显示该车型的等级价值,让用户感到他的事业如同该车一样前程似锦。该咨询公司信奉的座右铭是车型号越大,汽车的价值就越高。认为汽车是一种特殊的商品,它的生命周期有别于其他消费品的生命周期。

所以,世界著名的汽车生产企业总是愿意向德国国际汽车命名咨询公司咨询,为新款车征用极具吸引力的车名,不仅符合听觉要求,而且要寓意锦绣前程,内涵深刻。当然,生产厂家也得为此付出昂贵的费用。如Omega(欧米加)、Mendeo(蒙迪欧)、Primera(普里马)等车名之所以名声大震,除了车子本身的身价不凡之外,与它有一个不俗的名字也不无关系。

2.1.2 汽车取名的艺术

从汽车牌名的意义、来历来看,它涉及天文、地理、政治、经济、动植物、体育等众多领域。如以动物作牌名,有日产“蓝鸟”、马自达“猎鹰”、罗尔斯—罗伊斯“凤凰”等;汽车与体育关系甚密,美国汽车公司有“马拉松”,德国大众汽车公司有“水球”;也有的取自艺术项目的名称,日本丰田有“民谣”,日产有“五重唱”,法国塔尔伯特则有“桑巴舞”。

汽车工业高居于传统工业之巅,代表着一个国家和地区的工业发展综合水平,生产名牌汽车的地方往往成为一国的骄傲。如底特律、丰田、米兰、都灵等,所以汽车生产厂商有时把地名

作为自己的汽车标牌名。美国许多轿车以产地命名,如克莱斯勒公司顺风部的“普利茅斯”,是英国的一个港口,这个港口曾用于向美国迁移僧侣,其商标就是僧侣们所乘坐的帆船米福拉瓦号的标记。克莱斯勒公司的“科尔多瓦”,是西班牙的一个省,省府所在的城市也叫科尔多瓦,是著名旅游地,原为迦太基人建立的古城,从12世纪起就是军事重镇。通用汽车公司雪佛兰部的“蒙札”是意大利北部城市,以出产比赛用摩托车和汽车出名;该厂的另一种轿车“蒙特卡洛”是摩纳哥著名的赌城。日本的五十铃公司之名,取自家乡的五十铃河。我国引进的原捷克斯洛伐克的“太脱拉”大型货车,以捷克最高的山——海拔2633m的太脱拉山命名。

汽车工业早期,一些汽车公司都是以创建者的名字命名的,历经沧桑之后,成了著名的公司名,汽车取名亦不例外。美国著名的三大汽车公司中,有两个是以创建者的名字命名的:福特汽车公司和克莱斯勒汽车公司。

日本非常注重汽车牌名,实践证明他们是成功的。以丰田公司为例:丰田“皇冠”(CROWN),象征其永占日本国产车的王位;丰田“赛利卡”(CELICA),在西班牙语中是神圣、天圣之意。CELICA这个名字带有神秘色彩,广阔的宇宙和车的形象浑然一体,更能引起人们的遐想;丰田花冠(CORALLA),这个车名适用于非常引人注目、外形美的紧凑型车;丰田卡利娜(CARINA),在英语中是飞向未来,美好愿望之意。同时,CARINA又是早春在天空的南方出现的龙骨星座的名称。商标图案是由CARINA的第一个字母C结合南船星座的图形设计而成,它表现了这种车在崭新技术中应运而生的“性格”。

再说德国大众的桑塔纳原来是美国加利福尼亚州的一座山谷,那里盛产名贵的葡萄酒,而且山谷中还常常刮起一股强劲的旋风,人们称之为“桑塔纳”(Santana)。德国大众以“桑塔纳”作其汽车名,果真像他们所希望的一样,这种车如旋风般地风靡世界。

有成功就有失败,世界上也有因取的汽车牌名不好而蒙受损失的。美国通用汽车公司曾向使用西班牙语的墨西哥推出新设计的“雪佛莱·诺瓦”轿车,尽管汽车很好但销路却极差,原因就在于“诺瓦”读音在西班牙语中是“走不动”的意思,谁愿意买一辆“走不动”的汽车呢?美国福特汽车公司推出的“艾特塞尔”汽车,也因其牌名与当地的一种镇咳药名“阿特塞”相似,而少有人问津。

总之,汽车牌名包罗万象,我们从中也可以了解到一个国家的风土人情,经济、政治面貌,看到世界前进的步伐。

2.1.3　汽车译名中的差异

汽车如果有一个让人难忘的名字,就能够让消费者更快地记住它。尤其是面对肥沃的中国市场,怎样给自己的产品起一个好的译名更是让汽车厂家煞费苦心。中文本来博大精深,何况港台地区与大陆的文化习惯不尽相同却又相互影响,有时候,大陆、香港、台湾两岸三地在汽车文化上的差异可能会让你吃惊。罗尔斯·罗伊斯与劳斯莱斯同指一个皇室贵胄,奔驰(大陆)—平治(香港)—宾士(台湾)分别是对于Benz的称呼。“积架”它是香港对于Juguar的音译,也译为捷豹,大陆在很长时间译为美洲虎,现在统一为捷豹,应该说这个翻译是最好的。类似的情况还有大陆所称的“本特利”(Bentley)也随香港一起称为“宾利”。Volvo在中国音译为沃尔沃,在台湾被称为富豪。到现在为止,大陆、香港、台湾还保持着不同叫法的品牌太多了,如:兰博基尼—林宝坚尼、法拉利—费拉里、爱快·罗密欧—阿尔法·罗密欧、标致—宝狮、日本的Sabaru也就是以前所称的富士,现在在大陆音译为斯巴鲁,而在台湾被译为速霸路。可能很多人在看香港的网站时常常会见到“福斯”不明何物,它就是大名鼎鼎的 Volkswagen,也就是我们所说的“大众”。

在丰田家族中,LEXUS 在中国就是大名鼎鼎的凌志,有时被译成拗口的“雷克萨斯”;丰田的豪华客车品牌 COASTER,中文译名考斯特,可是在中国却被改成了“柯斯达”,这一改名实在令人费解,因为许多不熟悉的消费者会将其误认为是 Skoda“斯柯达”。在这一点上与之形成鲜明对比的是 Land Rover,以前大家都叫“陆虎”,现在都统一改为“路虎”。

对于德国车 BMW,在 1992 年以前并不叫宝马,而是被译为“巴依尔”。1992 年,瑞士一家设在香港的公司开始在国内代理销售 BMW 轿车,成为 BMW 在国内第一家代理公司。这个在香港注册名称为宝马利亚的公司,决定在国内推广 BMW 时用“宝马”这个名称。“宝马”可谓是神来之笔,既突出了宝马车系高贵豪华的风格气质,又与中国的传统称谓浑然一体,同时发音也与 BMW 相差不大。更为重要的是,经过十几年的经营,“宝马”这一名称在中国的品牌地位已经不可动摇。

一汽大众 BORA 在当年刚刚引入中国时,原本叫“跑乐”,在香港这款车就是这个名字,应该说“跑乐”这个名字既有音译,也符合“驾驶者之车”的特点,而“宝来”相比要庸俗得多。

2.1.4 汽车神话

神话是一个五彩缤纷的世界,具有永恒的魅力,对社会生活的各方面都产生了极大的影响。这一点在汽车商标牌名中也能表现出来。神的名字应用于汽车由来已久,汽车业界对希腊罗马诸神尤为青睐。

美国通用雪佛莱部曾生产过 Titan 牌轿车。Titan(泰坦)是希腊神话中的大力神。不用说 Titan 轿车的马力一定很大。英国利兰商用车辆部生产的 Titan 牌双层大客车,最大功率为 170 马力,真可谓“大力神”了。日本马自达公司也生产过 Titan 轻型载货汽车。“大力神”真是众矢之的啊!

Fury(孚里斯)是希腊神话中的复仇女神,美国克莱斯勒汽车公司对之尤为喜爱,其顺风部推出 5 人座的 Fury 牌轿车后,又投产 Grand Fury(大复仇女神)牌轿车。

Orion(奥利安)是希腊神话中一位英俊魁伟的猎人。他朝着太阳向东走,为的是夺回被酒神狄俄尼索斯夺走的视力。福特汽车公司的 Orion 牌轿车,必须面对来自“日出之国”的强手日本。

Clio(克利俄)是希腊神话中主神宙斯的女儿,她是主管史诗和历史的主神。法国雷诺汽车公司推出的 Clio 牌轿车,是 1992 年法国车坛的“骄子”,仅法国本土就售出 23.3 万辆。

Vesta(维斯塔)是罗马神话中的女灶神,象征火。雷诺投产的 Vesta 牌轿车,创下了以 100km/h 行驶时耗油仅为1.94L/100km的世界纪录。

法国雪铁龙汽车公司尤其偏爱希腊诸神,旗下有 4 种轿车以神命名,即 Haroonie(哈姆尼),Pallas(帕拉斯),Athena(雅典娜)和 Eole(伊奥安)。Haroonie 是希腊神话中战神阿瑞斯和美与爱神阿芙罗狄蒂的爱情结晶。Haroonie 车是雪铁龙 XX 车系的一款轿车。Pallas(帕拉斯)是半人半鱼的海神特拉顿的女儿,被雅典娜无意中杀死。雪铁龙 Os Pallas 牌轿车的遭遇与 Pallas 差不多,她被雪铁龙 CX 系列“雅典娜”牌轿车所替代,正如帕拉斯被雅典娜所杀一样。Athena 是主神宙斯的女儿,主管手工业和农业,象征着智慧、理性和贞洁。雪铁龙 CX 系列 Athena 牌轿车配备有优良的液压气动悬架,象征着 20 世纪 70 年代汽车技术的智慧结晶。

Eole 是希腊神话中的风神。1968 年雪铁龙开发出了 Eole 牌轿车。与法国雪铁龙合资在中国生产雪铁龙 ZX 系列轿车的东风汽车公司采用 Aeolus 为外文商标，即希腊文“风神”。

2.1.5 国产汽车的名称

我们最熟悉的国产汽车牌名莫过于一汽的“解放”、二汽的“东风”、济汽的“黄河”等。我国的汽车名号已多达 800 余种，可谓洋洋大观。那么，汽车牌名究竟是根据什么起的呢？

（1）以山川、地名命名的汽车。这类名称占国产汽车名称的 50% 以上，从“南岳”“衡山”到“东岳”“泰山”，由“松花江”到“湘江”，自“长江”到“黄河”，全国各省、市、自治区的一些名胜几乎都榜上有名。若在闲暇之际翻阅一下国产汽车名录，更恰似在读一本地图册，如“北京”、“上海”、“武汉”、“南京”等。

（2）以动、植物命名的汽车。汽车动物类的名称涉及天上飞的、地下跑的、水里游的，而且从“云雀”、“丑小鸭”、“羚羊”等温驯小动物一直到越来越凶猛的“金鹰”、“猎豹”等，其基本寓意无非都是为了突出快、猛之意。另外还有一些以植物命名的汽车。

（3）寓意政治意义和时代特征的汽车名称。如老牌“解放”、“跃进”、“东风”等国人尽知的汽车名称。“解放”是新中国的第一个汽车生产厂，伴随着新中国的诞生而诞生。南京第一汽车制造厂的第一辆轻型载货汽车诞生于大跃进期间，车名叫跃进自然合拍；“东风”本出自于古诗，毛主席关于东风与西风的论断，使东风具有历史背景。中国第二汽车制造厂，正好诞生于东风浩荡的时代，它生产的汽车被顺理成章地命名为东风。唐代有“东风变梅柳，万江生春光”的佳句，显然把东风视于春风，赋予它温暖、能使草木萌芽、万物生长的神奇功能。中国人心目中的东风是温暖、有活力的象征。然而第二汽车制造厂出口的不是“东风”，而是改名换姓的“风神”奔驰于海外，原因是我们喜欢“东风”，而欧洲的一些国家则以西风为吉。“风神”在世界大多数国家被视为“吉祥”和“美好”的意思。

2.2 汽车商标

汽车商标是汽车作为商品的特定标志，也是人们识别不同汽车的主要标志，同时车标对汽车的造型具有装饰美化的作用，通常安置在汽车的醒目部位，象征着汽车的等级和特征。

汽车商标是艺术性和象征性的统一，是将汽车企业质量、信誉、原则和精神昭示于世的图腾，因而也是企业生存与发展的缩影。

浏览世界各国的汽车商标，汽车设计大师们那巧夺天工的技艺和那独具匠心的设计令人叹为观止。每个汽车商标，都有一段不寻常的来历，耐人寻味，令人感慨万分。

2.2.1 车标的形式

目前，世界上的汽车商标图形形式多样、种类繁多，归纳起来可分为以下 4 类。

（1）徽章式。车标本身像一个大徽章，大部分是圆形，直径在 40mm 左右，徽章式车标多用于小轿车。如意大利的阿尔发 · 罗米欧（ALFA · ROMFEO）、捷克的斯柯达（CKODA）、德国的宝马（BMW）等。

（2）浮雕式。浮雕式车标通常采用浮雕处理手法，这类商标花纹图案丰富，根据标志内容有的取材人物，有的取材动物，也有的取材于风景或建筑。大部分浮雕式车标配有精致的外框，浮雕式车标有立体感、有层次，再经过色彩处理，显得很丰富。如意大利轿车“法拉利”是一匹奔腾着的骏马浮雕，法国轿车“标致”（PEVGEOT）车标是一头站立着的小雄狮浮雕。

(3)圆雕式。圆雕式车标本身就是一个精美的小雕塑,这种车标大多安装在汽车发动机舱盖前端,圆雕式车标是锌合金压铸成形的,修整后加以装饰性镀铬。如英国的高级轿车罗尔斯—罗伊斯(ROLLS—ROYCE)、俄罗斯的轿车伏尔加,前者是一个飞行着的自由女神,后者是一头动感很强奔跑着的小鹿。

(4)文字图案式。文字图案式车标是目前最常见的一种形式,无论是轿车还是公共汽车、货车常用文字组成汽车的商标,几个字母一经变形美化就成了一个精致的装饰。如意大利汽车"FIAT",是意大利都灵汽车厂的意大利文4个单词的第一个字母缩写而成,4个字母经过加工,根据车型设计成大小不同的文字商标。日野的货车和公共汽车商标中的文字是日野的拼音形式,文字四周是鹰的羽毛,象征着飞跃发展的日野汽车。

趣味链接

观致汽车有限公司

观致汽车有限公司由奇瑞汽车有限公司与以色列集团共同出资组成,成立于2007年,初始注册资金34亿人民币。运营中心设于上海,在常熟建有一个设备先进、高效、环保的生产基地。目前在德国慕尼黑、奥地利格拉兹和中国上海拥有设计和研发中心,观致汽车旗下首款量产车型观致3轿车已于2013年第四季度上市。

中文名:观致。"观"是学习,是洞察,是博采众长;"致",是完美,是极限,是与众不同。英文名:"QOROS"Q代表质量,说明质量严格按照国际标准;"Qoros"和希腊文"Khoros"发音很像,词义为许多人的声音汇集成的合声。说明观致汽车由来自世界各地不同精英汇聚在一起,通力协作打造的高品质的产品。

观致的LOGO的首字母Q,代表着品质(Quality),给了我们足够的创造空间。采用独特的方形作为轮廓并进行加粗,带来一种崭新的感觉,这样的设计可以保持图形的平衡,又能保证Q字母的完整性。

腾势汽车

深圳比亚迪戴姆勒新技术有限公司于2012年3月30日推出了中国首个专注于新能源汽车的品牌DENZA腾势,致力于新能源汽车技术的研发,发展环保节能、安全舒适、品质卓越的新能源汽车,致力于成为中国最成功的新能源汽车制造商,推动新能源汽车的发展和进步。DENZA腾势的首款概念车于2012年4月份亮相北京国际车展,量产车将于2014年开始上市销售。

DENZA腾势是比亚迪与戴姆勒合资双方共同打造的中国首个专注于新能源汽车的品牌。DENZA源自中文名"腾势"的音译,为"腾势而起,电动未来"之意,表达出借助双方资源整合和中国及全球新能源汽车崛起的大势,呈现腾飞而起的气势。

其品牌核心识别元素由标志中央的水滴和外围的合拢造型构成。水滴之蓝是科技的蓝、未来的蓝,体现了品牌追求纯净自然的环保愿景;合拢的造型则呈现出合资双方强强联手,共同呵护自然与环境,共同致力于新能源汽车事业,践行环保责任。

2.2.2 车标的设计和制作

车标的设计程序是构思草图 + 模型草图 + 实体模型。

构思草图是设计者最初的构思和设想。开始设计时就要考虑到车标的大小、形式与汽车外型相协调,还要考虑使用的材料和加工工艺。可绘出很多方案,在很多草图中选定一两个方案绘制效果图,效果图要求比例正确、色彩真实,有立体感和质感。

效果图经审查选为车标后,就要做 1:1 实体模型,车标模型的制作是车标设计的最后阶段,用各种方法把平面的车标图制作成具有真实效果的模型。由于车标的结构繁简程度不同,模型的加工方法也不同。如用有机玻璃黏结成形,经抛光、真空镀铝可收到金属镀铬的效果,非"镀铬"面可喷无光黑漆,这种方法适合制作结构简单的文字图案或车标。也可以用照相腐蚀法,为表面处理方便用铜板为宜。

车标图案确定后,绘制放大比例的墨稿,照相制版时缩小到原设计尺寸。腐蚀后凸面可根据设计镀铬、喷砂,凹面喷漆。图案精致、结构复杂的车标模型,一般可分解为外框和芯体两个部分,外框可用白色透明有机玻璃压制。钢模上的图案是这样加工的:先用油泥制作放大比例的模型,一般放大 5 倍为宜,翻石膏凹模,再翻成凸模,石膏凸模处理后再铣制钢模。铣完后经钳工修整、热处理,就可以压制芯体部分,然后着车标色、喷镀铝、上罩光漆并把外框和芯体装配好,就成为一个完整的车标模型。

车标模型制作完成后,就可以对车标设计做最后的审定。

随着汽车工业的发展,制作工艺的不断进步,新材料的应用,人们的使用要求、审美观也在不断提高,这就促进了汽车造型的不断进步,日趋完善。车标是整个汽车造型的组成部分,所以车标制作工艺也在不断发展。ABS(Acrylonitrile Butadiene Styrene 丙烯腈-丁二烯-苯乙烯)注塑成型取代了锌合金压铸工艺,车标的安装方法也有了很大改进,如用双面氯丁橡胶黏结取代了落后的螺母垫圈紧固的旧工艺。车标本身也改变了那种工艺复杂、像手工艺品似的陈旧形式,随之而来的是造型简洁明快而又有着良好工艺性的车标。如 20 世纪 60 年代法国标致轿车的车标,是用聚苯乙烯压制的,图案是黑色底上站着一个金色的小狮子,上面还有一行文字;到 20 世纪 70 年代末,标致车标已把小狮子提炼成一个外形精炼的黑色小狮,并和散热器的外罩格栅塑造成整体,醒目明快,富有时代感。

2.2.3 著名汽车商标

世界五彩缤纷,绚丽多姿,人们的目标追求也是各放异彩的,制造汽车、设计商标的策划者总是想独领风骚的。追求豪华、尊贵,固然是高境界,而追求普及、大众化,也是很可贵的。从创立雪佛兰汽车公司一开始,雪佛兰就提出了"制造普及化的好车"作为设计的座右铭。因此,在设计商标时采用的图案是一个普通的蝴蝶领结(图 5-6)。在西方领结是人人喜爱的物品,不但体现了大众化,更标志着贵族气派与永恒的服务精神。但是它又不是一般的饰物,戴在颈上,占据相当显著的位置。"+"字形在古老的新石器时代是美的象征。作为基督教信仰的标志,它被染上了神秘的色彩,但它一直体现着奉献爱心,振救苦难。

图 5-6 雪佛兰商标

"伏克斯瓦根"(Volkswagen)是德国最大汽车制造厂家大众汽车厂(Volkswagen Werk AG)生产的小轿车的商标名(图 5-7)。在德文中表示"人民大众的汽车"之意,译作"大众"。大众是欧洲最大的汽车公司。大众汽车公司的商标,图形像一只圆形的眼睛,“眼睛”中竖立着“V,W”两个字母,是德文伏克斯瓦根(Volkswagen Werk)词组中两个单词的第一个字母。商标反映了大众汽车公司从20世纪20年代起就致力于开发生产造价低廉、实用和先进的小汽车。

提起标致汽车公司的狮子商标,还有奇特的文化背景。标致汽车公司所在地弗兰修·昆州的新堡尔,是法国少有的强制推行基督教新教的地方。狮子是弗兰修·昆蒂州的标志,所以,标致汽车公司的车型商标也选用了这个图案(图5-8)。另外,因为“雄狮”最完整地体现了标致拉锯的三大特点:锯齿像“雄狮”的牙齿那样经久耐磨,锯身像“雄狮”的脊梁骨般有弹性,拉锯的性能像“雄狮”那样所向无阻。所以,用简洁、明快、刚劲有力的线条勾画出的标致商标,象征着今天标致汽车更为完美、更为成熟。这一造型独特的站立着的“雄狮”,既突出力量又强调节奏极富时代感,预示标致汽车永远像“雄狮”那样威武、敏捷,永远保持旺盛的生命力。

宝马是驰名世界的汽车企业,被认为是高档汽车生产业的先导。宝马标志中间的蓝白相间图案,代表蓝天、白云和旋转不停的螺旋桨,喻示宝马公司渊源悠久的历史,也象征该公司过去在航空发动机技术方面的领先地位,又象征公司的一贯宗旨:在广阔的时空中,以先进精湛的技术、最新的观念,满足顾客的最大愿望,反映了公司蓬勃向上的气势和日新月异的面貌。蓝白标记对称图形,同时也是公司所在地德国巴伐利亚州的州徽(图5-9)。

图5-7 大众商标

图5-8 标致商标

图5-9 宝马商标

“解放”牌汽车是中国第一汽车集团公司生产的汽车,从1953年起一直沿用以前的一汽标志,其图形是将阿拉伯数字1和汉字“汽”巧妙布置,构成一只展翅雄鹰的图案(图5-10)。它既代表不断进取、展翅高飞的中国一汽精神,又表达了中国汽车工业冲出国门、走向世界的决心。

中国二汽“东风”牌汽车车标(图5-11),以艺术变形手法,取燕子凌空飞翔时的剪形尾羽作为图案基础,采用了含蓄的表现手法。主要含意是双燕舞东风。它格调新颖,寓意深远,使人自然联想到东风送暖,春光明媚,神州大地生机盎然的景象,给人以启迪,给人以力量。二汽的“二”字寓意于双燕之中;戏跃翻飞的春燕,还象征着东风牌汽车车轮不停地旋转,奔驰在祖国大地,冲出亚洲,奔向世界。

图5-10 一汽商标

图5-11 二汽商标

奇瑞汽车车标的整体是英文字母CAC一种艺术化变形;CAC即英文CHERY AUTOMOBILE CORPORATION LIMITED的缩写,中文意思是奇瑞汽车有限公司(图5-12)。中间镶有钻石状立体三角形,主色调为银色,代表着质感、科技和未来。标志中间A为一变体的“人”字,

预示着公司以人为本的经营理念;徽标两边的 C 字向上环绕,如同人的两个臂膀,象征着一种团结和力量,环绕成地球型的椭圆状;中间的 A 在椭圆上方的断开处向上延伸,寓意奇瑞公司发展无穷,潜力无限,追求无限;整个标志又是 W 和 H 两个字母的交叉变形设计,又为“芜湖”一词的汉语拼音的声母,表示公司的生产制造地在芜湖市。

图 5-12 所示为奇瑞车标。

比亚迪新标识将不再沿用原有的蓝白相间色,图案改为椭圆形状,并加入了光影元素。从字体的排列、图形的颜色都发生了巨大变化,突出了比亚迪汽车的创新、科技和企业文化精髓,令比亚迪品牌注入了新的内涵和活力。BYD 商标的含义是“Bulid Your Dreams”即构筑你的梦想。比亚迪新旧商标如图 5-13 所示。

图 5-12　奇瑞车标

图 5-13　比亚迪旧新商标

比亚迪新标识更加简洁直观,并具有国际化元素。通过换标,比亚迪汽车将围绕打造国际品牌这个目标,全面促进企业产、科、研、销各个层面国际品牌意识的提高,不断提高企业的市场洞察力,最终达到比亚迪品牌的优质和高含金量。

比亚迪秦,是中国汽车制造史上唯一采用“朝代”名称命名的车型,被冠以新能源、多模式驾驶、铁电池等最新环保理念。车型以“朝代”名称命名还是很新鲜的,比亚迪甚至把未来 20~30 年,整个插电式混合动力的产品规划和产品命名都确定好了。“未来产品依次命名为秦、汉、唐、宋、元、明、清。”在比亚迪 2014 年新车计划中,2014 年除了会推出 S7 和新的 F3 新速锐和 G5 等外,还有“唐”也会相继推向市场。

一统华夏的秦朝,和盛世唐朝,都是我们中华民族的辉煌时代。王传福坚决不用目前流行的华丽而带有洋味的车型命名,外国人可能叫着不顺口。足可见其希望祖国强大,民族复兴的真诚愿望。既然号称是“革命性车型”,那就从中华上下五千年博大精深的历史抓起,这一点我觉得比亚迪做得很好。

特斯拉取名于世界知名的发明家、物理学家、机械工程师和电机工程师尼古拉·特斯拉的姓,商标是“T”字母的艺术变形,下面是“Tesla”,如图 5-14 所示。生产厂家是美国的著名纯电动车制造商。

图 5-14　特斯拉车标

尼古拉·特斯拉(Nikola Tesla,1856—1943 年),1856 年 7 月 10 日出生在克罗地亚,他被认为是电力商业化的重要推动者,并因主持设计了现代广泛应用的交流电力系统而最为人知。19 世纪末 20 世纪初,他对电力学和磁力学做出了杰出贡献。他的专利和理论工作依据现代交变电流电力系统,包括多相电力分配系统和交流电发电机,帮助了他带起了第二次工业革命。成就是 1882 年,他继爱迪生发明直流电(DC)后不久,发明了交流电(AC),并制造出世界上第一台交流发电机,并创立了多相电力传输技术。他是一个绝世天才,也是一位被世界遗忘的伟人。之后被大家称为“科学超人”1943 年 1 月 7 日在纽约人旅馆孤独的死于心脏衰竭,享年87岁。

布加迪商标中的英文字母即布加迪,上部EB即为埃托尔·布加迪英文拼音的缩写,周围一圈小圆点象征滚珠轴承,底色为红色(图5-15)。布加迪车是古典老式车中保有量最多的汽车之一,以布加迪为品牌的车型在世界多个著名汽车博物馆中可以看到,而且性能上乘,车身造型新颖、流畅,直至发动机的配置都独具特色。布加迪车的创始人埃托里·布加迪,1881年生于意大利的米兰,其父亲是画家,也是著名的家具设计师。埃托里·布加迪自幼在美术学校学习,他特别爱好驾驶汽车,从17岁起就参加赛车活动。18岁便进入普里内蒂·斯图基(Prinetti &Stucchi)公司工作,学习三轮汽车的设计制造,并在这一年里获得了汽车赛的冠军。

2008年4月20日,广汽本田正式发布理念品牌,如图5-16所示。广汽本田通过理念品牌的发展,建立并强化了公司的研发、制造及营销体制,并使得已有的制造及营销功能得以拓展,能够与研发进行联动,实现了由汽车制造工厂向完整汽车企业的转变。"理念",汇聚了大家的理想和信念,基于对中国生活现场的洞察,为实现中国新生代的汽车梦想而生。

"理念"是指理想和信念,是每个人对生活的期待和对未来的憧憬。理念基于对中国生活现场的洞察,为实现中国新生代的汽车梦想而生。EVER + US表示"我们是永恒的,我们的永恒"的概念。与中文名"理念"相匹配可体现出"我们的理念,我梦永远"的含义。两个背靠背"E"形成螺旋上升运动的圆形,体现了永恒和进化的概念。具有"王"者风范,表现出引领时代潮流的意志和决心。

2010年9月8日,东风日产正式发布自主品牌"启辰"。"启辰"的诞生,标志着东风日产进入"双品牌"运营阶段。"启辰"的商标以蓝色作为底色,象征着深邃的梦想;而"五角星"是象征完美的符号,表达了东风日产为实现梦想,不断追求完美的态度;"五颗星"源自"天有五星,地有五行","五行俱全"寓意和谐,蕴涵祥瑞之意。如图5-17所示。

"G"是由广汽集团英文缩写"GAC"的首字母"G"演变而来,既是对"至精志广"的全新演绎,也代表着全球化(Global)、英才(Genius)、荣耀(Glory)、卓越(Greatness)和信诺(Guarantee),如图5-18所示。广汽乘用车对品质的追求和对社会的责任与广汽集团一脉相承,我们要用全球的视野,汇集世界优势资源,创造精品汽车,满足顾客需求,成就卓越,实现梦想。

图5-15 布加迪车标

图5-16 理念车标

图5-17 启辰车标

图5-18 传祺车标

3 汽车时尚

3.1 汽车俱乐部

随着世界汽车工业的不断发展和人们对汽车的需要和兴趣,各种形形色色的汽车俱乐部

也相继诞生。汽车俱乐部不生产具体的产品,它所提供的产品是一种服务。对于一个综合性汽车俱乐部而言,这种服务又分为生产型服务和生活型服务。生产型服务是指俱乐部为会员提供各种对车辆和车主本人的有关车辆的服务,它的目的便是为广大会员解决在使用车辆的过程所产生的实际困难;而生活型服务则是以会员为主体的各种休闲、娱乐和交友服务。汽车俱乐部是经营汽车文化的重要形式,它促使汽车文化愈加繁荣丰富。

3.1.1 汽车俱乐部的产生

汽车俱乐部已有百年以上的发展历史。1895 年 10 月中旬,美国《芝加哥时报》在"车坛风云"专栏上发表了赛车运动员查尔斯·布雷迪·金格建议成立汽车俱乐部的一封信,成为车迷和驾驶员议论的热门话题。1895 年 11 月 1 日,由《先驱者时报》主办的汽车大赛在芝加哥开幕,全国各地很多驾驶员都赶来参加比赛。其中,有 60 名驾驶员在一家酒店聚会,他们赞成金格的倡议而发起成立了美国汽车联盟,这是世界上最早的汽车俱乐部。1895 年 11 月 29 日,美国汽车联盟召开第二次会议,选举产生委员会并通过了活动宪章,旨在利用举办报告会等形式,向会员传授汽车工程最新技术,通报汽车大赛动态,并为他们提供紧急救援和法律咨询服务,以保障机动车会员的各种合法权益。同年 11 月 12 日,法国汽车驾驶员则以巴黎普拉斯·德罗佩拉大街 4 号作为活动总部,成立了法国汽车俱乐部。随后,欧美各国都相继成立了为车主和驾驶员服务的汽车俱乐部,使汽车融入了人们的交通生活。

3.1.2 汽车俱乐部的发展

随着私人购车的比例大幅度增加,越来越多的私家车主不断地涌现。汽车使用过程比较复杂,车主会遇到许多问题,如:与车主相关的驾照年审、安全学习、转籍过户等,与车相关的日常维护、修理、年检、事故处理以及交纳养路费、车船税、办理车辆保险等,另外,汽车行驶途中,也可能发生故障。上述种种问题,无不困扰着车主。为了让广大车主摆脱这些烦恼,从而使得有车的生活真正变得轻松,服务于驾车人士的汽车俱乐部不断地涌现。

汽车俱乐部是以会员制的形式,将社会上高度分散的汽车组织到一起,通过发挥规模效应和服务网络的优势,给会员车辆提供单车和小单位很难办到的一些服务,从而给会员带来诸多方便和实惠,而俱乐部本身,也从会费中取得一定收益的双赢项目。随着会员人数的不断增多,俱乐部服务的范围也在不断扩大,金融、保险、房地产、汽车生产厂都开始与俱乐部联系。

如今汽车俱乐部在发达国家早已盛行,并且形成一个非常大的行业。据统计,世界各国汽车俱乐部的会员总数至少 2 亿人。其中规模最大的当数美国,在全国 9000 万驾车人中,已有 4200 万人成为会员。俱乐部这个组织形式不仅创造了大量就业岗位,而且每年营业额也很可观,如澳大利亚悉尼俱乐部有会员 200 万人,每年营业额达 40 亿美元。

3.1.3 各国汽车俱乐部介绍

(1)美国。美国汽车协会(简称"AAA")是世界上最大的汽车俱乐部,它是仅次于罗马天主教会的世界第二大会员组织,也是世界上最大的"美国快速旅行支票"的销售者。AAA 为其遍布美国及加拿大的 3900 万会员提供路边帮助、实施信息咨询及其他服务,AAA 的成员驾驶着在美国道路上行驶的所有轿车的 20%。AAA 是一个非盈利性社团,下属 139 个分支机构,各自独立地经营汽车俱乐部。AAA 在全美范围内,向人数庞大的会员们卖出了数以千万美元计的信用卡、旅行支票、保险单、行李票等,其初衷是服务于驾车者。此外,AAA 还促进了拉力赛和其他一些汽车竞赛,以显示各型新车的可靠性。

(2)澳大利亚。澳大利亚汽车俱乐部创建于1905年,目前已发展会员近600万人。澳大利亚有7个国营的汽车俱乐部,每年提供537万次道路紧急救援服务。从1991年起,全国统一启用提供道路服务的单一号码系统——131111,随时沟通待援者与救援中心的联系。救援服务除对在路上或家中发生机械故障的汽车提供帮助以外,还提供更换车轮、陷入沼泽、塞车、油料耗尽等服务。在澳大利亚,平均每个会员每年有一次要求提供救援服务。由于澳大利亚汽车俱乐部具有良好的财政基础,由训练有素的工作人员提供出色的服务,采用先进的技术,给会员提供适合其要求的高标准产品,因而取得了成功的经验。

(3)德国。德国汽车俱乐部全称是"全德汽车俱乐部",其德语的缩写为"ADAC",每年会费只需73马克,对于大学生或是有驾照的残疾人,会费还可减半。一旦你成了ADAC的成员以后,那么,你行驶在德国任何地方甚至在欧共体其他国家,你都不用为车坏了怎么办而发愁。按照规定,在你的车外出抛锚后你只需打一个电话,ADAC很快会派人帮你排除故障。在修理时更换部件的费用全由会员自付,而修理工时费不得超过200马克。如果你的车已无法就地修复,ADAC可帮你把车拖回家,而你支付的托运费最高不超过300马克。ADAC除了拥有众多的普通成员外,还有一种高级会员。高级会员每月交纳139马克的会费,但享受的待遇也好得多。例如,当你驾车行驶在法国等地而遭遇车祸,你的汽车会有人负责运回,在车上的家属可免费回德国得到治疗。所有会员每月可得到一期ADAC办的杂志,杂志中的大部分内容是介绍如何维护修理汽车的经验。这本名为"ADAC——马达世界"的杂志发行量达1 300万份,是德国发行量最大的刊物。

(4)中国。中国汽车俱乐部的出现始于1995年建立的北京大陆汽车救援中心,即现在的北京恩保大陆汽车俱乐部(CAA)。

中国已进入一个汽车拥有率迅速上升的时期。汽车销量的大幅增长,意味着方兴未艾的汽车俱乐部业将是一个蕴藏无限商机的新兴产业。由于处于发展初期,而且各自的经营理念和发展方向不同,中国目前的汽车俱乐部形式多样,但主要可以划分为以下类型:一是为车主提供具体服务为主的,以救援为龙头,并带动相关售后服务等,如北京的"大陆"、福建的"迅速"等。二是专门作售后服务的,如武汉的"绿岛"。三是与文化、沙龙以及公益活动相结合,带有一定的协会性质。如全国唯一的一家在民政部门注册成功的北京"爱车俱乐部"。四是以旅游、越野、赛车等兴趣或职业特征为主的,如"风鸟"、"摄影家"等。五是以企业、品牌等来设立的俱乐部,如法拉利汽车俱乐部、大众俱乐部。当然,也有集上述特色于一体的综合性俱乐部,不少大型俱乐部在尝试这种模式。

3.2 汽车展览会

汽车展览会带来各种不同的概念车、新车发布、汽车展会风格和文化氛围,让人们感受到世界汽车工业跳动的脉搏。汽车展览是汽车制造商们展示新产品的舞台,在流光溢彩的展车背后,是汽车制造商们为争夺市场份额而进行的较量。

衡量某一车展是否为国际一流的主要依据是:参展商规模和级别,汽车展品的档次、首次亮相的新车、概念车的多少、展出面积、配套设施的先进性、完备性、主办方的服务质量、国内外媒体宣传报道量、观众数量和专业水准等。

德国法兰克福车展 Internationale Automobil-Ausstellung、北美(美国底特律)车展 North

American International Auto Show、瑞士日内瓦车展 Geneva International Auto Show、法国巴黎车展 Paris Mondial de l'Automobile 和日本东京车展 Tokyo Motor Show 被誉为当今五大国际车展。五大国际车展之所以世界知名，是因为它们代表了世界汽车工业发展的潮流。

五大车展当中，历史最短的东京车展也有 50 多年了。撇开带给汽车爱好者和观众们的激情与快乐，五大车展都对世界汽车工业与汽车市场的发展起到了极大的推动作用，在世界汽车历史长河中有着不可磨灭的功绩。彰显自己鲜明的个性是这些著名车展的共同特点。比如法兰克福车展作为汽车工业的发源地之一，尤其重视传播汽车的文化性；日内瓦所在的瑞士因为没有自己的汽车工业，可以为各大汽车厂商提供公平竞争的舞台；北美车展则充满美国人的娱乐精神，吃喝玩乐无处不在，一应俱全；东京车展上众多匪夷所思的“概念车”和最新科技的展示也是吸引观众眼球的卖点。

展会经济是一种“眼球经济”。每一次大型车展，除了吸引大量潜在汽车消费者参观之外，所有的媒体都会用大量篇幅进行免费报道，使车展成为传播汽车品牌的最佳场所。正因为此，越来越多的厂家把新车发布会都放在重要的汽车展会上。和其他推广手段相比，车展最大的优势就是能在短期内迅速聚集大量高素质的潜在汽车消费者，并可以吸引大量媒体参与报道，提高品牌传播的有效性，因此，世界各大汽车厂家无不把参加国际车展当做一件大事来抓，从而造就了国际五大车展的辉煌(表 5-4)。

国际五大汽车展　　表 5-4

车展	举办时间	展会地点	展会特点
法兰克福车展	逢单年 9 月	德国法兰克福交易广场(前 35 届在柏林举办)	是世界参展规模最大的车展，称为世界汽车行业的“奥运会”
巴黎车展	逢双年 9 月	法国巴黎展览中心	是世界历史最悠久的车展，创办于 1898 年，直到 1976 年每年一届，后每两年一届，与法兰克福车展交替举行
日内瓦车展	每年 3 月	瑞士日内瓦展览中心	是欧洲唯一每年举办一次的大型车展，以发布新车、概念车之多而著称
底特律车展	每年 1 月	美国底特律 Cobo 展览中心	创办于 1907 年，1989 年更名为“北美国际汽车展”，但业界还是习惯称为底特律车展
东京车展	每年 10 月	日本东京千叶幕张会展中心	创办于 1966 年，一年一度交替展出商用车和乘用车

3.2.1　德国法兰克福国际车展

法兰克福车展德语名称为“Internationale Automobil-Ausstellung”，意思为“国际汽车展览”，多简称为 IAA。法兰克福车展前身为柏林车展，创办于 1897 年，1951 年移师法兰克福，每两年一届，轿车和商用车轮换展出。1989 年，由于车展的参观人数达到了 120 万人，加上交易广场再也无法容纳如此众多的参展车辆，法兰克福车展不得不分家。1991 年之后，单数年房车展照常在法兰克福举办，双数年卡车展则在汉诺威开展，我们今天提起的法兰克福车展，一般都是指单数年的房车展。法兰克福车展一般安排在 9 月中旬开展，为期两周左右。

法兰克福车展是五大车展中技术性最强的，是世界最早的国际车展，也是世界规模最大的车展，有世界汽车工业“奥运会”之称。

作为世界五大车展之一,法兰克福车展的参展商家也包揽天下,但地域色彩很强,可能因为德国是汽车发明地,德国的几大汽车巨头如奔驰、宝马等占尽天时地利。法兰克福靠近各大车商总部,观看车展的欧洲老百姓不但拖家带口、人山人海,而且消费心理非常成熟,汽车知识了解得很全面。车展上,各种品牌新车很多,参观者挑选车型重视的是科技状态的发展、汽配零部件质量,甚至是DIY维修问题、售后市场产品,理性实用的成分居多。

法兰克福属黑森州,位于莱茵河畔,全称为莱茵河畔法兰克福,它不仅是欧洲最大的交通枢纽,拥有欧洲最大的航空站,而且也是德国金融业、高科技和现代化的象征,是欧洲最主要的经济金融中心。法兰克福以其著名的股票交易所和众多的摩天大楼而被称为德国的“曼哈顿”。作为“博览会之城”的法兰克福还有其他名胜,勒默尔市政厅、老歌剧院、圣巴托洛梅教堂,德国著名诗人——歌德的故居,蔡尔商业街和展览中心更是世界知名,曾是20多名德意志帝王进行加冕的地方。

法兰克福车展的服务细致而周到,符合德国人一贯滴水不漏的办事作风,人们不仅可以看到百年“老爷车”和光彩夺目的新车,还可以观看新车表演和国际赛事实况转播,并可获得汽车发展史、技术性能、安全行车、环保节能等多方面知识。

2009年9月17日~9月27日第63届法兰克福车展在法兰克福交易广场举办,如图5-19所示,车展主题是“心动体验”,它不仅代表新技术和新车,还代表主办方举办的多场“令人心动”的活动。大约数百万参观者在交易广场感受汽车产品的飞速革新;数百个世界汽车品牌披着多姿多彩的战袍,带着多元化的新发展动向、新的创意在法兰克福集合,展现全球汽车业2009年的亮点。此次法兰克福国际车展,共展出100辆世界首发车。汽车行业依然把净化环境作为他们宣传的重点,电动车,节能车和混合动力车占据了各大汽车厂商展位的重要位置。

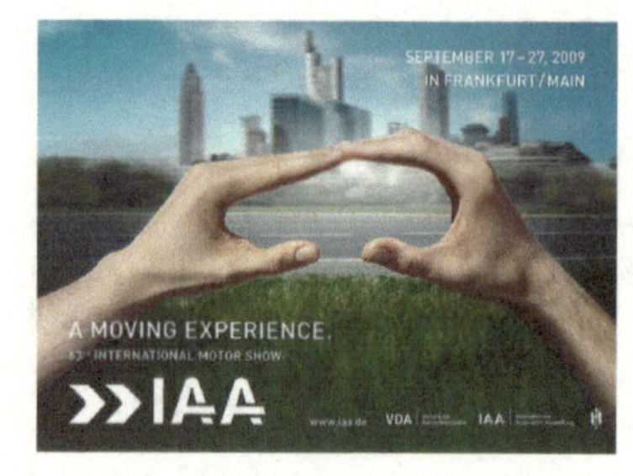

图5-19　2009年法兰克福车展

目前已成功举行了64届,2013年为第65届,参展的商家主要来自欧洲、美国和日本,尤其以欧洲汽车商居多。2013年法兰克福车展集体日时间是9月12日~13日,公众日为9月14日~22日,车展主题是“电动化”。

3.2.2　北美(美国底特律)国际车展

北美车展创办于1907年,起先叫做“底特律车展”,1989年更名为“北美国际汽车展”,每年1月份举行(图5-20)。近年来,概念车在北美车展上所占的比例越来越高。

底特律是美国最大的汽车工业中心,被称为“汽车城(Motor City)”,它位于美国北部五大湖区的密执安州,在由机场通往市区的公路旁,每个进入底特律的人,都会看到一座巨大无比的汽车轮胎雕塑,这是这座城市的标志。另外还有一个巨大的计数器,不停地按分、按时、按天地显示出美国造出来的汽车数目。到了这里,你会感到这里只有汽车没有别的,这是一座名副其实的汽车城。底特律是世界上与汽车联系最紧密的城市,从造车起步,靠汽车工业蜚声天下,它孕育了美国的汽车工业,美国最大的三家汽车公司(通用、福特、克莱斯勒)的发源与兴旺都是在底特律,底特律是美国这个“车轮上的

图5-20　2013年北美车展

国度"的发动机。

在全球金融危机和经济衰退的大背景下,全球汽车市场连续四个月出现超过30%的负增长之后,2009年1月11日底特律迎来了第101届北美车展,它是全球金融危机爆发后举办的首次世界级车展,寒冬中的北美车展第一次失去了往日作为全球重要车展的影响力,首发车数量下降,本土厂商新车匮乏(2009年底特律车展的首发车为45辆,少于2008年的58辆首发车,且远逊于鼎盛时期的近100辆全球首发新车),多家厂商拒绝参展,劳斯莱斯、英菲尼迪、日产、法拉利、路虎、铃木、三菱、劳斯莱斯、保时捷、五十铃等多家著名汽车商退出车展;参加车展的厂商和展位面积都较去年有所减少,展厅精简为一层。

3.2.3 瑞士日内瓦国际车展

日内瓦车展创办于1924年,是欧洲唯一每年度举办的大型车展。日内瓦车展每年3月份举行,是各大汽车商首次推出新产品的最主要的展出平台,素有"国际汽车潮流风向标"之称。在世界五大车展举办国中,唯有瑞士目前没有汽车工业,因而日内瓦车展以其"中立"身份赢得最为"公平"的形象。

日内瓦车展以其迷人的景致,处处公平的氛围和细致入微的参展规则,受到全球汽车业巨头们的好评,更为众多观光者所青睐。车展主办方最引以自豪的是日内瓦公平的展览氛围:"底特律车展上通用、福特趾高气扬;法兰克福汽车展简直就是德国车商的表演舞台;巴黎汽车展的主要大厅则被法国的车商所占据,而日内瓦车展对所有参展厂商一视同仁,地方保护主义的色彩最淡。"

伴着瑞士让人倾倒的美景,日内瓦车展是许多车迷看车和旅游一举两得的好去处。虽然没有底特律、法兰克福车展的规模,在世界五大车展中属于"小家碧玉"型。但其特有的中立地位,使得众多的参展商非常看好日内瓦车展,许多汽车制造商也乐于在日内瓦车展上推出新车。

日内瓦是瑞士境内国际化程度最高的城市,位于西欧最大的湖泊——美丽的日内瓦湖之畔,法拉山和阿尔卑斯山近在眼前。市区公园星罗棋布,湖畔鲜花遍地,美不胜收。作为历史悠久的国际大都市,日内瓦以其深厚的人道主义传统,多彩多姿的文化活动、重大的会议和展览会、令人垂涎的美食、清新的市郊风景及众多的游览项目和体育设施而著称与世。日内瓦市内值得一游的有著名的宗教改革国际纪念碑、圣—皮埃尔大教堂、大剧院、艺术与历史博物馆、日内瓦大学等,在晴朗的日子里泛舟莱蒙湖,更是别有一番情趣。

2009年3月3日,第79届日内瓦国际车展于瑞士日内瓦城Palexpo展览会场拉开帷幕(图5-21)。尽管经济危机给各大汽车厂商带来不小冲击,但2009年日内瓦车展仍有约85款世界首发和欧洲首发车型,其中经济型车与节能车是本届日内瓦车展的大看点。

2013年3月5日,第83届日内瓦车展正式开幕(图5-22),从本届发布的新车来看,欧洲各厂商更加注重细分市场车型的布局,从跨界车到高性能车,再到旅行车,让不同车型有了更多的选择。不过这仅仅集中在超跑和豪车的部分,900多款全新车型之中,130多款首发车型之中。相比于往年的展览,此次的PALEXPO展览馆对各展厅进行了大量的翻新,这将提升参观者的观展体验,没有人否认2013日内瓦车展是一次盛宴。

3.2.4 法国巴黎国际车展

巴黎车展起源于1898年的国际汽车沙龙,自1976年两年举行一次,在每年的9月底至10

月初举行。作为浪漫之都的巴黎,它的车展总能给人新车云集、争奇斗艳的感觉,充满时尚是具有历史悠久的巴黎车展的突出特点。

图 5-21　79 届日内瓦车展

图 5-22　83 届日内瓦车展

作为法国首都,历史名城巴黎既是世界时尚中心,也是浪漫迷人的大都会,素有"世界花都"之称。雄伟庄严的凯旋门和屹立于塞纳河畔的艾菲尔铁塔是法国的标志。协和广场、香谢丽舍大道、巴黎圣母院、收藏有举世闻名的梦娜丽莎、维纳斯、胜利女神三宝的卢浮宫及美仑美奂的凡尔赛宫、总统府——爱丽舍宫等地,风格出众,总是让人流连忘返。

法国当地时间 10 月 3 日下午 2008 巴黎国际车展在凡尔赛门展览中心揭幕,来自 25 个国家的 362 个品牌参展。在为期两周多的展会期间,汽车制造商展出最新款的轿车、跑车、越野车和概念车,推出了约 90 款新车。在全球经济低迷和燃料价格居高不下的大背景下,众多厂商不约而同地选择了"节能环保"作为卖点,混合动力车成为主推产品。在车展亮相的新车中,约三分之一使用了清洁能源。

"世界出租车"是 2008 巴黎车展展览区的主题,展览区聚集了世界 20 余个城市的 40 余款出租车,可以让参观者了解世界出租车百年来的演变。

图 5-23　雪铁龙 GT 概念车

图 5-23 所示为 2008 巴黎车展首发车之一——极具科幻色彩的概念车雪铁龙 GT 概念车,这款概念车是雪铁龙与索尼旗下子公司 Polyphony Digital 合作开发,作为索尼家用游戏机 PS3 平台上的游戏新作《Gran Turismo 5 (GT5)》中的一款车型,被设定成一款使用燃料电池、电力驱动、无污染物排放的赛车。在游戏中,雪铁龙 GT 的名字是"GtbyCitroen"。

3.2.5　日本东京国际车展

东京车展创办于 1966 年,每年 10 月底举行,单数年为轿车展,双数年为商用车展。东京

车展历来是日本本土生产的各种千姿百态的小型汽车唱主角的舞台，这也是它与其他国际著名车展相比最鲜明的特征。同时，各种各样的汽车电子设备和技术也是展会的一大亮点。历史最短的东京国际汽车展的发展非常之快，日本人对技术的推崇使这一展会成为最新汽车科技的集中展示地；日本建造了世界上最先进、设施也最完备的展馆——位于千叶县的暮张新馆。

环保和节能始终是东京车展的亮点，与其他车展相比，日本车展更具有亚洲东方神韵。日本厂商多款造型小巧精美、内饰高档的车总能成为车展的主角。

作为日本第一大都会，东京是政治、经济、文化中心和世界著名旅游城市之一，也是服装、时尚流行的前沿。东京有许多名胜古迹和著名国际活动场所，东京银行最集中的丸之内、剧场和游乐场所众多的乐町区、因世界百货总汇而闻名的银座商业区等，是繁华东京的缩影，此外闻名遐迩的富士山和东京迪斯尼乐园也让人们趋之若鹜。

第41届东京汽车展于2009年10月24日起对公众开放(图5-24)，本次车展的主题是“乐趣”与“环保”，期间共计展出261款车，其中的39款为全球首次亮相。参与展出的各大厂商均重点展示其电动汽车和混合动力车等环保车型，同时还在会场附近的公路上举办试驾活动，受全球性金融危机的影响，本届车展仅3家日本海外汽车公司(德国高级轿车厂商Alpina和两家英国跑车厂商Lotus及Caterham)参加，且均为非主力汽车厂商。

第43届东京车展于2013年11月20日向媒体开放。东京车展是是五大车展之一，也是亚洲规格最高的车展，但其地位由于日本国内企业的低迷及中国市场的快速崛起，已经受到了来自北京、上海等中国车展的威胁。不过，日系企业在本次车展中展示了华丽的未来电动车技术，主要车企的概念车也是在其他车展中难以见到的，如丰田的FV2概念车(图5-25)等，映衬了此次车展的主题“竞逐于未来”。

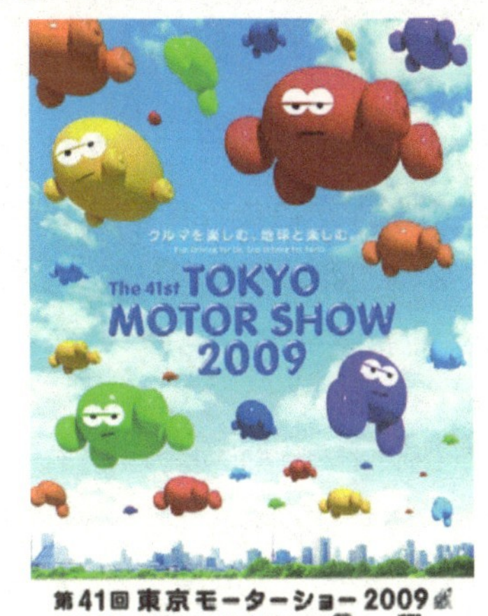

图5-24　第41届东京车展

图5-25　丰田FV2概念车

3.2.6　上海国际车展

上海国际车展1985年首次在上海举行，两年一度，其规模和影响日益壮大，从第一届时的73家厂商1万多m^2规模发展到现在17万m^2，可以说上海车展从一个侧面见证了中国改革开放和汽车工业的发展。2004年6月，上海国际汽车展顺利通过了国际博览联盟(UFI)的认证，成为中国第一个被UFI认可的汽车展。

历史文化名城上海,不仅是中国时尚元素的前沿地带,而且其建筑风格也各不相同,汇聚着古今中外各种建筑样式,其中,被称为“万国建筑博览”的外滩建筑群、世界第三高的东方明珠塔、国际会议中心、金茂大厦、老城隍庙、杨浦大桥以及南浦大桥等,均体现着上海不同文化气息的共存与交融。

上海素有“购物天堂”、“东方巴黎”之美称。观光者除了可以领略大都市的风光外,还能充分享受购物的乐趣。中华商业第一街——南京路,高雅商业文化街——淮海路,摩登的徐家汇商业城等,都是可以值得搜购一番的好去处。

第十三届上海车展于2009年4月20日开幕,车展主题为“科技·艺术·新境界”。本届车展吸引了25个国家和地区1500余家参展商,17万m^2展出规模;超过60万人次的观众和7200多名中外媒体记者;4月25日创下单日接待观众逾13.6万人次的记录(如图5-26);共有918辆展车,包括316辆进口车和602辆国产车亮相本届车展;全球首发车共13款。以上数据均创历届上海车展之最。

图5-26　第十三届上海车展

全球汽车界的目光纷纷聚焦本届上海车展,跨国汽车巨头虽然缩减了今年其他车展的规模与投入,但无一例外地将本届车展视为最重要的展览。德系、日系、美系及各厂家均以国际A级车展中的重点展会予以重视,其投入的人力、物力以及参展标准也都以此为标准。大众汽车集团董事会主席文德恩,丰田汽车株式会社社长渡边捷昭,奥迪全球董事会主席施泰德,戴姆勒汽车集团董事会主席兼梅赛德斯—奔驰汽车集团全球总裁蔡澈,沃尔沃全球首席运营官里德,劳斯莱斯首席执行官伯韦斯,保时捷汽车公司主席兼首席执行总裁魏得进,通用汽车集团全球副总裁兼亚太区总裁罗瑞立等车界巨头均参加上海车展媒体日活动。上海车展不但进一步印证了他们对中国汽车市场的信心,也让他们更加清晰地看到中国汽车市场未来的希望。

无论从规模还是气势上,自主品牌集体发力,是历届车展中参展品牌最为齐整、展车水平最高的一次,成为国内汽车企业展示自身实力与自主品牌高调亮相的最好机会。国内六大汽车集团首次齐聚上海车展,吉利、奇瑞、长城、力帆、海马、比亚迪、华晨等其他国内自主品牌也全线出击,展现了中国车市气势如虹的亮丽风景。国内车界的一汽集团总经理徐建一,上汽集团董事长胡茂元,东风集团董事长徐平,长安集团董事长徐留平,广汽集团总经理曾庆洪,北汽集团董事长徐和谊等国内六大汽车集团领军人物齐聚上海车展媒体日,纵论产业发展趋势和车市发展前景。

展览会期间，与车展配套的各项活动精彩纷呈。车展前夕，主办方联合中央电视台经济频道和中国商报举办了“2009上海国际车展高峰论坛”，中外汽车界围绕“国际金融危机下的汽车工业发展机遇与挑战”的主题，共商力克时艰，提振信心，增强交流与合作，共谋振兴行业大计。中央有关部委的领导在会上表示大力支持汽车企业的技术改造和自主创新、推进汽车企业的联合重组、大力发展新能源汽车和加强汽车产业的行业管理。在论坛上发布的2009年第一季度中国汽车行业景气监测结果显示，随着宏观经济回暖，汽车行业状况虽然严峻但在2009年一季度降幅有所遏制，汽车行业百名企业家信心指数与千名经销商经理人信心指数都显示出乐观迹象。车展期间还举行了12场高水平技术交流会、“同做公益人”公益活动、中外汽车设计师之夜、现场汽车动态演示、车模评比等活动。

围绕“科技、艺术、新境界”的本届车展主题，新能源车已成为中外各大汽车企业展示的重点之一。从混合动力到纯电动力，从锂离子电池到氢燃料电池，“绿色比拼”越演越烈。在本届车展上，各大汽车公司都展出了各自在新能源车研发领域的最新成果。与以往不同，本届车展上的新能源车，很多已具备量产能力。这让人们明显感觉到，新能源车离消费者越来越近。

以“创新・美好生活”为主题的第十五届上海国际汽车工业展览会于2013年4月29日圆满落下帷幕(图5-27)。本届上海车展吸引了18个国家和地区2000家中外汽车展商参展；展出规模28万平方米；展出整车1300辆全球首发车111辆，概念车69辆，新能源车91辆。共接待观众81.3万人次；2718家中外媒体10493名记者竞相报道了车展盛况。本届上海车展的成功举办，为全球汽车工业搭建了一个高水平的交流平台，引发了全行业及社会各界的强烈关注。

图5-27 第十五届上海车展

3.2.7 北京车展

北京国际汽车展览会(Auto China)每两年一届，从1990~2014年共举办了13届。展会规模不断扩大，参展厂商逐年增加，参展展品不断更新，影响日益广泛，是中外汽车业界在中国的重要展事活动，近年来，随着中国汽车工业和汽车消费市场的快速发展，北京国际车展也迅速地发展、壮大起来。国外著名汽车制造商也越来越看好中国市场，已将北京车展定位于全球A级车展，与在全球享有著名声誉的法兰克福、日内瓦、巴黎、东京、底特律等车展达到同一级别，使北京车展的影响力、国际化水平、展品品质、展台装饰等方面都迈上了一个新台阶。

汽车业是全球最大的产业之一，也是最早实现全球化的一个样板。汽车业从资产、品牌、产地、市场、产品开发、零部件供应都实现了全球化。几乎所有汽车大公司,都是名副其实的跨国公司,旗下拥有众多著名品牌。汽车产业作为我国国民经济的支柱产业,近几年来发展迅速,随着自主创新能力的提高,中国汽车工业在国际汽车业中地位越发重要,中国是世界上最活跃、最具成长性的市场。对于汽车这样资金密集、技术密集、人工密集的制造业来说,中国汽车的成本优势、人员素质、社会稳定、本土市场广大的综合考量,让其他地区难于望其项背。随着全球产业的转移,中国已经成为一流的汽车制造大国。汽车展览会则是汽车行业对外的窗口。2008 第十届北京国际汽车展览会(Auto China 2008)作为北京奥运会前的一次最大型活动,对预热奥运经济、促进中国汽车业与国际同行业间的多种形式的贸易往来、技术交流和经济合作,推动我国汽车工业的发展,繁荣汽车市场,扩大对外贸易等方面都将起到积极的作用。

以"畅想绿色未来"为主题的2010(第十一届)北京国际汽车展览会(Auto China 2010)将于2010 年4 月23 日 ~5 月2 日在北京中国国际展览中心隆重举行(图5-28)。北京国际汽车展览会将在位于北京顺义区天竺地区的中国国际展览中心(天竺)新馆和朝阳区静安庄的中国国际展览中心两个场地同期举行。中国国际展览中心新馆主要展示国内外乘用车;中国国际展览中心主要展示国内外汽车零部件和相关产品。这样的安排突出了展会专业化的特色,有利于参展商和不同诉求类型观众的选择,使展商和观众在参展和观展上更为便利和经济。

Auto China 得到了世界知名汽车及零部件制造商的高度重视和国内各大汽车集团的积极参与,历届展会都汇集了国际汽车工业的高新科技产品,以及国内企业开发研制的领先技术及新产品,受到业界及国内外观众的热情关注。十几年来,北京车展持续在国内车展中保持较大规模,秉承展品精、品牌全、国际化的办展理念和特色,从普通专业类展览会逐步发展成为目前在国际上具有广泛影响的品牌展览会,是中国最具权威性、最有影响力的国际汽车展览会。为我国汽车工业的发展,汽车民族品牌的开发制作发挥了重要的作用,并为促进中外汽车业界的交流与合作,为我国会展经济的快速发展做出了积极巨大的贡献。

以"创新·跨越"为主题的2012 年第十二届北京国际车展于4 月25 日 ~5 月2 日在北京举行(图5-29)。全球首发的新车、奇思妙想的概念车、昂贵的豪华车纷纷亮相(表5-5),打造了让人眼花缭乱的汽车盛宴。本届展会共有4000 家中外媒体注册,其中外国媒体499 家,外国记者1050 人,共有12605 名记者通过审核到场参观采访。

图5-28　第十一届北京国际汽车展览

图5-29　第十二届北京车展

北京车展相关数据表 表 5-5

	2012 年第十二届	2014 年第十三届
展览主题	“创新·跨越”	“汽车让我来更美好”
展出车辆(辆)	1125	1134
概念车(辆)	74	71
新能源车(辆)	88	79
全球首发车(辆)	120	118
跨国公司全球首发车辆(辆)	36	31
跨国公司亚洲首发车(辆)	35	45

以“汽车让未来更美好”为主题的 2014 年第十三届北京国际车展于 4 月 20 日 ~4 月 29 日在京举行(图 5-30)。北京车展不仅是一次产品和技术的集中展现,更是展示当今汽车工业整体发展水平、创新科研成果及未来汽车发展趋势的重要平台,见表 5-5。首先,展品的技术含量高,代表了国际最新潮流和最先进水平,真正起到了全球汽车风向标的作用。本次车展不仅展出了代表汽车发展趋势的概念车 71 辆,而且展示了市场上的热点产品新能源车 79 辆,其中以纯电动汽车为主体,展品集中展示了全球各大汽车公司近几年在新能源汽车研发领域的新成就和新突破,尤其是消费者最为担心的电动汽车的安全性,本届车展全球首次公布的电动汽车碰撞五星安全的结果,证明电动汽车完全可以达到和传统汽车一样的碰撞安全标准;在传统汽车动力方面,跨国集团的高端成熟车型,其增压直喷汽油机已经是基本配置,精细化技术优化发动机效率也是各显神通,如低摩擦技术、高压缩比技术、废热利用技术和轻量化技术等;在变速器方面,7 速以上的自动变速器已经成为展车的主流,而代表自动变速器产品最高水平的 9 速自动变速器也赫然登场;多家汽车公司展示的辅助驾驶系统、互联驾驶技术和以“云服务”为核心的车联网、车载多媒体系统,既向我们展示了世界范围内汽车与移动互联技术融合的最新成果,同时也指明了汽车产品未来的技术趋势和发展方向。

图 5-30 第十三届北京车展

3.3 世界十大汽车城

美国底特律:通用、福特和克莱斯勒三大汽车公司总部所在地,美国第五大城市。美国四分之一的汽车产于这里。全市440万人口中约有90%的人靠汽车工业为生。

日本丰田市:此城原名爱知县,1959年改名丰田市。因丰田公司建于此而闻名于世,绰号“东洋底特律”。全市从业人员均服务于丰田汽车公司,年满20岁的职工即可分到一辆丰田汽车。丰田市的出口港是名古屋,建有世界第一、最高容量为5万辆的丰田汽车专用码头。

德国斯图加特:著名的戴姆勒-奔驰汽车公司所在地。全城人口60万,每年要接待14万来自世界各地的汽车用户和汽车商。

意大利都灵:意大利最大汽车集团菲亚特公司总部所在地。全城人口120万,其中30多万人从事汽车工业,每年生产的汽车占意大利总产量的75%。

德国沃尔夫斯堡:大众汽车所在地。

日本东京:日产、三菱和五十铃汽车公司所在地。

法国巴黎:标致和雪铁龙汽车公司所在地。

美国伯明翰:利兰汽车公司所在地。

德国吕塞尔海姆:欧宝汽车公司所在地。

法国比杨古:雷诺汽车公司所在地。

趣味链接

中国的汽车产业群

吉林长春:东北汽车产业群,主要是一汽大众、一汽解放、一汽马自达。

上海:长三角汽车产业群,主要是上海大众、上海通用、南京依维柯、南京名爵、南京长安。

湖北武汉:中部汽车产业群,主要是东风汽车、东风日产、东风本田、东风神龙、东风裕隆。

北京天津:环渤海汽车产业群,北京现代、北京奔驰、北京福田、天津一汽丰田。

广东:珠三角汽车产业群,广汽本田、广汽丰田、广汽菲亚特、广汽乘用车。

重庆:西南汽车产业群,长安铃木、长安福特马自达、长安PSA。

思考、练习与动手

一、选择题

1. 无论专业选手还是业余赛车爱好者都可参加达喀尔拉力赛,参赛车辆分为摩托车组、汽车组和________。

A. 越野车组　　B. 卡车组　　C. 自行车组　　D. 电动车组

2. 红、黄、白、黑、蓝各色旗帜飘舞在精彩刺激的F1赛场上,车手和裁判之间的信息通过旗帜来表达和传递。________表示赛道外有事故或危险。

A. 红旗　　B. 黄旗　　C. 黑旗　　D. 蓝旗

3. ________是世界规模最大的车展,有“汽车奥运会”之称,是五大车展中技术性最强的,被誉为是最安静的车展。

A. 法兰克福车展　　B. 底特律车展　　C. 日内瓦车展　　D. 东京车展

4. 德国的宝马汽车的商标所采用的是________。

A. 圆雕式　　B. 浮雕式　　C. 徽章式　　D. 文字图案式

5. 在世界5大车展中最热闹的,被誉为“国际汽车潮流风向标”的车展是________。

A. 法兰克福车展　　B. 底特律车展　　C. 日内瓦车展　　D. 东京车展

6. 奇瑞汽车车标的整体是英文字母CAC一种艺术化变形;标志中间A为一变体的“人”字,预示着公司以人为本的经营理念;徽标两边的C字向上环绕,如同人的两个臂膀,象征着一种团结和力量,环绕成地球型的椭圆状;中间的A在椭圆上方的断开处向上延伸,寓意奇瑞公司发展无穷,潜力无限,追求无限;整个标志又是W和H两个字母的交叉变形设计,又为“________”一词的汉语拼音的声母,表示公司的生产制造地在________市。

A. 武汉　　B. 芜湖　　C. 安徽　　D. 上海

7. 2004年6月,上海国际汽车展顺利通过了________(UFI)的认证,成为中国第一个被UFI认可的汽车展。

A. 国际标准化组织　　B. 联合国

C. 国际汽车联合会　　D. 国际博览联盟

8. 比亚迪________,是中国汽车制造史上唯一采用“朝代”名称命名的车型,被冠以新能源、多模式驾驶、铁电池等最新环保理念。

A. 宋　　B. 汉　　C. 秦　　D. 唐

二、判断题

1. (　　)一级方程式赛车的车队由三部分组成:赛车、赛车手和维修人员,一级方程式赛车可以在高速公路正常行驶。

2. (　　)FIA规定一级方程式赛车禁止使用涡轮增压器,一律使用排量为3.0L、汽缸数目不超过12个的自然吸气式水冷发动机。

3. (　　)汽车商标是汽车作为商品的特定标志,也是人们识别不同汽车的主要标志,同时车标对汽车的造型具有装饰美化的作用,通常安置在汽车的醒目部位。

4. (　　)奔驰、平治和宾士都是人们对于Benz的称呼。

5. (　　)车型号充分显示了车的等级价值,一般来说,车型号越大价值就越高。

6. (　　)WRC比赛依参赛车辆规格的不同,分为原厂组Group N及改装组Group A两大组别。

7. (　　)中国二汽“东风”牌汽车车标,其中的“二”字寓意于双燕之中,戏跃翻飞的春燕,还象征着东风牌汽车车轮不停地旋转,奔驰在祖国大地,冲出亚洲,奔向世界。

8. (　　)“解放”牌汽车是中国第一汽车集团公司生产的汽车,从1953年起一直沿用以前的一汽标志,其图形是将阿拉伯数字1和汉字“汽”巧妙布置,构成一只展翅雄鹰的图案。

三、填空题

1. 我国第二汽车集团公司出口的货车名称不是“东风”,而是________,因为它在世界大多数国家被视为“吉祥”和“美好”。

2. “AAA”是指________,是世界上最大的汽车俱乐部,它是仅次于罗马天主教会的世界第二大会员组织,也是世界上最大的“美国快速旅行支票”的销售者。

3. 德国法兰克福车展、________、________、________和________被誉为当今五大国际车展。

4. 美国著名的汽车城________是通用、福特和克莱斯勒三大汽车公司总部所在地,而意大利最大汽车集团菲亚特公司总部所在地________也是世界著名的汽车城。

5. 我国著名的车展有________和________。

6. 方程式汽车赛项目有F1、F3、________、________等。

7. 宝马是驰名世界的汽车企业,被认为是高档汽车生产业的先导。宝马标志中间的蓝白相间图案,代表________、________和________。

8. 欧洲最大的汽车制造厂商——大众集团总部所在地是德国的________。

四、思考与动手

1. 以2013年F1车队红牛车队的赛车RB10为例说明F1赛车上高科技的装备。

2. 汽车商标与名称具有文化底蕴,请举例说明。

参考答案

一、选择题

1. B　2. B　3. A　4. C　5. C　6. B　7. D　8. A

二、判断题

1. ×　2. ×　3. ✓　4. ✓　5. ✓　6. ✓　7. ✓　8. ✓

三、填空题

1. 风神

2. 美国汽车协会

3. 巴黎国际汽车展　北美车展　日内瓦车展　日本东京车展

4. 底特律　都灵

5. 上海国际车展　北京国际车展

6. 亚洲方程式　卡丁车方程式

7. 蓝天　白云　旋转不停的螺旋桨

8. 沃尔夫斯堡市

四、思考与动手

答案省略

参考文献

[1] 俞宁,曹建国.汽车文化.重庆:重庆大学出版社,2004.

[2] 黄庆生.进入汽车时代.北京:机械工业出版社,1998.

[3] 金国栋,唐新蓬.汽车概论.北京:机械工业出版社,2002.

[4] 郎全栋.汽车文化.北京:人民交通出版社,2002.

[5] 林平,赵玉梅.汽车发烧友.成都:四川科学技术出版社,1999.

[6] 陈家瑞.汽车构造.北京:人民交通出版社,2002.

[7] 卓斌,刘启华.车用汽油机燃油喷射与电子控制.北京:机械工业出版社,1999.

[8] 陈文华.汽车发动机构造与维修.北京:人民交通出版社,2001.

[9] 舒华,姚国平.汽车电子控制技术.北京:人民交通出版社,2002.

[10] http://www.nctc.cn/web/jiaoxue/fadongji.

[11] 李兴虎.汽车环境保护技术.北京:航空航天大学出版社,2004.

[12] 张世荣.汽车概论.北京:高等教育出版社,2004.

[13] 李勉民.汽车全书.香港:读者文摘远东有限公司,1983.

[14] 乔纳森·诺贝尔,马克·修斯.一级方程式赛车.北京:机械工业出版社,2004.

[15] 谢其政.汽车学I.台湾:龙腾文化事业公司,2002.

[16] 刘耀东.汽车学II.台湾:龙腾文化事业公司,2002.

[17] 全国汽车维修专项技能认证技术支持中心编写组.悬架和转向系统.北京:教育科学出版社,2004.

[18] 陈友新.汽车营销艺术通论.北京:北京理工大学出版社,2003.

[19]《迷你手册》编辑部.超级车迷手册.天津:天津人民出版社,2004.

[20] 刘玉梅.汽车节能与原理.北京:机械工业技术出版社,2003.

[21] 陈清泰,刘世锦,冯飞.迎接中国汽车社会 前景·问题·政策.北京:中国发展出版社,2004.

[22] 鹏飞.新新人类——丰田混合动力车 Prius.汽车导购杂志.

[23] 林杨."智"动展望 Electronic Brake Control Systems For Safety and Comfort.汽车族杂志,2003,4.

[24] Hal.车轮定位.名车志杂志 CAR AND DRIVER,2004,12.

[25] http://www.che168.com/pinpai.htm.

[26] 中国自主汽车[EB/OL] http://product.auto.163.com/countryName.

[27] 新能源汽车 [EB/OL] http://www.cnautonews.com./xnyqc.

[28] 屠卫星.二手车置换与品牌二手车的探究[J].技术与市场,2013.

[29] 屠卫星.服务型市场条件下的二手车营销策略综论[J].江苏商论,2013,10.

[30] 张波.O2O 移动互联时代的摄影革命[M].北京:机械工业出版社,2013.

[31] 国务院发展研究中心产业经济研究部,中国汽车工程学会,大众汽车集团(中国).中国汽车产业发展报告－汽车蓝皮书(2012)[M].北京:社会科学文献出版社,2012.

[32] 国务院发展研究中心产业经济研究部,中国汽车工程学会,大众汽车集团(中国). 中国汽车产业发展报告 - 汽车蓝皮书(2013)[M]. 北京:社会科学文献出版社,2013.

[33] 中国汽车技术研究中心,日产(中国)投资有限公司,东风汽车有限公司. 中国新能源汽车产业发展报告 - 汽车蓝皮书(2013)[M]. 北京:社会科学文献出版社,2013.

[34] 丹尼尔·斯珀林,德博拉·戈登. 20 亿辆汽车:驶向可持续发展的未来[M]. 王乃粒,译. 上海:上海交通大学出版社,2011.

[35] 丁伟,沈霄戈. 小车倾城[J] 商业周刊/中文版,2013,6.

[36] 图说汽车工业六十年[EB/OL]. http://auto.sohu.com/s2013/60yearauto/index.shtml.

[37] 特斯拉汽车官网 [EB/OL]. http://www.tuosule.cn.

[38] 一汽奥迪汽车官网 [EB/OL]. http://www.audi.cn/cn/brand/zh.html.

[39] 中国一汽官网 [EB/OL]. http://www.faw.com.cn.

[40] 东风汽车股份有限公司官网 [EB/OL]. http://www.dfac.com.

[41] 上海汽车集团股份有限公司官网 [EB/OL]. http://www.saicgroup.com.

[42] 长安汽车股份有限公司官网 [EB/OL]. http://www.changan.com.cn.

[43] 广州汽车集团股份有限公司官网 [EB/OL]. http://www.gagc.com.cn.

[44] 比亚迪汽车官网 [EB/OL]. http://www.bydauto.com.cn.

[45] 奇瑞汽车股份有限公司官网 [EB/OL]. http://www.chery.cn.

[46] 第十五届上海国际汽车工业展览会[EB/OL]. http://www.autoshanghai.org/Zh/Index.asp.

[47] 第十三届北京国际汽车博览会 [EB/OL]. http://www.china-autoshow.com/2010bjx/ch.

[48] 2014 北京国际车展 [EB/OL]. http://www.china-autoshow.com/index.html.

[49] 搜狐 F1 赛车网 [EB/OL]. http://f1.sohu.com.

[50] 新浪 F1 赛车网 [EB/OL]. http://f1.sina.com.cn.